林徽因集

建筑 美术 下

梁从诫
— 编 —

增订本

中国大百科全书出版社

图书在版编目（CIP）数据

林徽因集.建筑　美术.下/林徽因著；梁从诫编.—增订本.— 北京：中国大百科全书出版社，2023.10
ISBN 978-7-5202-1394-3

I. ①林… II. ①林…②梁… III. ①林徽因（1904-1955）—文集②建筑学—文集③美术—文集 IV. ①Z427

中国国家版本馆CIP数据核字(2023)第131391号

出 版 人：	刘祚臣
策 划 人：	王一珂　曾　辉
责任编辑：	王一珂
营销编辑：	王　廓　易希瑶
责任发行：	绳　蕴
责任印制：	魏　婷
装帧设计：	今亮後聲 HOPESOUND · 张今亮　王秋萍
出版发行：	中国大百科全书出版社
地　　址：	北京阜成门北大街17号　邮政编码 100037
电　　话：	010-88390969
网　　址：	http://www.ecph.com.cn
印　　刷：	北京天工印刷有限公司
开　　本：	889毫米×1194毫米　1/32
印　　张：	14
字　　数：	312千字
印　　次：	2023年10月第1版　2023年10月第1次印刷
书　　号：	ISBN 978-7-5202-1394-3
定　　价：	356.00元（《林徽因集》全套）

本书如有印装质量问题，可与出版社联系调换。

初刊于一九四五年十月《中国营造学社汇刊》第七卷第二期，署名林徽因。

现代住宅设计的参考

一、美国印第安那州福特魏茵城五十所低租住宅
二、英国伯明罕市之住宅调查
三、美国伊里诺州数组"朝阳住宅"的设计及实验
四、美国TVA之"分部组合住宅"（Sectional House）

住宅设计在半世纪前，除却少数例外，都是有产阶级者私人的经营，不论是为自用或为营业。自用的，除却解决实际生活需要之外，还存为着娱乐自己，或给儿孙体面的目的，所以建屋常是少数人的奢侈。营业的则既为着利润的目标而建造，经营者常以若干面积造若干所，每所包含若干固定形式的房间来估计。他们决不枉费心思为租户的生活，城市的卫生，人口或交通设想的。在贫富情形不同的区域里都有相当于那区域生活程度的普通住宅出赁。这些房屋只保守着拥挤的行列，呆板的定型及随俗的装饰标准。他们极少在美术上努力，也极少随着现代生活的进展去取得科学的便利，更没有事先按着租户的经济能力为他们设计最妥善的住宅单位。

现在的时代不同了，多数国家都对于人民个别或集体的住的问

题极端重视，认为它是国家或社会的责任。以最新的理想与技术合作，使住宅设计，不但是美术，且成为特种的社会科学。它是全国经济的一个方面，公共卫生的一个因素，行政上一个理想，也是文化上一个表现。故建造能给予每个人民所应得的健康便利的住处，并非容易达到的目的。它牵涉着整一个时代政治理想及经济发展的途径以及国际间之了解与和平。但如同其他我们所企望的目的一样，各国社会上总不免有许多人向着那个目标努力。尤其是现在在两次世界大战之后，各国都企望着和平，都认为是眼前必须是个建设的时代，这时代并且必须是个平民世纪，为大多数人造幸福的时期的开始。

向着这个理想，解决人民健康住宅的目标迈进，先需要两种努力。一、是调查现存人民生活习惯及经济能力。每城每市按着他们的工商农各业的倾向，估计着他们人口职业的特点及能量，对已有的交通，已有的公共建筑，已有的卫生工程设备，及已有的住宅，作测量调查及统计。然后检讨各方面的缺憾与完满的因素，作为实际筹划的根据。二、是培养专家，鼓励科学工程及艺术部署的精神，以技术供应最可能的经济美丽且实用的建造，也使国家人民各方设计的途径相互呼应，综合功效，造成完美的城市。

这种努力，在英美两国也不过有极短期的历史。上次大战的前后，建设倾向还是赓续十九世纪末叶工业机器畸形发展的能力，没有经过冷静的时间，一切建设发展过分蓬勃常是顾此失彼，不但互相妨碍，且常彼此冲突。不正常的经济压迫及无秩序的利益争夺使得合理清醒的统筹无从产生，直到城市住处——本来该是为健康幸福而设备的——反成了疾病罪恶的来源——如工业区的拥挤，贫民窟的形成等等——最近才唤醒了英美各国普遍的注意。

因为英国是个根深蒂固的资本主义国家,不能剧烈的以社会主义的经济立场来应付这种问题,所以市政上的改善,除却一部分为交通工程的建设外,现在一部分直属于公共卫生部,以公共卫生的立场来改善住宅及区域。美国则因为是商业自由极端发达的国家,故改善市区房屋或开辟住宅新区,常以商业方法来经营。所谓房产公司的势力可以支配着许多区域的进步,也可以阻碍许多区域的改善。因此政府常要处于指导地位。故纠正错误及恶劣的街道与房屋,或由地方催促政府通过便利的法案,或由政府催促地方的协助,多数仍由经济团体来完成的。

我国的情形与英美都不相同,但在建设初期,许多都要参考他国取得经验与教训。美国虽为大富之国,但直到现时尚有一个庞大数目的人民没有适当住处,最新技术常以最便利、最经济为目的。我们在这方面仍然可以采取他们的许多实验作为参考。但因天气,环境,生活,材料,人工物价的不同,许多模范我们也还要有适当的更动始能适用。英国近年对旧有拥挤穷苦的区域曾经不断做繁细详尽的调查。这种工作的目的在避免设计之过于理想无法切实实行,或虽实行而所害更甚于所便。我国一般人经济上皆极贫困,旧有住宅又多已不合现代卫生,如何改善,更是必须之务。我们如能效法英国在这方面的努力,必可避免许多不妥善的尝试,而采用许多简便而合理的办法。

无论如何,改善住宅的主要事项,如住宅内部的合理分配,外部的艺术形体,住区与工作地点的联络关系,住区每平方公里内的人口密度,如何取得绿荫隙地,如何设立公共设备,及如何使租金与房屋造价及人民经济配合等等，则是各国同样的。虽然如何能合理的解决这些问题，各国各城会有特殊的便利或困难，但互相参考办法与技术，可以俾益各地个别设施，仍是无可疑问的。

本文这里所选择的参考资料都是经过各国实验过的佳例。匆促里不及作有秩序的安排，仅凭材料来到的先后及其本身兴趣与价值逐项介绍。至于我国对于这一些建设是否有采访的可能及我国环境与每项所述他国情形有何显著的异同，在可能范围内，笔者均作简单的评论及提示附在后面。

一 五十所最小单位贫民住宅的实验
美国印第安那州福特魏茵城
（FORT WAYNE，INDIANA）

美国是个商业自由的国家，许多社会性的事业都用商业方式来解决，不直接将经济负担加在政府或任何慈善团体上。许多有关人民福利的建设，不单是由于伤感或慷慨，却是因市中经济与卫生的需要用最有效的实际方法来应付并长期维持。所以许多低廉租金平民住宅的试验都是由政府提倡，根据着法律，由地方协助，用商业方式来建造及处理的。

一个试验 根据一九三八年美国联邦政府住宅管理处所发表的一个报告，清理贫民区及为最低收入的人民建筑住所，不是这管理处直接的职责。可是因为住宅管理处这机关是由于用抵押贷款营业办法来协助改善一般的住所情形，且倚借这种经营来维持它本身的

经济独立，所以它不能不注意到美国各城区中最"不堪"的地带。这种地带影响到房产地价，且此带贫民每年医药、燃料、衣食的救济靡费全市税收极巨的一部，间接成为其他住户的税额的负担。所以住所管理处开始调查恶劣的住所情形，协助任何合法团体利用管理处这抵押贷款算法来改善贫民住处。

福特魏茵城 这一个试验是在印第安那州中一个小城福特魏茵实行的，用减债基金抵押贷款方法完成了五十所，每所每周租金为二点五美元的住宅。他们相信虽然改善贫民住宅所遇到的问题是全国性的，其解决方式则需要各区特殊的应付。但福特魏茵的试验得到极好的效果，大可以作为一个市镇自身努力解决这种住宅的佳例。且因其他市政府或团体对此种设施有同样的兴趣，所以管理处特别将这次福特魏茵（以下简称魏城）试验建造贫民住宅的始末，以详细描述的方法印成册子公布。

人民情形 魏城是个西方中部的工业城市，人口约为

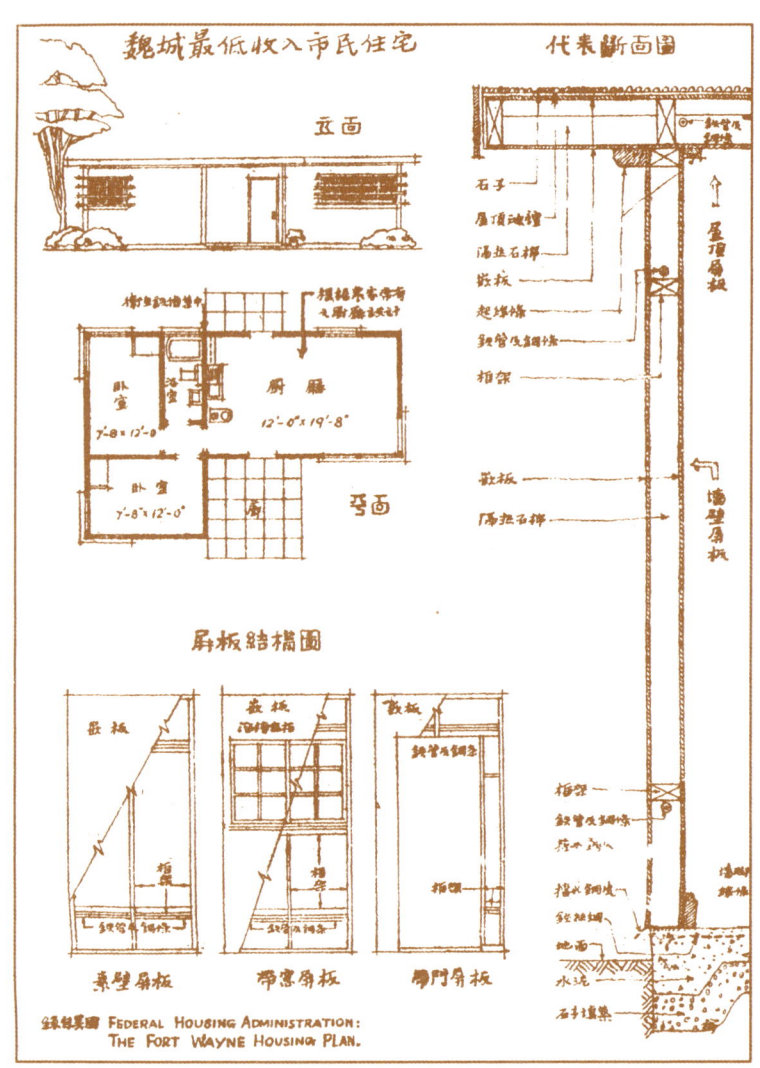

魏城最低收入市民住宅图

十二万五千人。城中一般住所情形比各处平均水准稍好，住宅之半数为住户自己的产业，与美国其他城市相同，只有少数——约百分之五——的人民住在公寓里，大部的住宅为单门独户的，全市贫民救济费每年达五十余万元，其中四十余万元为救济贫者的粮食、燃料及衣物，公共卫生费为十万元，津贴贫者房租约一万元，无家者之救济费约三万元。

住屋情形 据调查，魏城一万六千所住处中，有九百所没有自来水，二千七百所内没有私家室内的卫生厕所，四千六百所没有沐浴设备，所以公共救济费的重负有一部分是住宅情况所使然的结果显然有它的根据。

改善目标及办法 改善住所的水准是要直接减轻救济费的数目，但如果只拆去最恶劣的破屋，是不会有助于实际情形的。因为在低租金的一堆房子中本已患住户过挤的情形，如果再减去现存之若干房屋，则拥挤的情形更将增加。所以这里的改善必须添造，直至恶劣住屋中有了空出的现象时始能将这种不堪居住的房屋拆毁。

最需要改善也最可能因改善而减低地方救济负担的自然是那九百所没有自来水设备的住屋，其次为那二千七百所没有卫生厕所的住房，再次为那四千六百所没有沐浴设备的房子，但不知有若干住所单位因为漏的屋顶及漏风的墙壁直接增加了地方燃料救济费。所以在节省救济经费的立场上改善住所则必须添造温暖而严密附带着自来水及卫生设备的房屋。且租金必须是那些不能享受这些便利的家庭所能担负的。

合实际的租额 据实际调查，这些家庭所费租金，最高为每月十二元，令人可注意的是这种租金并非按着房间单位计算的，而是按着住户所能出的租金总数所能交换来的房间而定，他们是不能按着他们所需要的面积或间数来租赁住处的。

针对着这问题的住宅建造的第一点，即是决定每单位住所的租金为二点五元；不是按月而是按每周收付租金的办法，对于这些家庭更为合适。因为他们的收入本以每周计算的。

房子形式间数及设备　虽然现时魏城的小房子多是单层木板住宅，并不证明集体多层住屋之不合适，不过考虑到受助的居民素来所习惯的生活是很重要的。

初步设计的考虑指示出独户的小住宅包含三个房间，及一浴室，以租价每周两元半为标准，最为重要。此种住屋需要现成的电线装设，且因为利用浴室设备需要教育，有热水的供应非常重要。要达到以上目标，自然要一种非常精巧经济的设计图样。且必须根据种种使这种建造可能实现的方面。

造价的预计　在租金方面如果每所造价定为九百元，用二十年抵押减债基金贷款方式付出百分之四的利息，百分之零点五的保险，则每年收入，付债息外，尚能保留维持费，由魏城市政府先设立一住宅委员会，按着印第安那州的法律，住宅委员会办的房屋可以免税，因为这种经营目的在于帮贫困的人民，可以减低各种救济费的负担，所以允许此种房子免税，结果并非市政府的损失。

利用本地失业人工　在减省工价方面，委员会请求利用Ｗ·Ｐ·Ａ（失业工人救济会）的工人，因为这种工人即为需要这种住屋最切的主顾，所以移用救济会的工人来建造贫民住宅是最合理的。事实上因为他们觉得是为自己福利努力，他们对工作加增很多踊跃。

地皮的取得　为这种计划中的住宅寻觅适当的地皮时，发现大量的空地散处城中。有许多空地即在非常恶劣住宅的附近。其他的常散处在工业区旁边。它们在相当时期内绝无用途，只在将来如果遇到添造工厂时有可能之用的。这带空地的地主对这一时无用地皮每年还必须负担着地税。

这种一时无用的空地，如在有卫生水道工程的街道左边的，即被视为极适当的低租住宅暂时建造的地区。住宅委员会同他们的地主的接洽协定是委员会以一个象征数目，美金一元暂时购取一个单位地皮来营造一所住宅，随时地主有重新购回原地之权。重新购回原地的办法是：（一）如果地主在新建屋后的第一年内要求购回地皮，则由地主付出迁移那一所新住屋再建在另一地区的全部工程费用。（二）如果地主在建屋后的第二，或第三或第四年中要求购回原地，则按借出年期之长短比例，减低负担迁移费之若干。（三）直至五年以后，如果地主要求收回原地时，则仍只需美金一元购还，全部迁移住屋的工费由委员会完全担负。

这种取得地皮的办法，产生三个特点，要早预计到的。（一）因所建新屋分散城中各处适当空地，施工时因略不便，必稍费工。（二）从租金收入里除却付出贷款的减债基金还本法及利息保险外，因根据与地主借地之协定，必须保留若干款额，足够必要时作迁移重建住屋至其他地区的费用。（三）选择地点的目的有一部分必须是要使建屋之后能影响提高周围地产之价格，有利于借出空地的地主的。

这种地皮每单位包括象征之一元购价，地契价及接引自来水与下水管的费用，总数为四十美元。

综合事况　综合以上情况，展在委员会面前的事实是：（一）委员会可以由 WPA（失业工人会）得到不必付出工价的人工。（二）委员会可以用四十美元的代价取得每个单位的地皮。（三）因所决定每所每周二百五十元的租金，用廿年典押贷款方法取得资本，所以每所住宅的工料价需定为九百美元。（四）因住屋所供应的家庭情形，需要的是建造三个房间的住宅，附有热水浴室及电线的设备。（五）这种住屋因借用地皮的协定必须用易于迁移及重建的结构。（六）因为所用的失业人工不是专门技工，所以房屋的结构工程程序必须是预先设计极为简单，使一般普通工人均可胜任的。

结构方法　这些住宅所用结构方法是根据威斯康辛省麦迪生城联邦森林出产实验室所作的研究，及普都理工大学住屋研究系所进展的试验。

这个结构方法主要是应用"板屏"的制式（by Prefabricaled Panels）用固定木框两面钉上薄嵌板（Plywood）（上海称夹板）制成标准大小的"板屏"（Panels），再将各屏拼聚作为墙壁_{（见《魏城最低收入市民住宅》图）}，外墙与内部隔断墙所用板屏皆是二乘四英寸的木条作框架，屋顶所用板屏则用二乘六英寸之木条作框架，木框的两面都钉上且胶住 Phenol-résin Plywood 薄嵌板。这种屏板结构的负重力量已数倍超过一层木屋所需要的负重墙面。

制造程序　为建造这些住宅，委员会先租赁一所小工厂，这个设备即为造价之一部分支出。一切结构部分均先在厂内制造，以减少工场上的工作。工厂内简单设备只是一个数人共作的锯木床（cut-off table），为锯出标准木条及裁断木条成必要长度之用的。又另置特种"嵌板锯"（Plywood saw），用以锯出门上或窗边所用的小片嵌板等。此外即是各种"台桌"（jig tables），在那上面可以钉制木框及铺胶嵌板，制成各面板屏的。厂内全部用失业救济会的工人。

定为制式　这种结构规律化之后，成了一种制式，共用四种板屏：（1）素壁部分（外墙或隔断墙），（2）带门的墙壁部分，（3）带窗的墙壁部分，（4）屋顶部分<small>（见《魏城最低收入市民住宅》图）</small>。素壁部分，每面板屏高八英尺，宽四英尺。板屏木框两面嵌板夹成的空心用石棉铺满以防止外墙敏性传达户外的冷热。屋顶板屏每面也是宽四英尺，但有长十六英尺及长二十四英尺的两种，他们中间都铺上四英寸厚的隔冷热的石棉。每面板屏上都加上一层胶质的保护材料，将木缝填满。

整所房子所需为二十二面素壁板屏，八面带窗板屏，五面带门板屏，及六面二十四英尺长，三面十六英尺长的屋顶板屏。

室内地面是用铁网水泥倒在碎石夯平的地上。这种室内地面从舒适，耐用及工料价的经济立场上估计都是最为适宜的。因为洋灰直接铺在土地上，它可以维持与土地差不多的温度，所以冬天较暖，而夏天又较凉于架空的地板结构。自来水管及下水道的粗管，均先由最近的干线接引埋在地下。粗管头在预定地点由水泥地面伸出，以备它们在上面安置室内各种卫生设备。

结构程序　各面板屏都安放在水泥的地面上，一个屋角或正角的两面先准确的安置，其它板屏便可迅速的随着安放外墙及隔断墙的板屏，带窗子的及带门的板屏，都像玩具房子的部分一样聚拢起来。各面板屏之间用某种腻子使它们拼紧，并以长钢条横贯各屏中间，联结扣紧。长钢条横着由屋的一端到他端，穿过每面板屏木条处均用铁片托住（bearing plates），在屋角两面板屏相接处则穿出角铁（angle iron）然后纠紧。

屋顶各板屏亦同样用横贯的钢条牵住。每隔四英尺用一条。钢条穿出之两端用生铁的母螺丝（washer and nut）纠紧。此外再在每屋角用两条垂直钢条，一条由上面下来，上端钩在屋顶横条上，另一条由下面上来，底下钩在水泥地下，两钢条中间用旋紧子（turnbuckle），联接扣紧。这样全屋四角都紧牵在洋灰地面上。屋顶板屏上用保险十七年的四层石子屋顶油毡完成。

室内墙壁均有上下横条，金属装备均外露。外墙，内壁及天花顶均刷涂三重油漆，完成光滑皮面，以便于洗刷。

卫生设备　一种烧油的炉子，内中带着热水盘香管，可以供给屋内取暖，烧水及煮饭之用。它的烟囱是一整条金属的烟囱由炉上直至瓦外，这是按着便于移动重新安置的办法。烟囱四周用二英寸木棉隔热，并留二英寸距离木料的空隙（air space）以防火力的燃焦。

厨房的水道设备与浴室的水道，计划时即安置它们背向背的在隔壁相连之处。上下水道设备为一洗碗盆（sink），浴盆，面盆，茶桶及一个三十加仑的热水储藏锅。所用水管全露在壁外，以便修理。

时间　建造工程程序预定为每所住宅全体工人用一个"工作日"——即八小时——完成。结果在实际施工时，维持这个速率毫无困难。

资本及经营的办法　为这五十所住宅供给资本的办法，是分给三个商业团体来投资——两个银行及一个保险公司。三处贷款共计四万五千美元，以全部五十所房产作抵押，利息百分之四点五。虽然典押定为廿年减债基金法，因为预计的盈余利益可能改成六十年。全部房产按美国政府《住所［宅］法案》第二〇七条中联邦政府住宅管理处将其保险。如有地主收回原地时，则将此地退出保险，另换新区一处。

魏城五十所低租住宅资本经营办法

地价每区 $40 象征数，上下水道地契在内	$2,000
工价 W.P.A 借来的人工价值	23,000
共计	25,000
典押贷款总数，全部料价及工厂设备用	45,000
竣工后全部房产估定价值	70,000
每年房租收入总数	6,500
因空闲可能损失	260
净收入共计	6,240
利息债务偿付	3,600
住屋维持费每所 $32	1,6000
每四年一次油漆	500
每十年一次换屋顶油毡	270
设备更换修理	150
保险	80
管理费等	600
总付出共计	5,200
每年盈余	1,040

百分率表

贷款为房产估定价值之	百分之	64.3
利息债务偿付为总收入之	百分之	55.4
利息债务偿付为净收入之	百分之	57.7
维持费为净收入之	百分之	25.6
每年盈余为净收入之	百分之	16.7

如果这些住宅有了百分之二十空闲时期,每所住屋每月收入可能减至八点六六美元,但平均当以百分之四的损失计算。这五十所房屋每年的债务偿付本来约占其收入百分之五十五余。计算损失则为百分之五十八。

住户的选择　最初五十所房子建成之后,已有六百家请求预定的住户。决定选择适当的优先住户是根据着他们在请求时本来住处的不堪,急需调济程度,及有无能力付出较二点五美元更多的租金而定的。能够负担较二点五美元更高的住户及已有相当可以居住的房屋,租价亦不比二点五美元更高的住户,均暂不得迁入这些新住宅的权利。这种选择住户的工作是藉力于地方社会服务团体的协助的。在某一些情形下,服务团且代住户保证房租按期的偿付。这些住屋的一切的管理事务完全由福特魏茵城住宅委员会主持。

参考提示与评论

(甲)我们有无注意低租住宅的必要?

（乙）低租住宅建造的原则是什么？

（丙）分析魏城试验住宅总造价低廉的因素

（丁）分析资本债息与租金的种种

（甲）我们有无注意低租住宅的必要？

1. 这里魏城廉价住宅建造试验的报告，表示得非常清楚，美国小住宅研究已渐施于社会。这些住宅是以服务城中最低收入的市民家庭及改善市区的眼光来经营的。

战前中国"住宅设计"亦只为中产阶级以上的利益。贫困劳工人民衣食皆成问题，更无论他们的住处。八年来，不仅我们知识阶级人人体验生活的困顿，对一般衣，食，住的安定，多了深切注意，盟邦各国为政者更是对人民生活换了一个新的眼光。提高平民生活水准，今日已成各国国家任务的大目标。故为追上建设生产时代，参与创造和平世纪，我国复员后一部努力必须注意到劳工阶级合理的建造，是理之当然。

2. 近来后方工厂均为新创，常在郊野，少有邻近住屋，故多自附工人宿舍。复员后工业在各城市郊外正常开展的时候，绝不应仅造单身工人宿舍，而不顾及劳工的家庭。有眷工人脱离家庭，群聚宿舍，生活极不正常。这个或加增城市罪恶因素，或妨碍个人身心健康，都必为社会严重问题。添造劳工家庭合理的低租住宅，附近工作地点必须为政府及工业家今后应负责任中之一种，亦无疑问。

（乙）低租住宅建造的原则是什么？

上面的资料，低租住宅的建造是为收入最低阶级添设住宅。为给予他们合理的生活，救济他们的拥挤，改善他们的卫生，而先决条件，是租金定为他们所能负担的数目。换句话说，低租住宅最要紧的就是低租，住屋却又不能因低租而不合健康，或不适用于一个正常的贫民家庭。原则就是：

1. 需要连这足够一家之用，改善卫生标准，而租额是收入最低的劳工家庭所能担负的数目。

2. 这种建造经费的负担不必悉数倚赖捐助（由政府团体或私人），大部可藉经常营业方式（用典押借贷办法筹到需要的资本，以租金收入来长期维持这种事业）。只在创始之时取得各方的协助（使资本的借贷部分极端减低，以节省债息的便可促成低额租金的可能）。

总说起来，低租主要的因素有三：（一）为每单位地区工料等总造价本身的低廉。（二）借贷资本债息低。（三）造屋目的为服务，却不为赚利的营业；租金的最大作用只为维持这种住宅本身的可能及存在，租额可以减低到最小限度。

（丙）分析魏城试验住宅总造费［价］低廉的因素

1. 地皮廉价的取得。这个藉力于政府机构辅导的力量，同时也得力于有地产者实际的协助。魏城借地协定表示并不要求无条件的捐助。保留地主在必要之时收回原地之权利，且定下具体办法。地主借出无用空地可以省了地税,地产因住宅改善可以增价都是地主所得利益。但这事本身本为社会效劳,我们相信即使利益不大,地主亦不至刁难或勒索,来阻碍地方改善的政策。这个美国可以办到的,在中国以后亦不应办不到。困难在还地办法牵涉了移屋,移屋办法又影响结构条件。因高度工业化的活动结构在美国可能简便而且经济的,在中国不见得能够如此。所以地皮的取得恐必须考虑其他办法。

2. 利用政府或地方所已担负薪资的失业工人可以省掉工价。这个我国以后是否有类此组织可供应用。变通办法如利用闲着常驻的军队,或合法征调民工等,都可以研究。

3.（a）经济的结构方法。（b）经济的面积分配。在这两方面美国都是参考大学校,及试验所专家的研究结果,且依据社会服务团体的生活调查来设计的。我国当然应该同样采取研究的方法努力多做试验。如果缺乏专家的研究,便必须鼓励产生研究的机构来配合实施设计的进行。细究魏城设计（a）与（b）两方面:

（a）在材料结构及工程方面:因中国之工业化程度与美国相去千里,各城市各地区亦各不相同,故欲效法某项特殊试验必有困难。必要时仅能采取它的原则,接受大略的指示,计划一种变通办法。利用当地固有工料方法加以科学调整,作类似的处置,最属可能,也极适宜。一味模仿工业化的材料及结构,在勉强情形下,只是增加造价的负担。

魏城试验所注重的一点,是用科学化的木料,不但尽量在工厂内先制成"结构的部分",且先制毕"房屋的门窗墙壁部分",等候在工程地时简便的聚拢,以省人工。中国建墙的材料方法最经济的都是"泥作""竹作"之类，如版筑土墙，如夹泥，如干砖墙等，都比纯用木料版壁为经济。这种工程却需用人工在工程地筑造，绝不能在厂内预制的。且工程时间及人工数目都无法极端减省，能与现代木工相比。可能定为制式在厂内预制的只有门窗一类。至于屋顶最经济的构造，更需要试验及考虑。

（b）在面积分配方面：详究魏城住宅平面，可以提示三点中美生活之主要不同，以便明了我国不能完全采用近代英美现成设计图案之原因，分述如下：

1. 魏城所造是包含三个房间及一浴室的单层独立的木质小住屋，这与中国生活本无不合，但主要起居室是附带炉火设备，用以做饭的大房间，此外并无厨房，便不适于我们习惯。这个大房间的设计是以欧美农舍中所谓 Farm-kitchen "农家厨厅" 为蓝本的。欧美劳动阶级都习惯于在起居室里做饭，日常生活也都在这里集中。这种"厨厅"在欧洲就有几世纪的历史。它是欧美平民所习惯的居住方式，与中国生活迥然不同。

我们平民从来不以厨房为起居中心，因家族群居习惯，居处多以院落为单位，厨灶总是处于室外，室后或院中角隅的地位。生活中心的堂屋或厅，另有祭祖礼法的背景。虽然实际上亦即聚食操作的地点，堂及厅的性质总有婚丧庆贺，戚友来往的礼节意义，不是专为起居而设，更不是设灶地方。我们烹调方式使贫户仅有一室的时候，灶火也常设在门外。

所以英美小住宅将厨厅合以为一的设计是绝对不合我国的适用。通常他们中产阶级因不常用佣工，在餐室内设新式电灶，附带备餐的简便办法，更非我们所习惯。故近代英美面积经济的各级住宅平面分配十之八九均不合中国之用。

2. 魏城住宅如同美国一般住宅一样，有治安上的保障。四面临街之处均可不用围墙。这点在中国可是一种困难。以围墙周绕以保安全是我国住宅通常的设备。但围墙周绕，如不加增地皮的面积，便使房子狭迫，视线短促。且围墙的造价占了小住宅总造价里一个极大百分率，要维持租价与造价间一个不变的百分率时，则因围墙的造价租价也需要增加许多。这个考虑要从市政治安上入手，根本解决。折冲办法是使房子一面或两面临街以节省围墙。但如此已是与改进的分离独立住屋的倾向相背而驰，仍不能令人满意。

3. 卫生设备问题：魏城因利用市中已有之卫生工程干线，故引接上下水道所费无多。中国许多城市小街深巷过多，可以建屋之地区可能距离大街干线甚远，如遇有这种情形，市府方面应极力协助改善，不应将接引的工料价负担在住宅造价之上。室内浴盆热水恭桶等设备，因美国之工业化程度甚高，可以廉价取得，在中国这些设备以后是否仍为用外汇的奢侈品，及能以如何价格自制，一时尚无把握可以预计。如果室内卫生设备暂不可能，则代替这种设备的室外处置方法必须要附属小建筑物。如何计划这种附属廊屋，使合乎卫生实用要求而又经济，也是我国的特殊问题，需要新的解决方法。在平面的总面积上，工业化的程度愈高，面积愈小，所以中国的低租住宅的面积很难不较英美新式的略大。

（丁）分析资本债息与租金的种种

1. 这五十所住宅的建造目的是为服务，不在赚利，租金的收入数目最大作用只是为偿付贷款的债息，此外仅保留若干维持费。贷款的数目愈低，租金亦可能愈低。故在资本方面，他们设法使借贷款额减少，以不用付款的许多实际便利来协助完成。同时它仍是一种正式营业，用廿年典押方式，用租金收入偿付债息，留出盈余维持管理。二十年后归政府机构所有。政府设此集中的机构来辅导改善住宅的任务，亦便藉此种合法营业，正当的盈余，长期维持它的力量。一切可不藉社会偶然慈善事业。

中国以后亦应由政府倡导辅助地方进行，不在赚利，却足维持其本身的房屋经营，以便市民，且抑制市上高价的营业住屋的垄断。但为最低收入阶级建造，在中国则租金所入绝不足偿付资本，极不易成为一种"营业"，必须藉义务的协助才能办理。

2.他们取得资本的途径是由政府领导，地方协助，商业团体来投资，以商业正常方式取息，这一点我国当然亦可同样办理。但在中国，即使地皮等一切条件均相同，三间可住的房屋最低造价，在正常时期，各城市均不止九百元，而中国最低收入的劳工家庭每月可以负担的租金，在战前约为国币三元。房租每年收入数绝不足偿付资本之债务。故如何调整，必需其他办法。一部分资本恐必须由团体捐助。各工厂可能有负担工人"福利住宅"开办费之规定等帮同完成。

3.虽然第一批五十所造成时已有六百家预定名单，市府秉公，不但不因此加增租价，且在定户中选择不能负担二点五美元以上租金之家庭为优先赁主，决不变动决定的租额，亦即不变为何种等级家庭解决住处的目标，此点极为重要，主持者必须注意。

4.保留足够管理及重修的费用，如定每若干年重漆，若干年更换新屋顶一次等规定,即是维持住屋正常合用的状况。能长期维持就是不至损失住户,使住屋空闲的保证亦即收入损失的保障。中国办事常有始无终,在这种地方,极宜效法英美办理事业耐久性质的谨慎处置。

第二项参考资料
英国伯明罕市之住宅调查

(一)关于调查
(二)伯市发展的历史
(三)研究所得的实况统计
(四)原则的提议
(五)参考提示

(一)关于调查

伯明罕市(Burmingham)是伦敦之外英国第一位的大城市。市区面积达五万余英亩,人口一百零四万八千。它是英国市政改善最早的一城,开了捐拨地产创辟公园和清除"贫民窟"(slum)的先例。

一九四一年,当英国在世界大战里尚在吃紧阶段时,伯明罕市的波恩维尔新村信托公司(Bournville Village Trust)住宅研究会便将他们费时三年的伯市住宅实况的调查全部发表。书名为

《再建之时》(When We Build Again)，内附表格，照片，插图，统计图解及地区图等。这个报告对全城住宅情况的各方面无所不包括，无所不详细。全书用了简单清晰的分析，指出各区房屋在一切方面对于居民生活实况的适应，与矛盾程度，作为将来建设时改善的指南。这虽为伯明罕市本身的特殊情形，但一切研究与分析的方法，则是普遍可以适用于任何旧城，以和缓调整政策为前提的改善计划。

伯市虽曾自豪，且仍可以自豪，它是英国最努力进步的工业大城，在第一次大战之后至第二次大战之前约二十年中，共添造了十万四千八百八十一所住宅，但他们却得到一个痛心的教训。用了庞大的代价，他们换得一个醒悟。他们恍然觉悟当时急于解决住处，缺乏全市之间及市郊乡之间的"统盘市镇计划"的失算。研究会坦白的承认：因当时所有计划每次之限于一地一区的过于"消极性"，致使今日"损失并毁坏了许多可贵的绿郊隙地，全城发展的紊乱竟直接危害于国家应有的福利"。换句话说，二十年来"个别改善"的努力，由今天科学化的鸟瞰看来，已大明了他的错误。筹划上缺乏总纲领产生畸形及矛盾的局面自在意中。各区各业生活及交通的要求互相抵触，缺乏呼应的时候，自然只得到更大的不便，留下严重的教训，如果改善人民住处只是"个别改善"的住宅建筑活动，则所有努力不但积极的不能在全市合理组织中尽职，连消极的解决每个住户的方便也都成了失败。

调查的意义 所谓波恩维尔信托公司（Bourmville Trust）即是著名世界的卡德伯里可可糖果工厂（Cadbury Chocolate Company）主人所创设的波恩维尔住宅新村组织所扩大的建造住宅的机构。是不断对市政有贡献的私人团体。

远在一九三五年，它的住宅研究组，对于伯明罕市发展趋势，就感到忧虑，决定进行一种有计划的实况调查。这调查历时三年，以劳工及低薪资市民住的状况为主要研究对象，同时审查住宅区以往与工业区及郊区的关系，如全市扩展之利弊及住户密度增消的缘由及办法。换一句话说，就是要研究住宅的问题症结所在。

这种调查是根深蒂固民主主义国家的动态；民主国对私有产业权利必须保留尊重，不肯横加统治，而同时进行又是社会性的改善计划时，则所先做的一件事，必会是详细的调查。一切实况由专家团体的调查得以大明，提供当局及社会参考，然后法律的合理制裁，科学的缜密计划，社会的踊跃合作才得以产生。这是艰难的，和缓的，但确合实际的改善的调整，目的在经由演变向着市镇的完善。这种调整的性质与受过剧烈破坏大部后重建的市镇计划不同，与在社会主义下发展新区，创立城市作崭新建造试验的自然也不同。但今日世界在建设之时，这几种趋向的努力都必须注意及明了，因为我们都有参考他们的必要。

调查的内容　波恩维尔研究组的调查，为统计的清晰起见，分伯市环绕的为三个围城中心，内围及外围。各种住宅情况都划入这三个不同地带中互相比较。因为中心为最早旧有之市镇，街道狭迫经工业革命的突袭骤成拥挤错乱的区域，多不堪居住的房屋，及突兀丑恶的工厂。内围发展在一九一一年前后，外围则发展在一九一八年以后，情况因社会的努力，各围愈后愈见良好，密度也逐渐减轻。同时因东西南北各区域的工商业情形不同，住宅调查也将住宅划在七个市区下研究（见图一）。

　　这个调查对房屋本身的各种统计及其租金之外（见表一、表二、表三、表四）社会性的资料如（1）劳工市民由家中到工作地的往返时间与费用（见表五、表六、表七）；（2）百分之若干工人可以回家中餐（见表八）；（3）市区内公园面积与人口之比率（见表九、表十）；（4）儿童户外活动及游戏在何种地方（见表十一）；（5）若干住宅前后小圃要经常整治，表示事实它们是否为住户所需要（见表十二、表十三）；（6）若干住户愿意保留原来住处及他们的理由（见表十四、表十五、表十六），这些方面都取得正确的统计以增加事实的了解。

　　同时这报告先将伯明罕市的演变历史，如各时期社会及政府对市府的态度和努力，议会各次所通过的法案，及地方上各次所实行的调查和建设都作了简单的叙述。这一段历史非常有趣，可以代表一个现代城市的传略，可以增进社会人士对市镇的了解。

　　调查目的　这个调查的主要目的是：

　　（a）现时住宅的一切状况。

　　（b）一九一九年以后所努力进行的扩展市区计划，它的结果到底如何？

　　（c）据实际所得材料有何结论可以指示将来设计的倾向或宗旨？

　　调查方法　研究组利用许多公共卫生及户口调查的统计，但主要倚藉自己实际的调查。调查分两部［步］测量及访问工作。

　　（甲）测量　测量分两段：

　　（一）详细的住宅及住区测量。

　　（二）普通测量，指示以伯明罕市为中心的四郊发展。

这是在六英寸比例尺的地方地图上标出已经建屋的地区,现在工厂位置及永久的空隙,如公园等地区。整个面积包括一千一百方英里。因为这项研究计划的目的也注意"邻区"（Regional）整体的组织,不但注重"市区"而已。这部分工作着重给计划地区时做参考,预先保留各种地区的用途,为此后五十年内的新陈代谢一旦演变及发展定出有系统的途径,不至紊乱互相抵触。

（乙）**访问工作** 注重在取例的逐户调查。他们按着公共卫生部所给予工人住址,每三十五家工人住处中巡视一家。二十九位有经验的社会服务人员共同参观了七千一百六十一所劳工居民的住处。访问员将预先计划好的问答表格,在参观住户时填写。调查后经手人立刻将这表格交给专家,划在三个围域及七个市区下综合分析,要知道伯市百分之八十强为工人,所以他们的住宅是全市住宅的主要问题。调查住户时必须同住户中之主要负责人问答（三分之一的访问必须同男主人问答）,如果所访住屋空寂无人,经三次访问后仍然没有住户或不得接待时,则可另访距离此屋最近的一家,但必须与原来访问住址在街的同一旁边,以避免牵涉不正确的其它因素。改访他户必须在访问原址三次失败之后的原因,是免得遗漏整日必须外出工作的住户。如果房屋已改成工厂或公司办事处,访问员仍须访问看守人,因为可能看守人的住家问题就需要考虑。

在访问时最需要的是引起住户的兴趣,自动的合作。故在访问之始,先就解释访员们代表一个研究住宅的组织,在努力调查伯明罕全市住户的需要,他们希望将关于住宅的几种实况请教于选出的住户。

问答表格分两种:(一)主要问题的问答表。此表分前后两面。

(二)愿望问答表,亦分前后两面。

主要问题回答表(前面)

BOURNVILIE 新村信托公司——研究组住宅调查表									
区 4　次区 11				编号 3601					
市有地产　1937 年 11 月 19 日				单独住宅	住宅公寓			合坊公寓	
住户姓名 A.B.Cee.　地址 13 The Cincle		调查时间　始 7:30　终 7:40			市	私	公	市	私	公
^		^		市	私	公	厨厕自用	厨厕合用	地面	
^		^		√			地面			
^		^					附铺面　否			
何时迁入? 1928		若是房客	每周租金　地方租及水在内 15/2　分租收入　无						
房屋年龄	战前	1921—31　√	1931—37	若是主人	还付　年付地方税及水费　地税年付				
住宅内家庭户数 1									
房间数 5	起居室 2	厨 —	杂 1	浴 1	卧室 3	是否部分	分租 是　否 √	有家具	无家具
庭　园									
有园? √					无园?　房外另置庭园				
爱园?　√	不爱园?		情形	爱园?	不爱园?			有	无 √
^	^ || 好 √	平	岁					
六十岁以上老人详情									
配偶	每周收入		收入性质	小住宅?	何处?			何故?	

注意——以上各项必须亦在背面各栏中照所需填入。
附言
房客认为满意,但称潮湿为憾。

主要问题回答表（背面）

关系（受访问人×，户主如非丈夫作"H"）	年龄	职业	登记否	夜工	失业	雇主及工作地	区	在职年月	雇主职业性质	由家至工作地距离	全日工作（以最近一日为例）				每周交通费
											离家早	报到	交通工具	今日交通费	中午交通费	

有收入者
- 成人

无收入者
- 儿童

昨日空闲时间
游戏时间

星期……
地点

天气 晴 小雨 大雨
距家距离（英里）　行程所需时间

户主（男性）生地　何时来到 Birmingham？

主妇（或女户主生地）
何时来到 Birmingham？
调查人

愿望表（前面）

总号 1650

Bournville 新村信托公司
研究部

姓名　Mr.X.Y.Z.

地址　IO.the square.

1.下面是可能的十二个原因，使你住在现在的房子。那一个是适应于你的？

（1）你离你的朋友们近。√

（2）你喜欢这房子。

（3）离丈夫的（或主要生活维持人）工作地近。

（4）房租低。√

（5）这房子是自己的产业。

（6）你喜欢一个花园。

（7）你喜欢住近市中心。

（8）你愿意住在离市中心较远处。

（9）你是当地教堂，俱乐部，或集会的会员。

（10）你憎恶迁移的麻烦与费用。

（11）你若迁移大概需要付较高的租金。√

（12）这房子以外另外找不到。

如有其他原因亦应加入。

愿望表（背面）

2.下面是十个可能使你迁移的原因，假使你想迁移，那一个原因是适应于你的？

（1）你愿意离你的朋友近点。

（2）你想要一个花园。

（3）你愿意离郊外或公园近点。

（4）你愿意离丈夫（或主要生活维持人）工作地近。

（5）你愿意一所较好的房子。√

（6）现在的房租太高。

（7）你愿意得一所新房子。

（8）你愿意住在公寓。

（9）你愿意住近市中心。

（10）你愿意住远离市中心。

如有其它原因亦应加入。

3. 综合而论你是否想迁移？ 是

4. 你愿意住何处？

5. 然则是否离丈夫的（或主要生活维持人）工作地更远？

6. 车资是否会增加？ 是

7. 你已否登记请求一所市营住宅？ 是

8. 在何处？

9. 在何时？ 一九三二

调查人 G.J.C.

（二）伯市发展的历史

伯明罕市发展的历史极为有趣，知道它演变的梗概才能明白它现状的来源与特质，亦即可以明了这一百年中一个工业城市的形成是怎样一回事。

乡村集镇时期　英国的市镇，当时为了保护其居民中的工艺匠人立了所谓 Charter。可以禁止他处匠工的迁入。伯明罕市的发展，在工业革命以前，正因它是个古代的集镇（Market Town）而无 Charter 的结果。

伯市直至一八三八年成为市镇才立了 Charter，所以一向是有技能有作为的工艺匠人的自由地，却得不到业会会员的资格。由十六世纪起，这城就吸收许多独身起家各个部门的铁匠，发展出工业城市的主要原素。

工业革命带来的大变　十九世纪初，伯明罕已扩大许多，但尚是带着乡村色彩，匠工各自工作的市镇。直至十九世纪的末期，方形成另一面目的大都市，旺盛活跃。但亦有几分可怕。工业革命带来黑烟，将近郊逐渐吞并了，在狭迫的小街巷中，零乱产生丑恶的工厂仓库及工作场(见图二、图三、图四)。因为那时代的社会相信人人自己知道取得与自己有利的一切，人人尽可自由发展，其结果是虽然集体的市是有财力的，一切都自然发展，没有地方当局来负责。当时的社会觉到如果男女儿童，为着某种工资，自愿在缺乏阳光的湫隘区域中日夜工作，那都是那一些人民的事，不关他人。所以伯明罕市日益富有，而矛盾的丑陋愈代替了所有悦目的乡镇色彩。而贫困的工人加增，生活程度到了不堪的情形。这时期所造成可怕状态，自然也不限于伯明罕一城。

新市镇的开始　到了一八六九年以后的约瑟·迁伯伦（Joseph Chamberlain）做了多年市长，产生一种新的市镇观点，他发愤改善那里的贫民窟，大胆的从事一个空前的措施。那时的市议会已有许多富于个性的杰出人物，他们筹出一千五百万镑的款，将特别不堪，最不卫生的一大区域扫除了，成为今日主要大道的 Corporation Street，同时在许多抗议下，将自来水瓦斯等由私人手中取归市府，作为公用工程的基础，一时伯市便成为英国最前进之都市。

公园的开辟　这时期中的社会意识渐高，有了种种改善住户生活的感觉，感到人民有游息及享受林木趣味的必要，故在这时所建的内围一带产生出较多的公园（见图十），但当时这种设备完全需倚赖捐出的私人产业，故其分配并不能平均合理。

一八四六年，开辟了第一个公园，Adderley 公园，占地十一英亩；一八五七年，Calthorpe 公园面积三十一英亩；又隔七年一八六四年，开了 Aston Hall 及公园，四十九英亩；至一八七三年的 Cannon Hall 公园，则有八十一英亩。这个最后的公园，至今仍认为最佳的一个。

第一个空地由市府股份银行公司购买的是八英亩的 Highgate 公园，它是约瑟·迁伯伦在一八七六年所辟，同时也是伯市"中心"唯一的真正公园。

一八七六年，议会特别通过伯市府可将"中心"墓地改成公园的法案，St.Martin，St.Mary，St.Paul，St.John，St.Philip 等都陆续变成公园，尤其是 St.philip 的增辟，对于市容及卫生的改善最为重要。

一八七七年第一次在已建市屋中间开辟儿童健身场，在 Buroury Street，面积为四点五英亩。继续又辟了几个，有的为大工业家所捐，有的为市府合作公司所购得。这种活动酿成全国性的儿童健身场的运动，成立了全国健身场协会（National Playing Fields Association）。

开辟公园的办法到了一九一七年波恩维尔卡氏之子又创立了一个新的组织称为"公益信托公司"（Common Good Trust），目的在当市政府缺乏法律力量购买与市府计划有用而又正在出让的私人产业的时候，由公司名义可以立时购得。这些地产有时是美好的林木，有时是有历史价值的古建筑及私园，可以经过合法手续由公司再转让市府作为公园，著名的例如 Blakes Ley Hall 即是。这个组织极为特殊，亦是近代社会团体购买地方历史古迹名胜捐给公家的先声。

新村的初试　一八七九年 John Cadbury，伯明罕企业家领袖开始另一种居住情形的努力。他将他的可可糖果工厂由正在退化拥塞不适于制造食品，亦不宜于工人健康的 Bridge 街迁至波恩河边。在那里他创立了所谓"花园中之工厂"。十五年后卡氏见到纯为牟利的住宅，因他工厂的迁移，纷纷投机活动颇为不满。他知道以往恶劣的住屋，正因这类似的情形曾迅速产生，故为防止这种投机的恶劣建造，他由一八九三至一八九九年逐渐购买从前的 Bournville 镇旧址。他的目的是创造廉价且美好的住宅，附于工厂左近，但不直接系属于工厂。这些住宅每所有小花园一区。他的目的是将这种"新村"的试验先例献给其他调整住宅的市镇作为参考。

在这时期英国的法律还规定着整列的"窄条后院式住屋"（Tunnel-Back House）（见图六、图七）为通常定型，卡氏则援用各种形式，以每两所或数所为一组独立的单位，他的新村最主要的特点是住户不限本厂的职工人员，这个开了近代市镇各种新村之先例。最后将这新村组织扩大，成立了信托公司，以经常建造及经理 Bournville 住屋为责任。一九〇〇年，Bournville 共有三百三十英亩之地区，造了八百所住宅。

议会通过"市镇计划法案" 到了一九○九年改良住宅的各种努力使议会终于通过了市镇计划法案。但它只适用于未经建造的地区，开辟交通干路，约束住宅区的性质和密度，及工业区的规定。

伯明罕又是英国第一个都市，首先应进行第一个市镇计划。所计划的地区为伯市的西南部，占二千三百余英亩，但这一年适巧为一九一三年，第一次大战的前夕，一切的实际进展被战争的需要所阻止，虽然对伯市整个外围的计划仍然进行筹备，且第二个计划为伯市东部，继而市之北部，南部及西南部诸计划接踵而来，终于全英五万一千一百四十七英亩面积中，三万八千五百零九英亩是有预先干线计划的。

英国议会对于市镇由放任至立法管制实由于社会舆论与努力的趋势，而不是主动的。

一九一三年的调查 一九一三年伯明罕市曾组织贫民住宅现状调查会，这一次报告在欧战开始后三月完成，报告叙述全市有五万所住屋已不适居住，且若干所中住屋过于拥挤，这等于说伯市的住宅在质与量上都发生了问题。但因军火的生产加紧，调查委员会反对彻底改建，却提议立刻购置外围地区安置卫生工程，开辟新路，划出公共建筑及公园各地，将各处地区及店面出租给营建师及私人，约束其发展性质，不使再有退化，形成日后贫民窟的趋向等等。他们的希望是外围住屋租价虽较高仍可以吸引内围较优裕的住户迁至新址，市中心的经济较优住户则又可移入内围，这样向外展开的动态才可以减轻中心的拥挤，然后所空出的住屋，便可以加以彻底拆毁。委员会更提议制定旧市中心及内围的新计划，立刻毁去最恶劣的住屋，修整其余可以勉强适用者。这样和缓的调整而趋向着将来大举的建设的提议，虽极为聪明，但因战事不允许各种新建设，一切进行结果大受影响。

正在这时候，伯明罕的人口因战时工业而大增，房荒亦骤然严重。同时建设部另订工人住宅标准，规定每户睡房三间，厨厅及小客厅各一，外加浴室、冷藏、洗涤、储煤所及厕所。这标准并不算过奢，但因前此所有工人住宅情况水准过劣，骤然适应这新标准，市府在财政方面增加意外重负，无法解决。

因大战的停顿　到一九一九年，大战结束之后，伯市重新能够建造之时，房荒已达极度。正常时期，伯市每年所需新屋即为二千五百所。因为战事这五年的停顿，使伯市在清除改建已不堪的住屋之外，更急迫需要一万二千所新屋。许多因战时工业迁入的市民已在此住家，不再迁出。不但这大数目的新户口即需要住宅，那当时不克修整的贫民窟到了此时情况亦更恶劣。

市府担任建造的开始　这时期因物价的激增及房租的受约束使得营造工人住屋无利可乘，商家均不愿投资经营。战前市府本不愿承担这种事业，削弱商人营业机会，到了此时住宅由地方市府经营，却成为唯一解决的途径。

战后政府鼓励建造的经过及其结果　一九一九年通过《Edison住屋［宅］法案》，政府负担地方市府建造住屋的损失。同年又修正这住屋方案，对地方审定合格的营造商，给予财政上的补助。这个法案是有划时代的重要性的，因为这样政府才算首次责成市政当局供应解决各市住宅的需要，且政府承认财政上的协助。提议法案的议员，又组织调查委员会，调查结果报告伯明罕所需新屋数目为十九万四千三百五十二所，内中十五万所为劳工家庭住宅，规定在三年中每年立即建造一万四千五百所。当时伯市人口总数为九十一万人，百分之八十强为工业区工员。

于是同其他城市同时，伯明罕的住宅建造立时活跃。但因战后人工及建筑材料的缺乏，又产生障碍，市府曾考虑交给营造商家包工的便利，但公私两方所经营的工程都受延搁。最后又创始一种组织，商家不但投资建造，且承领建造以后的一切管理及经营。经过如此努力，结果四年中本拟建造一万所的住屋，还只建造三千二百三十四所。每所的造价约九千至一万镑。造价日高的因素，有一部分由于政府所答应的损失补助无限制，故地方当局对于计划材料过奢及工程效率过低都不加注意及防范。这情形到一九二一年便达到顶峰。

一九二三年英国经济凋敝，政府开始财政紧缩《Edison住宅法案》被修改成《Chamberlain法案》，规定每年每所住屋政府津贴六英镑，继续二十年。物费骤降及民间经济能力的减退，房屋造价亦骤然减半，但这时政府补助过低已不能激起建屋的努力。所以政府对住宅的政策大体上算是失败的。

一九二四年《Chamberlain法案》又改为《Whearley法案》，政府津贴每屋由六镑增至九镑，但补以地方当局也津贴四镑半的条件。同时将住屋的标准在房间面积方面都略减少，"厨厅"之外不再加小客厅，浴室与厕所合为一室，储煤及冷藏均减小。这个新法案又使建造稍稍复活，大量营建一般低薪工员可以负担的廉租住宅才有可能。

一九二七年法案又修正，将政府津贴减至每所七镑半，地方当局津贴减至三镑十五先令，但因物价亦在降落，故建造的进展又维持了六年不断。

此后八年中（一九二七年至一九三五年）所建住屋共为三万三千六百一十二所，较之一九一九年法案后四年中的三千二百三十四所及一九二三年后四年中之三千四百三十三所，自然是大为进步（见表一）。

这些大量建造及新村产生之可能，是藉力于市府预先在四郊展拓未经建造的新区域。最大一次为一九一一年（一九一三大调查之前）所增辟，一九二八及一九三一两次又稍增广（见图九）。

一九三〇年七月市府合股公司（Corporation）完成它的三万所住宅之时，这住宅由当时卫生部长行揭幕典礼，那一年市府所建住宅达六千七百一十五所，至今尚为最高纪录，可算市府建造之全盛时期。

一九三三以后两年，因物价低，私人投资营建风气又炽。政府又通过法案允许典押的优待（房价百分之九十），更鼓励商家营造。很多优裕工人当时曾是租赁市府住宅的主要分子，在这时期中愿意用分期付款方式自购商营住宅。故今日外围住宅五分之一是属于此种性质的。

虽然住宅建造颇有进展，但中心的"贫民窟"情况除增设自来水一项外实在同一九一八年调查时无甚分别。直至一九四一年贫民窟仍然存在，亟待解决。极少数的住屋虽曾拆去，大部分的不但没有拆除，情况且愈恶劣。四万三千余所所谓"背向背式"住屋（Back-to-Back House）（见图六、图七），至一九三八年只去了四千五百所。五万八千家无单独厕所的只解决了七千家。仅有自来水一项有点进步，无单独龙头的由四万二千家降至一万三千余家。

至于分赁过挤的情形则更严重，添造房屋虽比人口增度高，但因"家庭"数目较"人口"大为激增，住宅的适应又产生这新的问题。

社会人士的确曾不断热心及努力，但力量总嫌有限。著名的COPEC住宅改善协会曾在一九二八至一九三六年间预备了十九次翻修贫民住宅的计划，三百五十五所改良住宅至今还是佳例，有极高教育上的价值。

至一九三〇年，《住屋［宅］法案》通过，又开始发动清理贫民窟运动。但一九三五年以后两次清除命令仍是迟缓的机构，直至一九三八年只有一万所的小数目，被确定为必须拆除的，事实上确实已行拆除的才有八千所。

故虽然伯市居民已有三分之一迁入一九一一年以后的新造的住屋而清除贫民窟的努力同新村的滋长趋势，总是相去悬殊，诚为憾事。一九三八年政府发起新建与清除，创立联合委员会，协商一切进行事宜，决定五年中每年最少需添造五千所新屋，但这五年总数两万五千所住宅与一九三五年卫生部所调查认为改善贫民窟所需要的三万所（已不堪须即拆去的一万七千五百所，纠正分赁三千五百所，及寻常需要添造的新屋一万所，共三万所）相较仍缺五千所。市府虽亦鼓励商营住宅来救济，但眼前伯市未建区之缺乏，使此问题的解决更形困难。

（三）研究所得的资料统计

将伯明罕市分作三重围域（Rings）——中心——内围——外围——以便研究（见图一），这三个围域的特征如下：

1. "中心"围域内的性质　"中心"内是许多错杂的工厂砖楼，狭迫街道及拥挤住屋。所有发展决无计划（只有一八七〇年市长张［迁］伯伦所改辟的一条正街为例外）。百分之五十至百分之七十六住屋为三层楼的"背向背"式住宅（Back-to-Back houses）(见图五)排列的楼房中间夹着所谓"院场"（Court 或 Yard）。

约十五万人住在三万八千七百七十三所这最不合卫生的住屋里。这种"背向背"式的住楼最劣之处尤在它的附属厕所等设备。因为房屋的缺乏，三个住户分租一所每层只有一间的住宅。情形至一九四〇年尚未改善多少。

住宅本身之外，加重"中心"区域"贫民窟"——Slum——问题的为各种各级大小参差的工厂，仓库，机器房，包围着民居，也错杂其间。公园的调剂经各种努力由墓地改成。

2. "内围"的性质　伯市内围区域受到十九世纪中市政改善及社会努力的影响，较中心为进步，但发展仍不经设计，重复中心所有的错乱。特征为"窄条后院"式的住屋（Tunnel-Back House）(见图六、图七)的产生。这种房屋单调到极点，绝无个性。英国建筑这时正由"乔治"（Georgian）的黄金艺术时期骤然降落，大部住屋都为投机取利的目的，只求密度高，毫无艺术的思想。今日过此，仍可以穿行几英里的排列成行的红砖住屋楼，不见愉快的布署。外表点缀有时更为不伦不类。较大建筑物如学校，教堂，工厂，更突兀伧俗，市容只赖商业大街两旁物品及灯光的繁盛。住宅内容在当日由"中围"区域迁来的住户看来，当然已是一种进步。但在近代标准下检查，只是不便，灌风不暖及无趣的总和。少数含有浴室，洗碗室湫隘黑暗，楼梯峻陡狭迫；但自来水已是改进的产物。第二次大战前后薪资较高的工界职工的住处以此为代表。但内围中 Edgbaston 住区则为例外。它保有"乔治"（Georgion）时期的风格。砖造意大利式及 Polladian 式的廊柱门面为富裕住户的生活表现。它们前边有宽舒的林荫，数分钟的步行即可以达到郊区或公园。Edgbaston 是有计划住区的好模范。即在今日仍为美丽的市容。不过它所代表的是那种只为着富户才设备愉快环境的时代，市政理想还没有萌芽。

3. "外围"的性质 外围是伯市最后发展的围域。大部是一九一三年以后的建设。各种住屋形式表面随各时期试验变动。营业投机在新村风气之后，故有多种图案作租金的张本，市政府所营新村则简朴进步。"内围"的发展只是吞没了原有美丽乡镇及私家用地，一概造成红砖无趣的长排市屋，和杂乱的商区，这里外围发展则是有计划的新村，种树的街道和围场，及美好的双层住宅楼屋。许多是一九一九年以后改善的建造。

"背向背"式住屋至一九三八年仍有三万余所，正是贫民窟的主体住屋。从外面走过的人绝不易注意到每个临街窗子代表着一个单另的住户，且只有一间房间。一家三个房间是重叠在三层楼中（但多分租）。第一层是厨房兼客厅十二或十四英尺长十一英尺宽八或九英尺高，上层有时矮至六到七英尺。每屋只有一面向外，分临街及向内院两排，储藏室不通空气，楼梯转折黑暗，且无扶手栏杆。内院一个水管龙头供各家公用。藏煤地窖极湿多不可用。洗衣及厕所在后院中。后院住户出入须经由两屋间窄巷。每英亩密度达六十所，约二百人的密度。伯市现尚有十五万人住此种住宅中。

一九三八年卫生部调查认为，此中一万七千五百所已不堪居住，宜在五年内清除。

"窄条后院"式住屋的产生在法律规定住屋须两面通气的限制以后。这种排列法巧妙的避免在一块深度地皮上有增加街道的必要，而同时不违法。重复的长列，同样的内容，密度每英亩二十至三十所。这密度虽已比"背向背"式减低，但仍不能有足够的阳光及良好的部署。这种房屋成为各大城普遍形式，租金一九一四年每周约六点五至十二点五先令（背向背式则在三至六先令）。此式后来略有改进，前加小圃，虽不能种多少花木，但可容一个突出窗（Bay-Window）。此式带突窗的住宅当时地位大为高雅，与今日两屋相连的独立住宅差不多，为境况较丰的表示。有时内部一旁加窄长的甬道，由入口至厨房，其特征是阴黯无光，虽然法律规定的目的是在多得光线与空气。

"普遍"式住宅的产生在"花园新村"受到社会的注意以后，它们有时两所相连，有时四所或六所合成一组。标准内容是两厅三卧室，梯道，厨房，浴室，厕所及小储藏冷室及煤棚。

这种房子的大体形式及内容在各城里几乎一律，所以被称为"普遍式"内容的改进极为显著，环境舒旷。故虽然这种住宅多在距离中心工作区更远的地带，但仍能大量吸引内围较优裕的住户由"窄条后院"式的住区迁来居住。

投机商人一面见到他们的受欢迎，一面又见到他所需要的地皮大过其旧时样式甚多，会减弱他们的利润。故商营住宅虽用这同一平面，但在形式及装饰上却出了许多花样，以求迎合赁户的虚荣心理，作为较高租金的理由。庞杂伧俗非艺术的变化成为风气。市府所建新村即在这方面加以纠正，多用简洁的风格，使整区归于典雅，以后的进步是要在材料的选择，布署的更合理，街道的林木及公共娱乐中心的各方面。

表一　住宅数目及建造时期百分比表

围域	住宅数目（1938年10月1日）	1941年及以前 %	1915—1920 %	1921—1930 %	1931—1938 %
中心	46.851	98.9	—	0.5	0.6
内围	79.308	92.2	—	5.6	2.2
外围	162.677	40.5	0.1	31.1	28.3
全市	288.888	66.3	0.1	18.1	15.6

住屋总数为廿八万余所，其中十万所为一九二○年以后所建。调查实况，三分之二的低薪阶级仍住一九一四年以前的房屋。中心区大部房屋已过五十年，标准落伍，在廿年内必须完全代以新屋；卫生部报告，一万七千余所已不堪居住。外围在一九三○年以后建。

表二　住宅种类表

围域	（1）标准式（完整住宅独户居住） %	（2）完整住宅一间以上房间分租 %	（3）公寓住宅，厨厕公用 %	（4）公寓住宅，厨厕自用 %	（5）合坊公寓（Block Flat） %
中心	94.0	2.0	2.0	1.1	0.8
内围	92.8	3.2	3.3	0.7	—
外围	95.8	1.3	1.8	1.0	0.1
全市	94.6	2.0	2.2	0.9	0.2

表三　住宅大小表

围域	每屋间型				
	1 或 2	3	4	5	6 以上
	%	%	%	%	%
中心	1.7	49.6	18.9	20.3	9.5
内围	0.9	15.1	22.1	39.9	22.1
外围	0.6	4.0	26.9	49.6	18.9
全市	0.9	15.7	24.0	41.2	18.0

造数之低，指示未经建造地区已所余无多。

　　伯市"分租"及住公寓的习惯比他城弱；公寓除却市府的试验设计二三处外尚不多见。但这表所谓"分租"乃指将住宅内分出房间租与他户，不管设备及家具而言。将自己陈设的房间随时短期分租者并不包括。

　　由人口调查统计中得知，伯市百分之八十一的家庭人数为四人及不到四人者，过六人者只有百分之三点八。用种种分析研究，均以每两人需一个卧室计算为适当。故此点指示全市仅五分之一的住屋需要三个或三个以上的卧房，而五分之四只需两间卧室。为将来建造新屋的参考，表四意义最大，它指出今日伯市租金负担的比例，百分之四十在十先令以下，百分之二十在八先令以下，且在中心区付十先令以下者达百分之七十一。今日市营住宅新村的租金虽约为十先令，但外围一切生活所需的价格比中心高，而市营住宅中，三卧室者租金较商营同大小者略高（市营住宅两卧室者则较商营为低），由中心迁至外围者，可能影响他整部生活费增加至三分之一，这点将来不可不顾虑到。

伯市自置房产的住户总数仅百分之十四，其中五分之三强仍为分期偿款者或负典押债务者；绝无房金负担的住户实际上仅百分之八。

因为家庭增加率与人口增加率不同，伯市人口虽稍减，但因家庭数增加，在数十年内住宅的数目必不比今日低，但房间数目多的住屋则可略减。在中心及内围多单身住户，因家庭消散，所余鳏寡老者，因新住宅太大，所以没有迁移的理由。此点指示将来新屋中必须包含若干老人住宅。

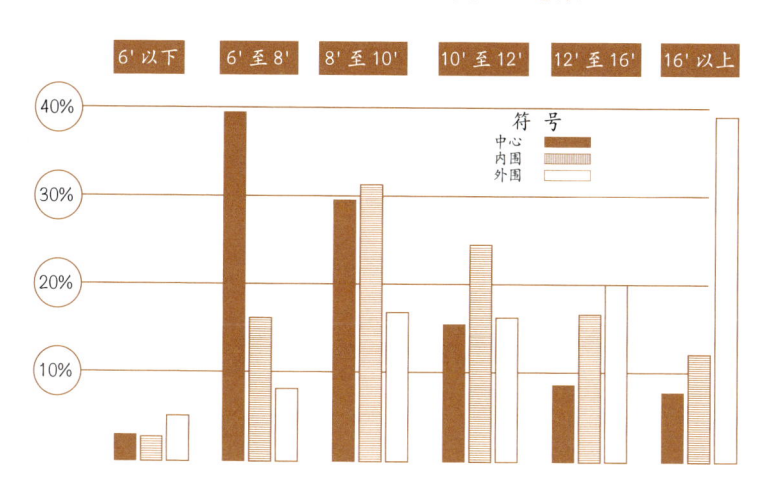

表四　各区商营住宅最通常租金比较表

黑色条*本集中印为深色条。指示市中心极低租金住宅百分率之高；灰色条所示者为内围，白色条则指示外围。最可注意之点在市中心住宅的租金，将近百分之四十在六先令与八先令之间，而外围住宅租金乃有将近百分之四十在十六先令以上。可知最低租金住宅仍多在市中心，所以较贫穷的住户仍趋向留居在市中心。

表五　住户在所住区工作者百分比表

区域	市营住宅住户 %	其他住宅住户 %
1 中心	★	58.2
2 西北	9.0	22.8
3 东北	46.6	44.8
4 东	29.8	34.8
5 东南	23.1	29.8
6 西南	41.9	53.6
7 西	★	27.9

★ 数目太小不足以作统计

市营住宅住户在本区工作者较其他住户少的原因是因为市营住户多近代所建，在外围较远地区。第三及第六两区居民之所以多在本区之故，因市营新村靠近几个大工厂。

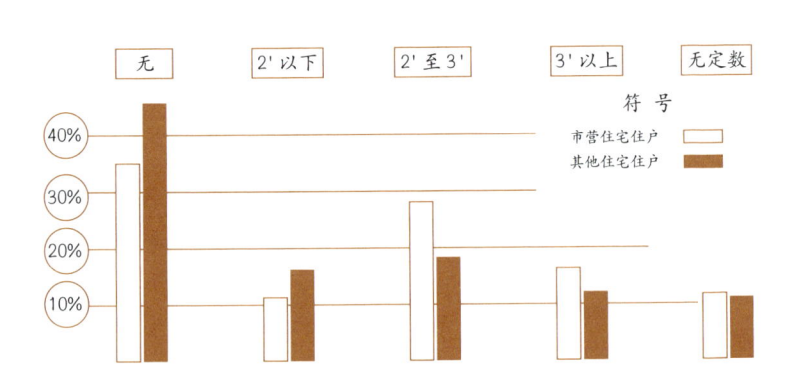

表六　每周车资所费表

表七 〔主要生活维持人〕达到工作地所费时间表

区域	0—15 分	15—30 分	30—45 分	45 分以上	无定时
1	45.4%	30.4%	7.8%	6.6%	9.9%
2	26.1%	38.4%	16.0%	10.0%	9.4%
3	30.7%	38.6%	14.1%	7.8%	8.7%
4	24.5%	41.6%	16.8%	8.6%	8.6%
5	23.0%	38.3%	16.3%	9.7%	12.7%
6	26.6%	35.5%	15.1%	12.3%	10.5%
7	35.6%	32.3%	13.7%	10.7%	7.7%

平均全市工作人员之百分之四十五不用车费。费三先令以上者为百分之十一强，五先令者百分之三。约八分之一的工作人员居处距工作地点在四英里以外。这个情形与伦敦相较实算从容。

这种距离，除费用外，更可影响工人回家午餐；如果行程超过十五分钟，回家午餐即不可能，这点亦即直接影响工人生活情形。

表八　主要生活维持人中午回家者百分比表

围域	中午回家者	中午不回家者	中午已在家者如夜工或午前下工者
中心	34.9%	52.1%	13.0%
内围	30.2%	57.4%	12.4%
外围	22.5%	69.2%	8.3%
全市	26.9%	62.7%	10.3%

表九 空地分配表

（1）围域	（2）公园游戏场等地面积	（3）各围域总面积	（4）（2）与（3）之比例	（5）人口	（6）每千人所得空地面积
	英亩	英亩	%	人	英亩
中心	35	3,023	1.2	187,900	0.2
内围	422	8,944	4.7	288,600	1.6
外围	3,342	39,180	8.5	571,500	5.8
全市	3,833	51,147	7.5	1,048,000	3.8

表十 英国八城市人口每千所得空地表

市名	每千人所分配面积
Leeds	6.5 英亩
Newcastle-on-Tyne	4.3 英亩
Birmingham	3.8 英亩
Manchester	2.9 英亩
Glasgow	2.8 英亩
Liverpool	2.5 英亩
Cardiff	2.0 英亩
London	1.9 英亩

近代称公园为市镇之肺。伯市公园面积与英国各大城相比，显然是充足的；但与人口比率仍为不足。全国运动协会建议标准，单算运动所需，即为每千人六英亩，为环境改善的公园尚不在内。表中数字尤指示三个围域中情形的悬殊。且中心区公园多半是小区只有一英亩左右，离合理标准甚远。

表十一 之一 晴天儿童游戏地点百分比表（周日内）

围域	屋内	院内	花园	街上	废地	学校游戏场	公共游戏场	公园	前列各处均有	他处或不游戏
	%	%	%	%	%	%	%	%	%	%
中心	12.4	20.3	3.8	18.9	0.2	0.3	2.4	4.3	31.9	5.5
内围	20.6	5.3	8.6	13.9	—	0.9	0.6	5.6	37.0	7.5
外围	24.3	1.1	17.3	13.9	1.1	0.3	0.5	1.3	30.9	8.8
全市	20.6	6.6	12.0	15.0	0.6	0.4	1.0	3.3	32.6	7.9

之二（星期末及放假日）

围域	屋内	院内	花园	街上	废地	学校游戏场	公共游戏场	公园	前列各处均有	他处或不游戏
	%	%	%	%	%	%	%	%	%	%
中心	3.2	20.1	3.2	16.4	—	3.2	1.6	12.2	30.0	10.1
内围	10.2	4.5	10.2	12.4	—	—	—	4.0	41.8	16.9
外围	11.7	—	18.5	8.6	0.5	—	1.6	7.0	39.0	13.1
全市	9.4	5.7	13.1	11.2	0.3	0.7	1.2	7.5	37.4	13.5

儿童游戏场问题与公园有相连的关系。一般人认为即使设有公园，儿童仍爱在街旁嬉戏。为研究这种言论有无事实根据得以上的统计。结果：（1）证实公园并不被多用，连放假日都如此。（2）观察在缺乏公园的中心区，儿童在公园消遣的比例上却比较外围儿童还多。推究原因，可以明了主要原因是公园过大相距甚远，不便于幼龄儿童。故设备邻近住宅的小块游戏场极为重要。（3）儿童在街上游玩的较他处并不占上峰。（4）儿童在家中游玩多因住房过小而受限制。

表十二　花园情形表

围域	爱花园者			不爱花园者		
	好	平	岁	好	平	岁
	%	%	%	%	%	%
中心	33.4	44.6	22.0	—	24.2	75.8
内围	34.4	46.3	19.3	3.0	39.7	57.3
外围	44.5	43.4	12.1	9.7	29.1	61.2
全市	40.9	44.3	14.8	5.9	31.9	62.2

表十三　无花园者对于花园愿望表

围域	愿有花园者	不愿有花园者	无意见者
	%	%	%
中心	78.7	20.3	1.0
内围	75.3	22.1	1.6
外围	82.9	15.2	1.9
全市	78.1	20.3	1.6

统计证实，住户对园圃之爱憎恰与事实上花园之受整治与否平行。但调查所访问的七点零二三家中六点四九一家表示要一个自己的花园。这表示这点在新建设上实不得不注意。

表十四　留住现住住宅之原因

原因	中心	内围	外围
	%	%	%
离丈夫（或主要生活维持人）工作地近	63.6	57.1	36.4
爱住近市中心	59.3	44.5	9.2
房租低	55.8	44.2	32.4
离朋友们近	38.1	36.2	26.0

续表

原　因	中　心	内　围	外　围
喜欢这房子	35.1	59.9	61.3
若迁移恐须多出租金	30.3	36.5	26.8
另外找不着房子	24.2	28.4	35.4
憎恶迁移的麻烦和费用	21.2	30.0	27.8
是当地教堂、俱乐部或团体的会员	19.5	18.8	10.8
喜欢花园	18.6	39.4	49.9
其他原因	5.2	5.1	5.6
愿意不住在市中心	3.0	14.2	57.1
房子是自己的产业	1.7	7.5	16.6

表十五　愿意迁移之原因

原　因	中　心 %	内　围 %	外　围 %
愿住较佳的房子	89.9	80.1	61.8
想要个花园	66.7	45.2	22.7
愿住一所新房子	47.3	58.9	51.0
愿离郊外或公园较近	45.7	54.1	16.0
愿离市中心较远	36.4	43.1	15.5
愿离丈夫（或主要生活维持人）工作地近	18.6	24.0	36.1
愿离朋友们较近	8.5	10.9	11.8
其他原因	8.5	24.6	24.7
愿离市中心较近	7.0	6.8	19.1
愿住在公寓里	5.4	2.0	2.6
现在租金太高	4.6	17.8	24.2

关于表十四及十五请参阅主要问题回答表。

表十六　住户希望迁移与否百分比表

	中 心	内 围	外 围	全 市
	%	%	%	%
希望迁移的住户	55.8	39.1	27.8	36.0
不愿迁移的住户	44.2	60.9	72.2	64.0

就表十四所示，住户想要迁移的原因，住在市中心者百分之九十是要换所好一点的住宅，而只有百分之十九是要接近工作地点。外围住户则只有百分之六十二要较优的住处，而有百分之三十六要接近工作地。各围的问题，由于这个方面的调查，又更为明晰。

（四）原则的提议及结论

波恩维尔研究组在他们详细调查分析统计伯明罕市的住宅问题以后论点约略如下：

他们用社会调查方式来研究住宅问题，就是承认"人的因素"的重要。他们不只问房子如何，他们所需要的是住户们如何生活的。同住处相连的问题是工作地点，生活状况，关系于这两个前提上。这个立刻将庞大的工业及其所需的大量人工，及这些人工的一切生活，牵在一个问题以内。他们认为每个已发展的工业大城，今日必须选择决定它要再加扩展的政策，还是要节制展大趋向的计划。无论如何每市为解决工业及居民需要的展动与乡郊及邻镇都有密切的牵连，因此它是普遍的为全国乡区设计问题。故建议：

（1）宜设立负责的全国设计委员会作总的规定及计划。

地区的支配为设计的关键，如个人产业同公共福利的整体设计发生抵触时，当局必须有法律根据可以处置办理。政府如何酬偿私人牺牲出让的各种地区的细则，虽不在这研究的范围内，但应付地区分配的法律，则认为必须产生。故建议：

（2）支配地产为公共利益的使用，必须修改现有法则。

因伯市近三十年来所吞并的郊野已达极大面积，将建造地区展至极大限度，过此则市心与市郊距离将不能解决居住问题反而产生严重不便，加甚市区的不健康。故建议：

（3）限制再展市境，保留"绿带"郊区。

因伯市"中心"房屋人口双重密度之高，地区有限而重工业又不能移动，工厂与工人住处两面都需要隙地，而双方寸步不能开展。建议：

（4）（a）创立"附庸新镇"（Satellite Towns）。伯市工业种类极多，有可移与不可移性质的分别。选择其可移的数种配合成小组迁至"附庸新镇"，以减轻中心压力腾出隙地。这种新镇距市边境二十英里至三十英里为最便。以特别快车联络，则在时间上可在半小时以内到达市区。

（b）在拥挤地带创立"集合工厂大厦"（"Flatted" Factories）伯市有一万二千家轻工业每厂只需百余工人。将这些集中于五六层楼工业大厦中，虽不能减轻人口密度，但可以救济地区的拥挤，增出空场集中公共卫生及福利设备。

（c）必须留在旧地的著名的重工业工厂近旁所腾出的隙地重新做近代分配。

（d）与重工业工厂相连，必须留在中心的住户，宜用近代数层公寓大厦，藉立体扩展以补地区的不足。以近代的设备，改善住屋的供应且节省面积以留出合理的空场。如今日已建在 Emily Street 的公寓及 Mansonette 集体小住宅及 Terrace House 等。为使必须拆除的旧屋与新造新屋之间和缓经常的进展。建议：

（5）规定寻常住宅年数的限制。

伯市中心街道之不合用已不可讳认，如果对地区之分配使用，政府有正当权限，直通的交通干道与林荫大道都必须经营，建议：

（6）建造林荫大道，在最近可能时间内以补公园之不足。

鉴于近来所建新村的缺乏公共生活兴趣的中心，住户之间失却当时集居睦邻情感的自然表现，新村住宅竟变成一种宿舍，无村镇家园的意义，故建议：

（7）市府应协助鼓励社交福利中心的设立，如有幼稚园，卫生处，图书馆及小礼堂的集中建筑物，以便社交生活的产生及共同兴趣的增进。

结论　由于各种实况的调查，研究组先得了三个结论：

（一）如果不先作全市的统筹计划，并且如果对"地区的应用"没有法律来制裁和决定其适当分配时，局部的改善影响了全市系统的失败。

（二）每个问题的解决，在市政调整的程序中，都藉力于多面关联的许多因素。所以住宅整体的改善，任何个别单面的处置都不能圆满胜任。

（三）一切提议仍只是原则上纲领，细项改善须在实行时逐步解决，与环境调整。

（五）参考提示

1.上项资料是关于一个已经过度发展的工业城里的住宅问题。经类似"社会调查"的方法，将一切居住情况作出统计。

我们所得到的是经各时代发展而造成的拥挤情况及拥挤原因。

2.这调查的价值就在于实况报告可以指示具体解决途径，避免纯粹的理论改善原则。

这实况报告目的即在于改善，故供给各方面的确实数字，而同时暴露任何变动在实际上的困难。指出许多"调整"陷于事实上的矛盾，提倡不得已的解决方式，牵涉到迁移一部分工作中心的办法。因住的环境的优美条件显而易见，故他们不惜费时再加以讨论。

这里许多数字都是指出住的条件与工作的连带关系。第一重要的是住与工作的距离：地区上的距离；藉交通工具在时间上的距离；因交通工具每个工作人员每日车费的负担；及使住与工作脱节的危机。

在理论上所应有的良好配置，今日大半因交错的既成事实之存在，难于实施，故今后彻底的改善，必须由全市统筹的计划入手。一方面用和缓分期拆移的程序，达到计划上的分配；一方面迅速开辟新工作中心，以产生新的居住区域，逐渐疏散现存市民的密度，亦即消除贫民窟的最基本步骤。

3.以伯市工业之盛，经济力量之雄厚，一世纪来竟无法消除拥挤及不卫生的贫民居宅区，这个事实应使我们惊讶警惕，它的原因我们应加以认识。

这调查团的结论是：以往的错误由于过分限于局部改善，改善的各种条件，因已限定的情况，竟成互相抵触的因素。如接近工作时间经济的地区，可能即成为周绕工作中心过于拥挤的地区，缺少空地林木，不合卫生的区域。如在交通上加以便利，可能因添设支线而加增复杂情形及居民负担。如发展工作厂地，使不超过现代化的合理密度，必须增加工业地区的面积，这又等于进迫本已有限的工人居住面积，更使其拥挤。如无限制的仅是使居宅向外扩展，则最外围的住宅与中心的工作距离愈增，交通与时间的经济便又成问题。故今后必须大规模的全盘筹划，加辟新中心，乃至于将工业的一部移出旧有已过密的中心。

经济不允许我国蹈他们的覆辙。我们今后救济住宅房荒，绝不宜在市中区增设不已，以求目前及局部的救济。在旧市左近必须开辟新的，疏离的，若干工作的中心，各中心间设置交通干线。

4. 因私人地产权利之足以妨碍全市计划上合规的地区分配，这调查会认为最基本的改善需先增加政府对地区使用之法律上权限。这一点颇为重要。中国郊区多为耕地，市区内房屋简陋者居多，工业尚未正式开展。开辟新区，重划旧区，及拆建移建均较简便，主要点在于地主之公益观念，及政府的地区使用权的规定。

我们一切正在开始，宜早拟研究定出计划，逐步推进，不宜失却机会。

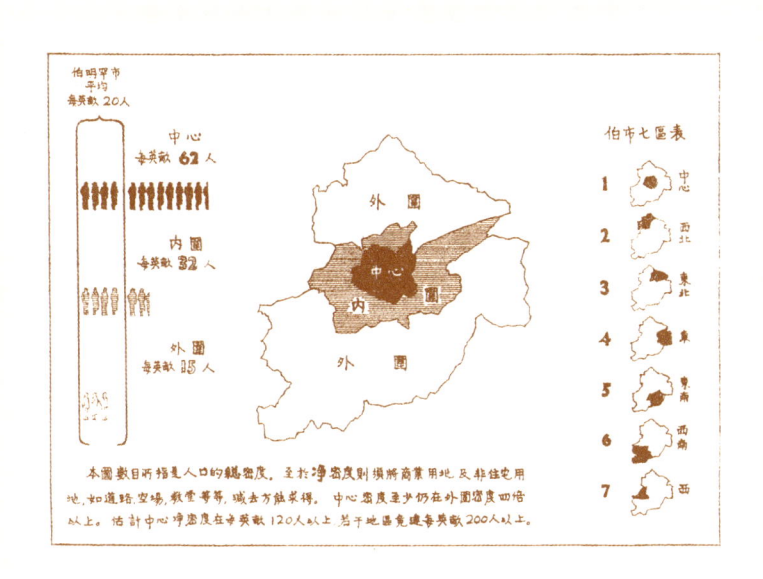

图一 伯明罕市人口密度图表（附伯市七区表）

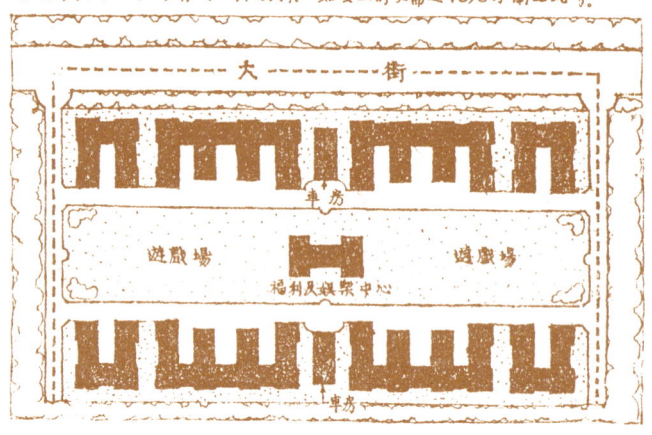

下图指示同一面积可改作两排六层建筑物,四周边附有园庭空地,中央建筑并且可供给从住未有的公共便利,如女工所必需之托儿所卫生站等。

上图指示 Jewellery Quarter 一部之现状——一堆无状的旧工厂及住宅。

图二 市中心区域一部之现状平面图

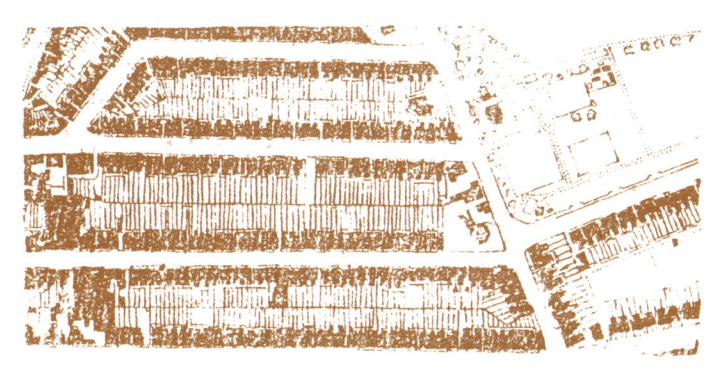

本图所示是标准的内围住宅区，一条又一条的单调的穿绕孩院式住宅。

图三 内围住宅区现状平面图

本图所示是市营住宅区之一部，每英亩建屋十二所。

图四 市营住宅区之一部平面图

建筑　美术

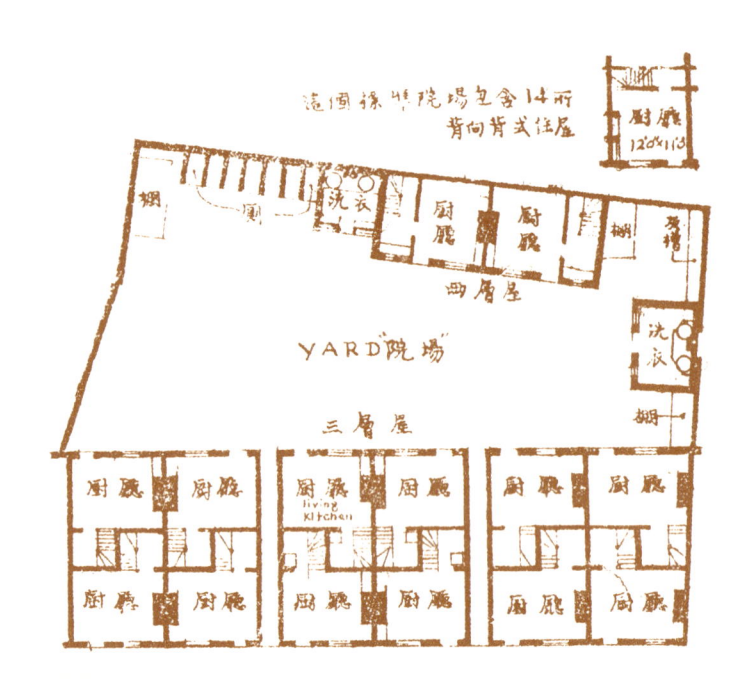

图五 "背向背" 式住屋 Back-to-Back Houses

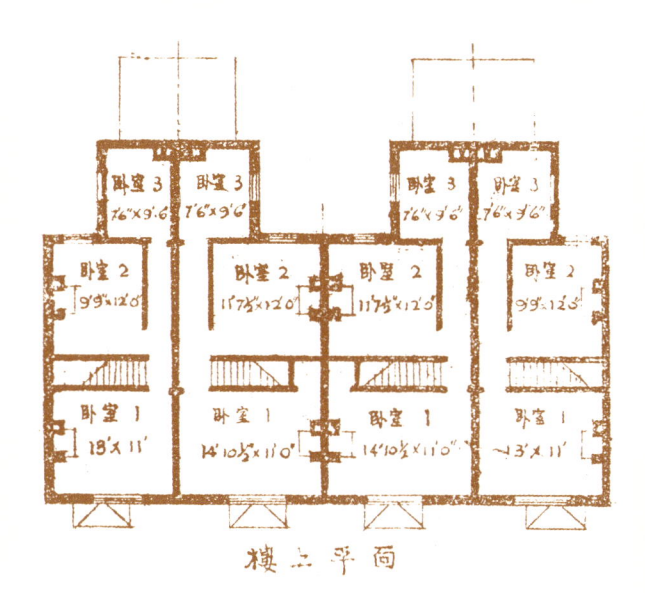

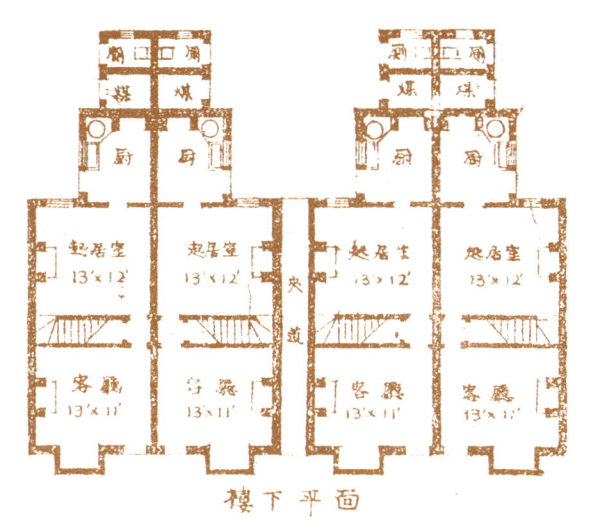

图六 窄条后院式住屋 Tunnel-Back Houses

图七 窄条后院式住宅透视图

楼下平面　　楼上平面

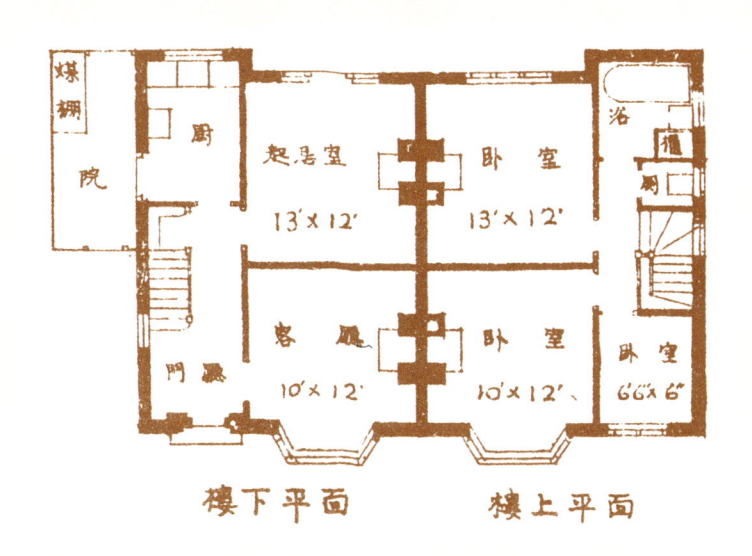

图八 普遍式住屋 THE UNIVERSAL PLAN

建筑　美术

图例

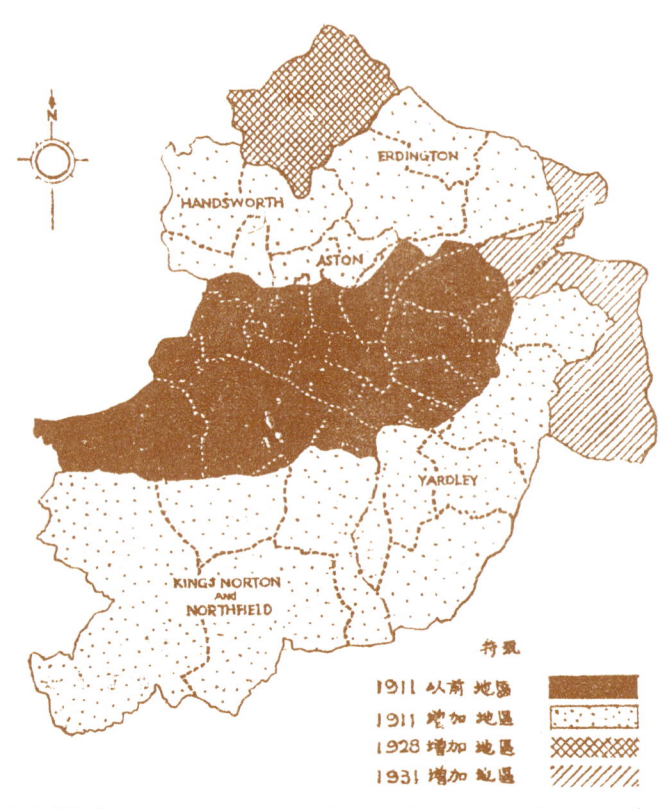

1911 以前地区
1911 增加地区
1928 增加地区
1931 增加地区

市参议会却扩大野地的意见,在此图中主为明显。这些地区内大部分面积已经建造。这些地区内的稠密住宅使中心及四周中人口密度得以减轻,这是1911年以後市政上一大改进。

图九 1911—1931 市界扩展图

图十 伯明罕市市营住宅、林园及主要交通线图

> 初刊于一九四五年十月《中国营造学社汇刊》第七卷第二期,原题《编辑后语》,未著名,该期为《中国营造学社汇刊》最后一期,由林徽因编辑。

《中国营造学社汇刊》
第七卷第二期编辑后语

刘敦桢先生原定作《川康之汉阙》一文,因事未及完稿,本期改刊《云南之塔幢》。文中插图由梁思成、莫宗江两先生绘制。

关于国内之清真寺建筑,本社多年以来均予以特殊注意;但本刊以往则向未刊载。刘致平先生将其近年来蒐集资料及研究所得,初次编撰,兹在本期发表。各地清真寺仍将陆续研究。

莫宗江先生所述榆次永寿寺宋大中祥符元年建之雨华宫,在本社所知国内现存古代木构中,年代居第四位。殿身虽非宏大,而结构精简,有特殊艺术价值。七七前夕,曾由莫先生实测,兹特制图分析,详为介绍。

本社社员美国费慰梅女士(Wilma Falrbank),哈佛教授费正清博士(Dr.John K.Fairbank)之夫人,好绘艺,战时在美国国务院主持对华文化联络事业,现任美国驻华大使馆文化联络专员。夫人曾留华多年,战前屡访古河朔。曾依武氏祠画像各石图案,归复祠屋原状,为关于武氏祠建筑研究之重要贡献。原文刊载一九四一年三月《哈佛亚洲研究集刊》(*Harvard Journal of Asiatic Studies*)第六卷第一期。兹由王世襄先生译为中文,经林徽因先生校对,转载本刊。

战后复员时期，房屋将为民生问题中重要问题之一。兹由林徽因先生汇集英美最近实验建置若干种，分析介绍于本刊。

《中国建筑之两部"文法课文"》乃梁思成先生为同济大学三十六周年纪念《工学院特刊》所作，兹加制插图转载于此。

本社每年举办之桂辛奖学金图案竞赛，成绩均佳。兹将三十三年度"农场"中选图案，附刊本期汇刊，以资纪念与鼓励。

梁思成先生原拟作《中国古画中之建筑与家具》一文，因赴渝参加教育部战区文物保存委员会工作，未能属稿，本期不及刊载。

本期页次，因来稿与印刷时间参差关系，致未能顺次赓续排列，页数均每文各自编排，读者阅时不便，尚希原谅。

初刊于一九四六年的《市政工程年刊》第二期,著名林徽因。

住宅供应与近代住宅之条件
——市政设计的一个要素

人民工作永远在"住"与"行"之间展动。住与行两方面同时得到解决就是全国工作效率的增加。没有一个现代国家对这个问题可以忽略。

我们知道人民的住与行的合理解决,已经是欧美诸强大国家今日所重视的责任。为政治计,为经济计,为国家进步计,为民族生存计,他们许多都市改善计划都是以"住宅供应"为其要素之一:与道路交通,区域划分,及公共设备,一样的为改善的主要项目。许多办法已日夜由他们政府领导筹划,在推进中了。他们的决心是由教训中得来的。我国现在正倡言建设,对这基本的人们"安居"问题,岂能永远茫无头绪,毫不努力准备?大多数市民经常陷于痛苦,一方面,不能取得现代生活之便利并享受健康,另一方面,他们也不能供给国家现代的工作效率:正所谓两败俱伤,而一切仍为国家的消耗及损失。

日本这次未经我们大规模反攻便迅速投降,我们沦陷区大城市幸而受敌人有计划的破坏尚轻,但是抗战以来各省已被剧烈的炸毁,或全体破坏的城市乡镇已不算少。战前未经合理计划而发展的拥挤城市，一切落伍尚无充分设备者更不在少数，复员以来，处处发生极度的房荒已是不可免的事实，而住宅供应却仍渺无征兆。

寻常住宅供应如没有事先划出区域决定数量成为城市全体设计的一部，则在极度房荒的时候，常会引起应时而生的不正常建筑活动。它的目的近于疯狂投机的营业投资。其活动趋势可极度混乱，甚不利于进步的城市的统筹设计，且时常扰乱区域地价等等，产生许多弊病。商营住宅过于密集且不遵循全市的分区计划途径，分配与数量，则影响所及常致贻害于道路交通区域秩序，及人民生活健康。欧美十九世纪以来，在工业骤然发展的市镇中，已不乏深刻的教训。因为急于建造过于拥挤而且简陋的市屋，就是为日后制造贫民窟的根源，间接的成为社会，经济，教育，卫生等严重问题。

这次我们复员后极度的房荒，在各处因受到物价高涨的影响，不曾产生激动的凌乱的建筑狂，为将来城市秩序留下问题，也可以说是不幸中之幸。但是救济房荒的任何合理的努力，则也为了同样的理由而未产生。

中国将来的问题中，最大一部（分）即在生产上。生产的效率靠人民的集中精力安心服务。人民之所以能集中精力安心服务，则靠他们时间之可以节省，生活之可以维持安定与健康。节省时间关键在交通的便利。维持安定与健康则可以有许多方法。主要的一个说法：即是每个家庭需要良好的经济情形。这情形最低条件亦就是以他们正常收入，可以换得合理的，足以维持卫生的，"衣""食"与"住"的供应。为人民计，为生产计，政府都该无疑的在这上面努力。

当战事初起在时，后方之城市，如陪都，昆明，成都及贵阳等，一时都陷于房荒,且因有轰炸的威胁,问题尤为复杂,但这些城市在不相同的情形下,都有环境,资源及材料的良好条件。如果当时政府及地方当局曾认清人民的安定即为抗战的力量,临时建造的整体即为日后建设的基础,则对房屋的修造必加以重视。当时如果政府或地方以战时的政令很早协助,并便利商业团体在近郊,分散的,取得适当的地区,作有秩序的建造,(乃至于以建造出赁住屋为市府本身的经营,按着住户的需要,分期建造低租的住所,)两年内本可以完成足以解决临时的住所的数量。简朴的建筑其工材本极简易,在西南几省是绝无问题的。故住房的卫生与合理,租金的低廉与安定,日后城市的秩序与基础,在抗战最初两年中本可以指日可待,而无困难的。不幸因种种之失计,蹉跎延误,一切任凭偶然事势及单独人力的转动!结果八年之中,各大城市均未曾及时解决过人民居住的痛苦。凌乱的建筑,既不敷用又不经济,又因轰炸而愈加骚乱。时间愈过,物价,工价,房价愈激增不已。直至恶性通货膨胀之时,大部善良有用的人民已如失业游民,或丧家之狗。或有职业而无居所,或得住处,而无法接近工作地点,又形成宿舍,交通,食店,及旅舍的拥挤。全市在这点上,所耗损的精力,时间,与金钱,如有统计必可令人痛哭。

如果这情形再延及复员后每个城市,那恐怕我们的市镇建设在一世纪中都无法走上轨道。现在因工料价之高涨,营造事业更是无形停顿,但我们正可利用这时间着手调查作缜密的计划,以逐步实施,省得将来头痛医头,脚痛医脚,又陷于纷乱。

住宅设计,以小单位论,是人民个别福利的要求,以集体论,是地方解决人民生活条件的答案。它牵涉着道路交通,都市中公共设备，市中心的分配，户口密度的限制，普通的卫生机构，及土地的使用等，所以它是市政，乃至于国策的一部。住屋不但是专家技术上问题，如材料的使用，结构及布置，形体的艺术支配，或对地形，土壤，天气等的了解。它也是每一个人解决其日常生活中最切身的问题。人人可以根据每日生活的必需活动，来理解各种住宅所要求的最低或最理想的条件，以促进团体作改善的努力。对于市中房屋的不便即不卫生，交通之不合需要；房荒之日见严重；租金的威胁，人人为其自身或团体福利计，都可以供给经验上的资料。任何关心市政的团体都可以收集实例，时常发表以促进社会起来研讨。

试想今日有若干居民每日向着他的相识，发出以下这样的问话：

"请问你们可知道那处有一所或一两间，与我们合适的房子或房间出租？"

这种问话若干年来我们已是多么耳熟，所以这里每次所等候的回答使多数的我们都发生极大兴趣。但是这里被问的朋友必只会显出受窘的表情无话可答。

如果地方上建筑已有若干活动乃至于有了计划，这受托觅屋的朋友则可能反而对觅屋者作以下一些问话：

"你所谓'合适'是怎样解释？是几间房间？你一家几口人？你能出多少租金？"如果觅屋者是个中产阶级公务员，问话可以继续着："你要什么程度的卫生设备？你希望什么样子的炉灶与取暖的便利？你有无男女工役？你对周围环境有何要求？还有你在城区那一带供职？你的孩子学校在那一带？是否有小学走读年龄的儿女？"即使想租房者是个低薪资的工人，对于这些问题除却关于卫生，取暖及环境，他从来没有希望过什么之外，其他问题如够住几人，及厨灶做饭的便利如何，租价是否与他合适，地点是否与他方便等，则仍是相同的。

所以这种问话在两分钟内，不但把一家人与一个单位的住宅问题□到，且把复员后我国全国的一个迫切的市镇建设问题——需要庞大的决心，缜密的筹划的问题，——暴露出它实际方面的一个轮廓来。这里所指示的是人民日常繁复生活与工作所产生的不可免的需要，所以它也就是关心人民福利的团体及政府当局必须予以解决的。

近日有几位建筑专家，谈到这个问题，都感叹到我国现时一个可悲的现象。他们说："我们先不说'住'的种种复杂方面未有合理的解决，只说最基本的一点：我们虽然知道每个人每晚都要睡觉，就很少人问到大多数的中国人，每晚在什么样的地方，什么样情况下安睡。随便举例：我们可以说，今日有一个庞大数目的中国人民每晚睡在临时的铺板上，门板上；拼起来的茶馆空桌上，楼板上；在一家父子，母女，姊妹，兄弟，三人或四人可以同挤的一张床上；在穿堂里；在任何有遮蔽的廊上；在灶火的旁边；在办公室里；在一间万能的房间里；在五六人，十数人，或数十人共用的，本来只可住两三人的空间，而现在尊称做宿舍的里面。

这情形不但在战时如此，恐怕好几世纪以来，中国都不断曾经如此！不过在这次抗战期中，许多本来站在少数特殊阶级一边的士大夫们及其眷属也都在后方，轮到尝遍这种活动性，有碍健康的睡眠方式而已。

睡眠是人的基本休息，也就是工作之另一面，日出而作，日入而息，即是最原始最简朴的人也不能避免或放弃的。

工作愈勤的人，不管是劳力或是劳心者，睡眠于他亦更为重要。睡是最主要的卫生条件。一个国家即使不解决其人民之高度标准，复杂条件之"住"的问题，最低限度，也该解决人民睡的问题。

解决睡的问题，——即是解决住的问题的一个缩影——简单说来，它的主要点在每个人能取得固定的，有遮蔽的一个单位的空间，使他可以横着伸开他的六尺身躯在一张正式用以睡眠的床上。如果这样一个单位不但接近他的工作地点，而且与他的家庭在一处，并可能以合理廉价取得，则睡的问题自然是合理的解决了。

由此类推，比这睡的问题稍稍复杂的住的问题，也同样是一家人能在他们工作场所附近，获得固定的有墙壁，有遮蔽的，一个单位的空间，来施展他们处置生活上所必需的操作，饮食，及休息，住的每个单位，虽不是如同解决睡的单位那样简单，有一个约三尺宽六尺余长的确定标准面积可以计算，但住的最低限度的面积也要根据生活动作上，平均每一事，每一人或每数人所应占的空间来计算的。如一个座位，一张数人共食的饭桌；一张床；一个灶；一个面盆；恭桶；或一个可以解决沐浴的水盆；伸手可及的架子；挂得开一件长衣的衣橱衣架；可以工作写字的桌几；足以备餐的条案，一切无不都是人的长短及动作所需要的面积作基本标准的。近代计算住屋方法，则更以每人所需的空气，每室所需的光线包括在内。近代市政上一个极基本目的便是，由于政府辅助力量，多数市民家庭能用他们可能负担的代价，得到这样一个合用的单位，在优良街道环境里。各国努力于此已有许多可靠的统计，据英国最近计算，以面积论，低价住宅的厨房最小，面积亦需一百方尺左右，以伯明罕市中租金作参考，则市政府所营的住屋中，最小的为两室，无厅，租金每周七先令余。(他们有业贫户则能负担的租金在每周七八先令至十八先令之间。)他们全市的便利与卫生,人口密度之分配,就是以这种人民生活与经济来计算进行的。

美国在一九三八年,在某中级工业城市中试验建造五十所贫民住宅。这种房子包含一间可以做饭的大起居室,一间有卫生设备的小浴室及两卧室,内部总面积约为五百方呎,租金每周为两元伍角美金。(那里有业贫民经济最低能力平均每月房租可以担负至十二元左右。)

住的问题的解决,简单说,是人民按其经济力量取得健康的安身食宿之所。它不但关系于材料结构,且亦着重于空间面积大小适当之分配。所谓健康亦基于精神方面的,包含便利与美术的两个因素。便利包括面积的经济与设备之卫生。分述如下:所谓面积经济是以最小空间取得最大发展功能的效果的意思,以经济的空间控制造价的低廉,间接便达到低廉租金的效果。所谓卫生包括遮蔽风雨,收纳阳光,防范潮湿,消除污秽,解决厕浴问题等等之处置。这种设备可以简朴,也可以繁复。可以随着房子的种类而有所增减的,并非奢侈之谓。随着人类聚居而发生的污秽情形,是不可免的。但如果垃圾能由各单位房子去解决而得消除,住区的卫生环境便可得到。美卫比较难下定义,但约略说来,有了物质上适当处置之后,人的精神方面必会有所要求。最使感官愉快的是颜色。最能满足审美感觉的是大小高低的关系。颜色可以由阳光,由花木,或由建筑材料的质素上得来。也可以由器皿,家具及陈设得来,它属于住房者生活个性或经济能力方面的发展。大小高低则属于房子基本的一部,不是人人之所能处置。因要符合每处结构及功用的自然，它们需要建筑专家的布置。

但每一小单位，或小集体的住宅，纵使解决得尽善尽美，如果在同一城市或乡镇之内，多数的单位与其他建筑物相互之间没有适当分离与集合的标准，则在环境的愉快及交通的便利上便都有了问题。所以住宅的全盘计划能完满时，尚有市镇设计专家，倚赖其他市政上重要的设施。例如市区工商业中心的分布，市郊的交通，卫生工程的设备，风景区的保留，每住区的与商市之距离，每住区附近学校，公园，图书分馆，商场，小剧院等的数目与位置等皆是。谋人民共同生活中，个别的福利及相互间的秩序与组织，是住宅设计的大目标。所以在原则上，解决住所是社会问题，在时代理想设施上，它属于市政的领域，在计划与建造上，它是许多部门的技术的合作。

安居然后乐业，不合理的住屋侵害人民的精力、健康乃至于道德。一个进步的国家，绝不能使其大部分的人民迁移不定，沦为丧家之狗，或拥挤聚居，任凭疾病流行。联合大国今日无论是资本主义或社会主义，均以建筑住宅整顿市镇为其要务之一。苏联为社会主义国家，一切自然由政府统筹办理；英美两国为工商业发达资本私有的国家，这次则在战事方酣之际，政府地方或商业团体已有组织，派专家分别调查住户实况，草拟计划以备战后实行，不致损失时间。

今日诸大强国中，有许多是资本私有的国家，一切社会改进事业均用科学眼光作实际应付。我们已经知道的有几点：

（一）他们不以建造低租住宅为慈善伤感的负担，或无限制的由政府捐助经费。政府只居指导地位，通过或修正一些法案，便利人民居住上的福利。建造计划常由地方行政当局给予协助，取得适宜的地带，由社会团体主持，采用商业投资的方式来完成。此种投资乃为社会服务，故取息合法，可能很低，加以当局所给予的种种便利，（如廉价的地皮，调用失业救济会的工人等。）房子造价可以极端减省。这种低价而完善的住屋数量愈多，则愈可以牵制营业的房主，为着竞争，努力改善他们所营造的住屋，而不敢任意勒索高租。

（二）欧美许多城市，近数十年来得到拥挤的教训，他们觉悟，在建造新区住宅之前，必须先有全市的通盘筹划，不是单单增加住宅的数目而已。他们深痛从前发展的错误。增造市屋填满市心的空地，又侵占四郊的绿野，只使市镇的性质愈加恶劣及枯燥，交通发生过度的拥挤。最近的改善原则是：先分散全市的工商业中心成为合理的各组单位（Dcceiitralizatioii）配合着其附带住区及公共设备，保留适当的绿荫隙地以调剂空气，开辟最主要的交通线网以直线与周绕的干路配合。如此则城市在发展中，可以在其外围增辟若干单位自有其中心与附带的住区，与原有若干单位互相联络，而不增加原有住户密度。住户的密度增加，即增加疾病的来源，市围过大，及增加交通的拥挤；一切均不利于市政。

（三）近来英美区别各种各级的住宅，不但在材料之优劣或房间之多寡上计算，并且还以在每一英亩中建造几所为标准，英国已有一英亩二十四所或十二所或六所等试验。美国新村亦约略如此。英国设计住屋时，常附带为单身人，无亲属之老年夫妇，或有幼童的家庭作特殊的筹划及设备。在地区拥挤，而户口较多的地带，则酌量建造集合住宅，或多层公寓的住楼。

（四）他们的一切设施均经过一个实地调查的程序。根据着多数人民生活相类的情形及所发生的问题，予以最有效的解决。在他们调查之中，以一个工人的午餐时间来决定最理想的从工厂至住宅的距离；以一个女人为丈夫及孩子备餐的次数，与方式，来决定厨房与餐室及洗涤储藏等处分配的办法；以老年的生活及情趣来决定他们住所的地点等等皆是。

我们现在已在复员的开始，对于行的问题，缺乏解决困难的筹备；对于这个居住的问题，就是有人顾虑到；距离实行办法，自然尚远。我们必须及早草拟合理公正的处置或限制方法。在任何市镇中，我们不能使住宅成为投机牟利者的目标，再来压迫许多清苦的人民。我们不能放任许多有资产者各自为政的活动，以影响地价的纷乱，产生工程材料操纵与争夺。我们也不愿政府，或地方，无限制的统制及专营，而生出许多弊病。政府应鼓励许多合法的服务机关，商业团体，及慷慨公共事业者，协助这庞大的工作。

第一次大战之后，英国大城（市）如伦敦等均受过痛苦的教训。所以英国这次不待战事结束，三年前已着手调查测量。他们尽量利用战争所产生的破坏与疏散的变动，做了一个极缜密的整理伦敦大计划。大工业城如伯明罕，亦自动的作种种测量调查及统计的报告，计划出建设草案。这种计划有了实际情形及科学理想双重的根据，逐步实现，自然是同时可能而又合理的。

我国城市无一个可以比拟英国这样两个复杂拥挤的城市。我们工商业基础如此简单，各市的城郊皆是空旷，开展极为容易。只要地方主持公正，应辟的地区与道路，除却地主封建与自私之外并无复杂的阻碍。筹划合于现代生活而且美好的住区，与调查旧有的美好住宅，由市府营缮指导租赁事宜，两事是可以同时进行的。地势，技术，美术及经济方面都无大困难，所难者当全在人事方面。防（妨）害人民福利及国家进步者总是在社会服务的公正精神薄弱，及私人利害观念浓厚这两点毛病上。

美国这几年曾不断的在实验低廉租金的住宅建造，用减债基金，贷金抵押的商业方法来完成新村。并不加重政府及地方的经济负担，亦不倚赖慈善的捐助。许多方法我们都可以采用。

我们迫切的希望政府当局决心领导提倡，不厌在住屋问题的繁琐，明了它在人民全体健康生活上的重要。我们希望由政府或地方协助社会商业团体，技术专家，及爱国的有资产人民共同进行整顿市镇及救济房荒的计划。和平世纪在我们前面，我们必须追上注重教育，卫生及生产的建设时代。建造住宅已不是少数有资产者的特殊权利，我们必须实行使人民各得其所的市政理想。

北京——都市计划的无比杰作

> 初刊于一九五一年四月《新观察》第七、第八期时署名梁思成。梁思成在文后所附"声明"："本文虽是作者答应担任下来的任务,但在实际写作进行中,都是同林徽因分工合作,有若干部分还偏劳了她。"本集据此收入。

人民中国的首都北京,是一个极年老的旧城,却又是一个极年轻的新城。北京曾经是封建帝王威风的中心,军阀和反动势力的堡垒,今天它却是初落成的、照耀全世界的民主灯塔。它曾经是没落到只能引起无限"思古幽情"的旧京,也曾经是忍受侵略者铁蹄践踏的沦陷城,现在它却是生气蓬勃地在迎接社会主义曙光中的新首都。它有丰富的政治历史意义,更要发展无限文化上的光辉。

构成整个北京的表面现象的是它的许多不同的建筑物,那显著而美丽的历史文物,艺术的表现:如北京雄劲的周围城墙,城门上嶙峋高大的城楼,围绕紫禁城的黄瓦红墙,御河的栏杆石桥,宫城上窈窕的角楼,宫廷内宏丽的宫殿,或是园苑中妩媚的廊庑亭榭,热闹的市心里牌楼店面,和那许多坛庙、塔寺、第宅、民居。它们是个别的建筑类型,也是个别的艺术杰作。每一类,每一座,都是过去劳动人民血汗创造的优美果实,给人以深刻的印象;今天这些都回到人民自己手里,我们对它们宝贵万分是理之当然。但是,最重要的还是这各种类型,各个或各组的建筑物的全部配合:它们与北京的全盘计划整个布局的关系;它们的位置和街道系统如何相辅相成;如何集中与分布;引直与对称;前后左右,高下起落,所组织起来的北京的全部部署的庄严秩序，怎样成为宏壮而又美丽的环境。北京是在全盘的处理上才完整的表现出伟大的中华民族建筑的传统手法和在都市计划方面的智慧与气魄。这整个的体形环境增强了我们对于伟大的祖先的景仰，对于中华民族文化的骄傲，对于祖国的热爱。北京对我们证明了我们的民族在适应自然，控制自然，改变自然的实践中有着多么光辉的成就。这样一个城市是一个举世无匹的杰作。

我们承继了这份宝贵的遗产，的确要仔细的了解它——它的发展的历史，过去的任务，同今天的价值。不但对于北京个别的文物，我们要加深认识，且要对这个部署的体系提高理解，在将来的建设发展中，我们才能保护固有的精华，才不至于使北京受到不可补偿的损失。并且也只有深入的认识和热爱北京独立的和谐的整体格调，才能掌握它原有的精神来作更辉煌的发展，为今天和明天服务。

北京城的特点是热爱北京的人们都大略知道的。我们就按着这些特点分述如下。

我们的祖先选择了这个地址 [*本节的主要资料是根据燕京大学侯仁之教授在清华的讲演《北京的地理背景》写成的。]

北京在位置上是一个杰出的选择。它在华北平原的最北头；处于两条约略平行的河流的中间，它的西面和北面是一弧线的山脉围抱着，东面南面则展开向着大平原。它为什么坐落在这个地点是有充足的地理条件的。选择这地址的本身就是我们祖先同自然斗争的生活所得到的智慧。

北京的高度约为海拔五十公尺，地学家所研究的资料告诉我们，在它的东南面比它低下的地区，四五千年前还都是低洼的湖沼地带。所以历史家可以推测，由中国古代的文化中心的"中原"向北发展，势必沿着太行山麓这条五十公尺等高线的地带走。因为这一条路要跨渡许多河流，每次便必须在每条河流的适当的渡口上来往。当我们的祖先到达永定河的右岸时，经验使他们找到那一带最好的渡口。这地点正是我们现在的卢沟桥所在。渡过了这个渡口之后，正北有一支西山山脉向东伸出，挡住去路，往东走了十余公里这支山脉才消失到一片平原里。所以就在这里，西倚山麓，东向平原，一个农业的民族建立了一个最有利于发展的聚落，当然是适当而合理的。北京的位置就这样的产生了。并且也就在这里，他们有了更重要的发展。同北面的游牧民族开始接触，是可以由这北京的位置开始，分三条主要道路通到北面的山岳高原和东北面的辽东平原的。那三个口子就是南口，古北口和山海关。北京可以说是向着这三条路出发的分岔点，这也成了今天北京城主要构成原因之一。北京是河北平原旱路北行的终点，又是通向"塞外"高原的起点。我们的祖先选择了这地方，不但建立一个聚落，并且发展成中国古代边区的重点，完全是适应地理条件的活动。这地方经过世代的发展，在周朝为燕国的都邑，称做蓟；到了唐是幽州城，节度使的府衙所在。在五代和北宋是辽的南京，亦称做燕京；在南宋是金的中都。到了元朝，城的位置东移，建设一新，成为全国政治的中心，就成了今天北京的基础。最难得的是明清两代易朝换代的时候都未经太大的破坏就又在旧基础上修建展拓。随着条件发展，到了今天，城中每段街、每一个区域都有着丰富的历史和劳动人民血汗的成绩。有纪念价值的文物实在是太多了。

北京城近千年来的四次改建

一个城是不断的随着政治经济的变动而发展着，改变着的；北京当然也非例外。但是，在过去一千年中间，北京曾经有过四次大规模的发展，不单是动了土木工程，并且是移动了地址的大修建。对这些变动有个简单认识，对于北京城的布局形势便更觉得亲切。

现在北京最早的基础是唐朝的幽州城，它的中心在现在广安门

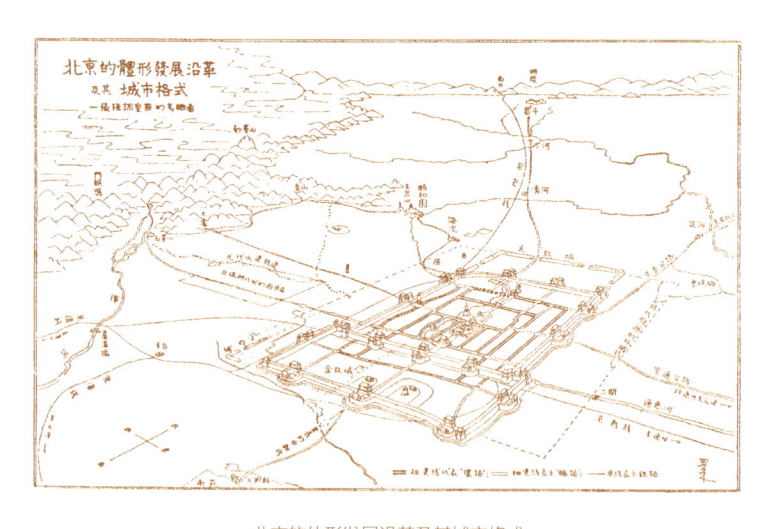

北京的体形发展沿革及其城市格式

外迤南一带。本为范阳节度使的驻地,安禄山和史思明向唐代政权进攻曾由此发动,所以当时是军事上重要的边城。后来刘仁恭父子割据称帝,把城中的"子城"改建成宫城的规模,有了宫殿。九三七年,北方民族的辽势力渐大,五代的石晋割了燕云等十六州给辽,辽人并不曾改动唐的幽州城,只加以修整,将它"升为南京"。这时的北京开始成为边疆上一个相当区域的政治中心了。

到了更北方的民族金人的侵入时,先灭辽,又攻败北宋,将宋的势力压缩到江南地区,自己便承袭辽的"南京",以它为首都。起初金也没有改建旧城,一一五一年才大规模的将辽城扩大,增建宫殿,意识地模仿北宋汴梁的形制,按图兴修。他把宋东京汴梁(开封)的宫殿范围和真定(正定)的潭园木料拆卸北运,在此大大建设起来,称它做中都,这时的北京便成了半个中国的中心。当然,许多辉煌的建筑仍然是中都的劳动人民和技术匠人,承继着北宋工艺的宝贵传统,又创造出来的。在金人进攻掳夺"中原"的时候,"匠户"也是他们掳劫的对象,所以汴梁的许多匠人曾被迫随着金军到了北京,为金的统治阶级服务。金朝在北京曾不断的营建,规模宏大,最重要的还有当时的离宫,今天的中海北海。辽以后,金在旧城基础上扩充建设,便是北京第一次的大改建,但它的东面城墙还在现在的琉璃厂以西。

一二一五年元人破中都,中都的宫城同宋的东京一样遭到剧烈破坏,只有郊外的离宫大略完好。一二六〇年以后,元世祖忽必烈数次到金故中都,都没有进城而驻骅在离宫琼华岛上的宫殿里。这地方便成了今天北京的胚胎,因为到了一二六七年元代开始建城的时候,就以这离宫为核心建造了新首都。元大都的皇宫是围绕北海和中海而布置的，元代的北京城便围绕着这皇宫成一正方形。

这样，北京的位置由原来的地址向东北迁移了很多。这新城的西南角同旧城的东北角差不多接壤，这就是今天的宣武门迤西一带。虽然金城的北面在现在的宣武门内，当时元的新城最南一面却只到现在的东西长安街一线上，所以两城还隔着一个小距离。主要原因是当元建新城时，金的城墙还没有拆掉之故。元代这次新建设是非同小可的，城的全部是一个完整的布局。在制度上有许多仍是承袭中都的传统，只是规模更大了。如宫门楼观，宫墙角楼，护城河，御路，石桥，千步廊的制度，不但保留中都所有，且超过汴梁的规模。还有故意恢复一些古制的，如"左祖右社"的格式，以配合"前朝后市"的形势。

这一次新址发展的主要存在基础不仅是有天然湖沼的离宫和它优良的水源，还有极好的粮运的水道。什刹海曾是航运的终点，成了重要的市中心。当时的城是近乎正方形的，北面在今日北城墙外约二公里，当时的鼓楼便位置在全城的中心点上，在今什刹海北岸。因为船只可以在这一带停泊，钟鼓楼自然是那时热闹的商市中心。这虽是地理条件所形成，但一向许多人说到元代北京形制，总以这"前朝后市"为严格遵循古制的证据。元时建的尚是土城，没有砖面，东、西、南，每面三门；惟有北面只有两门，街道引直，部署井然。当时分全市为五十坊，鼓励官吏人民从旧城迁来。这便是辽以后北京第二次的大改建。它的中心宫城基本上就是今天北京的故宫与北海中海。

一三六八年明太祖朱元璋灭了元朝，次年就"缩城北五里"，筑了今天所见的北面城墙。原因显然是本来人口就稀疏的北城地区,到了这时,因航运滞塞,不能达到什刹海,因而更萧条不堪,而商业则因金的旧城东壁原有的基础渐在元城的南面郊外繁荣起来。元的北城内地址自多旷废无用,所以索性缩短五里了。

明成祖朱棣迁都北京后,因衙署不足,又没有地址兴修,一四一九年便将南面城墙向南展拓,由长安街线上移到现在的位置。南北两墙改建的工程使整个北京城约略向南移动四分之一,这完全是经济和政治的直接影响。且为了元的故宫已故意被破坏过,重建时就又做了若干修改。最重要的是因不满城中南北中轴线为什刹海所切断,将宫城中线向东移了约一百五十公尺,正阳门、钟鼓楼也随着东移,以取得由正阳门到鼓楼钟楼中轴线的贯通,同时又以景山横亘在皇宫北面如一道屏风。这个变动使景山中峰上的亭子成了全城南北的中心,替代了元朝的鼓楼的地位。这五十年间陆续完成的三次大工程便是北京在辽以后的第三次改建。这时的北京城就是今天北京的内城了。

在明中叶以后,东北的军事威胁逐渐强大,所以要在城的四面再筑一圈外城。原拟在北面利用元旧城,所以就决定内外城的距离照着原来北面所缩的五里。这时正阳门外已非常繁荣,西边宣武门外是金中都东门内外的热闹区域,东边崇文门外这时受航运终点的影响,工商业也发展起来。所以工程由南面开始,先筑南城。开工之后,发现费用太大,尤其是城墙由明代起始改用砖,较过去土墙所费更大,所以就改变计划,仅筑南城一面了。外城东西仅比内城宽出六七百公尺,便折而向北,止于内城西南东南两角上,即今西便门,东便门之处。这是在唐幽州基础上辽以后北京第四次的大改建。北京今天的凸字形状的城墙就这样在一五五三年完成的。假使这外城按原计划完成，则东面城墙将在二闸，西面差不多到了公主坟，现在的东岳庙，大钟寺，五塔寺，西郊公园，天宁寺，白云观便都要在外城之内了。

清朝承继了明朝的北京，虽然个别的建筑单位许多经过了重建，对整个布局体系则未改动，一直到了今天。民国以后，北京市内虽然有不少的局部改建，尤其是道路系统，为适合近代使用，有了很多变更，但对于北京的全部规模则尚保存原来秩序，没有大的损害。

由那四次的大改建，我们认识到一个事实，就是城墙的存在也并不能阻碍城区某部分一定的发展，也不能防止某部分的衰落。全城各部分是随着政治，军事，经济的需要而有所兴废。北京过去在体形的发展上，没有被它的城墙限制过它必要的展拓和所展拓的方向，就是一个明证。

北京的水源——全城的生命线

＊本节部分资料是根据侯仁之《北平金水河考》。

从元建大都以来，北京城就有了一个问题，不断的需要完满解决，到了今天同样问题也仍然存在。那就是北京城的水源问题。这问题的解决与否在有铁路和自来水以前的时代里更严重的影响着北京的经济和全市居民的健康。

在有铁路以前，北京与南方的粮运完全靠运河。由北京到通州之间的通惠河一段，顺着西高东低的地势，须靠由西北来的水源。这水源还须供给什刹海，三海和护城河，否则它们立即枯竭，反成酝育病疫的水洼。水源可以说是北京的生命线。

北京近郊的玉泉山的泉源虽然是"天下第一"，但水量到底有限；供给池沼和饮料虽足够，但供给航运则不足了。辽金时代航运水道曾利用高粱河水，元初则大规模的重新计划。起初曾经引永定河水东行，但因夏季山洪暴发，控制困难，不久即放弃。当时的河渠故道在现在西郊新区之北，至今仍可辨认。废弃这条水道之后的计划是另找泉源。于是便由昌平县神山泉引水南下，建造了一条的石渠，将水引到瓮山泊（昆明湖）再由一道石渠东引入城，先到什刹海，再流到通惠河。这两条石渠在西北郊都有残迹，城中由什刹海到二闸的南北河道就是现在南北河沿和御河桥一带。元时所引玉泉山的水是与由昌平南下经同昆明湖入城的水分流的。这条水名金水河，沿途严禁老百姓使用，专引入宫苑池沼，主要供皇室的饮水和栽花养鱼之用。金水河由宫中流到护城河，然后同昆明湖什刹海那一股水汇流入通惠河。元朝对水源计划之苦心，水道建设规模之大，后代都不能及。城内地下暗沟也是那时留下绝好的基础，经明增设，到现在还是最可贵的下水道系统。

明朝先都南京，昌平水渠破坏失修，竟然废掉不用。由昆明湖出来的水与由玉泉山出来的水也不两河分流，事实上水源完全靠玉泉山的水。因此水量顿减，航运当然不能入城。到了清初建设时，曾作补救计划，将西山碧云寺、卧佛寺同香山的泉水都加入利用，引到昆明湖。这段水渠又破坏失修后，北京水量一直感到干涩不足。解放之前若干年中，三海和护城河淤塞情形是愈来愈严重，人民健康曾大受影响。龙须沟的情况就是典型的例子。

一九五〇年，北京市人民政府大力疏浚北京河道，包括三海和什刹海，同时疏通各种沟渠，并在西直门外增凿深井，增加水源。这样大大的改善了北京的环境卫生，是北京水源史中又一次新的纪录。现在我们还可以企待永定河上游水利工程，眼看着将来再努力沟通京津水道航运的事业。过去伟大的通惠运河仍可再用，是我们有利的发展基础。

北京的城市格式——中轴线的特征

如上文所曾讲到，北京城的凸字形平面是逐步发展而来。它在十六世纪中叶完成了现在的特殊形状。城内的全部布局则是由中国历代都市的传统制度，通过特殊的地理条件，和元明清三代政治经济实际情况而发展的具体形式。这个格式的形成，一方面是遵循或承袭过去的一般的制度，一方面又由于所尊崇的制度同自己的特殊条件相结合所产生出来的变化运用。北京的体形大部是由于实际用途而来，又曾经过艺术的处理而达到高度成功的。所以北京的总平面是经得起分析的。过去虽然曾很好的为封建时代服务，今天它仍然能很好的为新民主主义时代的生活服务，并还可以再作社会主义时代的都城，毫不阻碍一切有利的发展。它的累积的创造成绩是永远可以使我们骄傲的。

大略的说，凸字形的北京，北半是内城，南半是外城，故宫为内城核心，也是全城的布局重心。全城就是围绕这中心而部署的。但贯通这全部部署的是一根直线。一根长达八公里，全世界最长，也最伟大的南北中轴线穿过了全城。北京独有的壮美秩序就由这条中轴的建立而产生。前后起伏左右对称的体形或空间的分配都是以这中轴为依据的。气魄之雄伟就在这个南北引申，一贯到底的规模。我们可以从外城最南的永定门说起，从这南端正门北行，在中轴线左右是天坛和先农坛两个约略对称的建筑群；经过长长一条市楼对列的大街，到达珠市口的十字街口之后，才面向着内城第一个重点——雄伟的正阳门楼。在门前百余公尺的地方，拦路一座大牌楼，一座大石桥，为这第一个重点做了前卫。但这还只是一个序幕。过了此点，从正阳门楼到中华门，由中华门到天安门，一起一伏、一伏而又起，这中间千步廊（民国初年已拆除）御路的长度，和天安门面前的宽度，是最大胆的空间的处理，衬托着建筑重点的安排。这个当时曾经为封建帝王据为己有的禁地，今天是多么恰当的回到人民手里，成为人民自己的广场！由天安门起，是一系列轻重不一的宫门和广庭，金色照耀的琉璃瓦顶，一层又一层的起伏峋峙，一直引导到太和殿顶，便到达中线前半的极点，然后向北，重点逐渐退削，以神武门为尾声。再往北，又"奇峰突起"的立着景山做了宫城背后的衬托。景山中峰上的亭子正在南北的中心点上。由此向北是一波又一波的远距离重点的呼应。由地安门，到鼓楼、钟楼，高大的建筑物都继续在中轴线上。但到了钟楼，中轴线便有计划地，也恰到好处地结束了。中线不再向北到达墙根，而将重点平稳地分配给左右分立的两个北面城楼——安定门和德胜门。有这样气魄的建筑总布局，以这样规模来处理空间，世界上就没有第二个！

在中线的东西两侧为北京主要街道的骨干；东西单牌楼和东西四牌楼是四个热闹商市的中心。在城的四周，在宫城的四角上，在内外城的四角和各城门上，立着十几个环卫的突出点。这些城门上的门楼，箭楼及角楼又增强了全城三度空间的抑扬顿挫和起伏高下。因北海和中海，什刹海的湖沼岛屿所产生的不规则布局，和因琼华岛塔和妙应寺白塔所产生的突出点，以及许坛庙园林的错落，也都增强了规则的布局和不规则的变化的对比。在有了飞机的时代，由空中俯瞰，或仅由各个城楼上或景山顶上遥望，都可以看到北京杰出成就的优异。这是一份伟大的遗产，它是我们人民最宝贵的财产，还有人不感到吗？

北京的交通系统及街道系统

北京是华北平原通到蒙古高原、热河山地和东北的几条大路的分岔点，所以在历史上它一向是一个政治、军事重镇。北京在元朝成为大都以后，因为运河的开凿，以取得东南的粮食，才增加了另一条东面的南北交通线。一直到今天，北京与南方联系的两条主要铁路干线都沿着这两条历史的旧路修筑；而京包、京热两线也正筑在我们祖先的足迹上。这是地理条件所决定。因此，北京便很自然的成了华北北部最重要的铁路衔接站。自从汽车运输发达以来，北京也成了一个公路网的中心。西苑南苑两个飞机场已使北京对外的空运有了站驿。这许多市外的交通网同市区的街道是息息相关互相衔接的，所以北京城是会每日增加它的现代效果和价值的。

今天所存在的城内的街道系统，用现代都市计划的原则来分析，是一个极其合理，完全适合现代化使用的系统。这是一个令人惊讶的事实，是任何一个中世纪城市所没有的。我们不得不又一次敬佩我们祖先伟大的智慧。

这个系统的主要特征在大街与小巷，无论在位置上或大小上，都有明确的分别；大街大致分布成几层合乎现代所采用的"环道"；由"环道"明确的有四向伸出的"辐道"。结果主要的车辆自然会汇集在大街上流通，不致无故地去窜小胡同，胡同里的住宅得到了宁静，就是为此。

所谓几层的环道，最内环是紧绕宫城的东西长安街、南北池子、南北长街、景山前大街。第二环是王府井、府右街，南北两面仍是长安街和景山前大街。第三环以东西交民巷，东单东四，经过铁狮子胡同、后门、北海后门、太平仓、西四、西单而完成。这样还可更向南延长，经宣武门、菜市口、珠市口、磁器口而入崇文门。近年来又逐步地开辟一个第四环，就是东城的南北小街、西城的南北沟沿、北面的北新桥大街，鼓楼东大街，以达新街口。但鼓楼与新街口之间因有什刹海的梗阻，要多少费点事。南面则尚未成环（也许可与交民巷衔接）。这几环中，虽然有多少尚待展宽或未完全打通的段落，但极易完成。这是现代都市计划学家近年来才发现的新原则。欧美许多城市都在它们的弯曲杂乱或呆板单调的街道中努力计划开辟成环道，以适应控制大量汽车流通的迫切需要。我们的北京却可应用六百年前建立的规模，只须稍加展宽整理，便可成为最理想的街道系统。这的确是伟大的祖先留给我们的"余荫"。

有许多人不满北京的胡同，其实胡同的缺点不在其小，而在其泥泞和缺乏小型空场与树木。但它们都是安静的住宅区，有它的一定优良作用。在道路系统的分配上也是一种很优良的秩序。这些便是以后我们发展的良好基础,可以予以改进和提高的。

北京城的土地使用——分区

我们不敢说我们的祖先计划北京城的时候,曾经计划到它的土地使用或分区。但我们若加以分析,就可看出它大体上是分了区的,而且在位置上大致都适应当时生活的要求和社会条件。

内城除紫禁城为皇宫外,皇城之内的地区是内府官员的住宅区。皇城以外,东西交民巷一带是各衙署所在的行政区(其中东交民巷在辛丑条约之后被划为"使馆区")。而这些住宅的住户,有很多就是各衙署的官员。北城是贵族区,和供应他们的商店区,这区内王府特别多。东西四牌楼是东西城的两个主要市场;由它们附近街巷名称,就可看出。如东四牌楼附近是猪市大街、小羊市、驴市(今改"礼士")胡同等;西四牌楼则有马市大街、羊市大街、羊肉胡同、缸瓦市等。

至于外城,大体的说,正阳门大街以东是工业区和比较简陋的商业区,以西是最繁华的商业区。前门以东以商业命名的街道有鲜鱼口、瓜子店、果子市等;工业的则有打磨厂、梯子胡同等等。以西主要的是珠宝市、钱市胡同、大栅栏等,是主要商店所聚集;但也有粮食店、煤市街。崇文门外则有巾帽胡同、木厂胡同、花市、草市、磁器口等等,都表示着这一带的土地使用性质。宣武门外是京官住宅和各省府州县会馆区,会馆是各省入京应试的举人们的招待所,因此知识分子大量集中在这一带。应景而生的是他们的"文化街",即供应读书人的琉璃厂的书铺集团,形成了一个"公共图书馆";其中掺杂着许多古玩铺,又正是供给知识分子观摩的"公共文物馆"。其次要提到的就是文娱区;大多数的戏院都散布在前门外东西两侧的商业区中间。大众化的杂耍场集中在天桥。至于骚人雅士们则常到先农坛迤西洼地中的陶然亭吟风咏月,饮酒赋诗。

由上面的分析,我们可以看出,以往北京的土地使用,的确有分区的现象。但是除皇城及它迤南的行政区是多少有计划的之外,其他各区都是在发展中自然集中而划分的。这种分区情形,到民国初年还存在。

到现在,除去北城的贵族已不贵了,东交民巷又由"使馆区"收复为行政区而仍然兼是一个有许多已建立邦交的使馆或尚未建立邦交的使馆所在区,和西交民巷成了银行集中的商务区而外,大致没有大改变。近二三十年来的改变,则在外城建立了几处工厂。王府井大街因为东安市场之开辟,再加上供应东交民巷帝国主义外交官僚的消费,变成了繁盛的零售商店街,部分夺取了民国初年军阀时代前门外的繁荣。东西单牌楼之间则因长安街三座门之打通而繁荣起来,产生了沿街"洋式"店楼型制。全城的土地使用,比清末民初时期显然增加了杂乱错综的现象。幸而因为北京以往并不是一个工商业中心,体形环境方面尚未受到不可挽回的损害。

北京城是一个具有计划性的整体

北京是中国(可能是全世界)文物建筑最多的城。元、明、清历代的宫苑，坛庙，塔寺分布在全城，各有它的历史艺术意义，是不用说的。要再指出的是：因为北京是一个先有计划然后建造的城（当然，计划所实现的都曾经因各时代的需要屡次修正，而不断地发展的）。它所特具的优点主要就在它那具有计划性的城市的整体。那宏伟而庄严的布局，在处理空间和分配重点上创造出卓越的风格，同时也安排了合理而有秩序的街道系统，而不仅在它内部许多个别建筑物的丰富的历史意义与艺术的表现。所以我们首先必须认识到北京城部署骨干的卓越，北京建筑的整个体系是全世界保存得最完好，而且继续有传统的活力的、最特殊、最珍贵的艺术杰作。这是我们对北京城不可忽略的起码认识。

就大多数的文物建筑而论，也都不仅是单座的建筑物，而往往是若干座合组而成的整体，为极可宝贵的艺术创造，故宫就是最显著的一个例子。其他如坛庙、园苑、府第，无一不是整组的文物建筑，有它全体上的价值。我们爱护文物建筑，不仅应该爱护个别的一殿、一堂、一楼、一塔，而且必须爱护它的周围整体和邻近的环境。我们不能坐视，也不能忍受一座或一组壮丽的建筑物遭受到各种各式直接或间接的破坏，使它们委曲在不调和的周围里，受到不应有的宰割。过去因为帝国主义的侵略，和我们不同体系，不同格调的各型各式的所谓洋式楼房，所谓摩天高楼，摹仿到家或不到家的欧美系统的建筑物，庞杂凌乱的大量渗到我们的许多城市中来，长久地劈头拦腰破坏了我们的建筑情调，渐渐地麻痹了我们对于环境的敏感，使我们习惯于不调和的体形或习惯于看着自己优美的建筑物被摒斥到委曲求全的夹缝中，而感到无可奈何。我们今后在建设中，这种错误是应该予以纠正了。代替这种蔓延野生的恶劣建筑，必须是有计划有重点的发展，比如明年，在天安门的前面，广场的中央，将要出现一座庄严伟大的人民英雄纪念碑。几年以后，广场的外围将要建起整齐壮丽的建筑，将广场衬托起来。长安门（三座门）外将是绿荫平阔的林荫大道，一直通出城墙，使北京向东西城郊发展。那时的天安门广场将要更显得雄壮美丽了。总之，今后我们的建设，必须强调同环境配合，发展新的来保护旧的，这样才能保存优良伟大的基础，使北京城永远保持着美丽、健康和年轻。

北京城内城外无数的文物建筑，尤其是故宫、太庙（现在的劳动人民文化宫）、社稷坛（中山公园）、天坛、先农坛、孔庙、国子监、颐和园等等，都普遍地受到人们的赞美。但是一件极重要而珍贵的文物，竟没有得到应有的注意，乃至被人忽视，那就是伟大的北京城墙。它的产生，它的变动，它的平面形成凸字形的沿革，充满了历史意义，是一个历史现象辩证的发展的卓越标本，已经在上文叙述过了。至于它的朴实雄厚的壁垒，宏丽嶙峋的城门楼、箭楼、角楼，也正是北京体形环境中不可分离的艺术构成部分，我们还需要首先特别提到。苏联人民称斯摩棱斯克的城墙为苏联的颈链，我们北京的城墙，加上那些美丽的城楼，更应称为一串光彩耀目的中华人民的璎珞了。古史上有许多著名的台——古代封建主的某些殿宇是筑在高台上的，台和城墙有时不分，——后来发展成为唐宋的阁与楼时，则是在城墙上含有纪念性的建筑物，大半可供人民登临。前者如春秋战国燕和赵的丛台，西汉的未央宫，汉末曹操和东晋石赵在邺城的先后两个铜雀台，后者如唐宋以来由文字流传后世的滕王阁、黄鹤楼、岳阳楼等。宋代的宫前门楼宣德楼的作用也还略像一个特殊的前殿，不只是一个仅具形式的城楼。北京峋峙着许多壮观的城楼角楼,站在上面俯瞰城郊,远览风景,可以供人娱心悦目,舒畅胸襟。但在过去封建时代里,因人民不得登临,事实上是等于放弃了它的一个可贵的作用。今后我们必须好好利用它为广大人民服务。现在前门箭楼早已恰当地作为文娱之用。在北京市各界人民代表会议中,又有人建议用崇文门、宣武门两个城楼做陈列馆,以后不但各城楼都可以同样的利用,并且我们应该把城墙上面的全部面积整理出来,尽量使它发挥它所具有的特长。城墙上面面积宽敞,可以布置花池,栽种花草,安设公园椅,每隔若干距离的敌台上可建凉亭,供人游息。由城墙或城楼上俯视护城河,与郊外平原,远望西山远景或禁城宫殿,它将是世界上最特殊公园之一——一个全长达三十九点七五公里的立体环城公园!

我们应该怎样保护这庞大的伟大的杰作?

人民中国的首都正在面临着经济建设,文化建设——市政建设高潮的前夕。解放两年以来,北京已在以递加的速率改变,以适合不断发展的需要。今后一二十年之内,无数的新建筑将要接踵的兴建起来,街道系统将加以改善,千百条的大街小巷将要改观,各种不同性质的区域将要划分出来。北京城是必须现代化的;同时北京城原有的整体文物性特征和多数个别的文物建筑又是必须保存的。我们必须"古今兼顾,新旧两利"。我们对这许多错综复杂问题应如何处理?是每一个热爱中国人民首都的人所关切的问题。

如同在许多其他的建设工作中一样,先进的苏联已为我们解答

北京的城墙还能负起一个新的任务

了这问题，立下了良好的榜样。在《苏联沦陷区解放后之重建》一书中，苏联的建筑史家 N. 窝罗宁教授说：

"计划一个城市的建筑师必须顾到他所计划的地区生活的历史传统和建筑的传统。在他的设计中，必须保留合理的、有历史价值的一切和在房屋类型和都市计划中，过去的经验所形成的特征的一切；同时这城市或村庄必须成为自然环境中的一部分。……新计划的城市的建筑样式必须避免呆板硬性的规格化，因为它将掠夺了城市的个性；他必须采用当地居民所珍贵的一切。

"人民在便利、经济和美感方面的需要，他们在习俗与文化方面的需要，是重建计划中所必须遵守的第一条规则。" *引自 N. 窝罗宁著《苏联沦陷区解放后之重建》一九四四年英文版第十六页。

窝罗宁教授在他的书中举了许多实例。其中一个被称为"俄罗斯的博物院"的诺夫哥罗德城，这个城的"历史性文物建筑比任何一个城都多"。

"它的重建是建筑院院士舒舍夫负责的。他的计划作了依照古代都市计划制度重建的准备——当然加上现代化的改善。……在最卓越的历史文物建筑周围的空地将布置成为花园，以便取得文物建筑的观景。若干组的文物建筑群将被保留为国宝；……

"关于这城……的新建筑样式，建筑师们很正确地拒绝了庸俗的'市侩式'建筑，而采取了被称为'地方性的拿破仑时代式'建筑，因为它是该城原有建筑中最典型的样式。……

"……建筑学者们指出：在计划重建新的诺夫哥罗德的设计中，要给予历史性文物建筑以有利的位置，使得在远处近处都可以看见它们的原则的正确性。……

"对于许多类似诺夫哥罗德的古俄罗斯城市之重建的这种研讨将要引导使问题得到最合理的解决，因为每一个意见都是对于以往的俄罗斯文物的热爱的表现。……" * 引自 N. 窝罗宁著《苏联沦陷区解放后之重建》一九四四年英文版第七十九页。

怎样建设"中国的博物院"的北京城，上面引录的原则是正确的。让我们向诺夫哥罗德看齐，向舒舍夫学习。

一九五一年四月十五日
脱稿于清华园

梁思成绘《古塔修建设计图稿》题跋

此文根据手稿刊印。部分学者认为此系伪作。

题跋一：

此古木塔的内外部构成，典型体现了"形势"说，"千尺为势，百尺为形"的模数尺度原则，并极为重视势与形的时空转换和对立统一，以恢弘的气势和魄力，也以丰富的时空序列变化产生了非同凡响的艺术效果。

林徽因笔记（四月二十日）

题跋二：

在行至北距碑亭二百五十米处，这种纵向展开的远景景观已突出□景而充分显现。

四月二十五日，因。

题跋三：

由山道向北，一长段人工培垫的坡道徐徐升高，人们缓步行进，在这段长长的坡道上，对远景感受的竖向视角因呈凹弧上升的坡度而得到微妙调整，自坡底以至坡顶古塔，人在时空的运动而呈现眼底的远景景观却似蒙太奇的定格，变成了令人惊讶的静止画面，始终保持了相互聚合烘托、一体浑然的横展高纵之势。

因记。

题跋四：

运用施工废弃渣土培堆砂山，以分景隔景，一举两得，不能说不是明智之举。这种兼顾景观艺术效果和施工便利的措施并不仅在清代建筑中运用，实例亦所在多有，是值得学习和借鉴的。中国的古塔是世界上历史最长、散布最广、生命最久的一系建筑，理应重视修建、保护内外的结构，同时节约资源。

一九五一五月一日，林徽因笔记。

梁思成绘《古塔修建设计图稿》（疑伪作）　　　　梁思成绘《山西应县佛宫寺辽释迦木塔》（原作）

对王其明、茹竞华毕业论文所作的评语

> 初刊于一九八四年十月《建筑师》杂志总第二十期。写于一九五一年上半年。王其明、茹竞华是清华大学建筑系学生，由林徽因指导撰写毕业论文《圆明园附近清代营房的调查分析》。

脚踏实地的调查工作；研究了满清旗营的配给住宅，与古代里坊及现代所提倡的住宅区标准，作了比较，是研究中国建筑传统极好的报告，亦为中国建筑史供给了贵重的资料。

谈北京的几个文物建筑

> 初刊于一九五一年八月六日《新观察》第三卷第二期,署名林徽因。

　　北京是中国——乃至全世界——文物建筑最多的城市。城中极多的建筑物或是充满了历史意义,或具有高度艺术价值。现在全国人民都热爱自己的首都,而这些文物建筑又是这首都可爱的内容之一,人人对它们有浓厚的兴趣,渴望多认识多了解它们,自是意中的事。

　　北京的文物建筑实在是太多了,其中许多著名而已为一般人所熟悉的,这里不谈;现在笔者仅就一些著名而比较不受人注意的,和平时不著名而有特殊历史和艺术上价值的提出来介绍,以引起人们对首都许多文物更大的兴趣。

　　还有一个事实值得我们注意的,笔者也要在此附笔告诉大家。那就是:丰富的北京历代文物建筑竟是从来没有经过专家或学术团体做过有系统的全面调查研究;现在北京的文物还如同荒山丛林一样等待我们去开发。关于许许多多文物建筑和园林名胜的历史沿革、实测图说,和照片、模型等可靠资料都极端缺乏。

　　在这种调查研究工作还不能有效地展开之前,我们所能知道的北京资料是极端散漫而不足的,笔者不但限于资料,也还限于自己知识的不足,所以所能介绍的文物仅是一鳞半爪,希望抛砖引玉,藉此促起熟悉北京的许多人们将他们所知道的也写出来——大家来互相补充彼此对北京的认识。

天安门前广场和千步廊的制度

北京的天安门广场，这个现在中国人民最重要的广场，在前此数百年中，主要只供封建帝王一年一度祭天时出入之用。一九一九年"五四"运动爆发，中国人民革命由这里开始，这才使这广场成了政治斗争中人民集中的地点。到了三十年后的十月一日，中国人民伟大英明的领袖毛泽东主席在天安门楼上向全世界昭告中华人民共和国的成立，这个广场才成了我们首都最富于意义的地点。天安门已象征着我们中华人民共和国，成为国徽中主题，在五星下放出照耀全世界的光芒，更是全国人民所热爱的标志，永在人们眼前和心中了。

这样人人所熟悉，人人所尊敬热爱的天安门广场本来无须再来介绍，但当我们提到它体型风格这方面和它形成的来历时，还有一些我们可以亲切地谈谈的。我们叙述它的过去，也可以讨论它的将来各种增建修整的方向。

这个广场的平面是作"丁"字形的。"丁"字横划中间，北面就是那楼台峋峙、规模宏壮的天安门。楼是一横列九开间的大殿，上面是两层檐的黄琉璃瓦顶，檐下丹楹藻绘，这是典型的、秀丽而兼严肃的中国大建筑物的体形。上层瓦坡是用所谓"歇山造"的格式。这就是说它左右两面的瓦坡，上半截用垂直的"悬山"，下半截才用斜坡,和前后的瓦坡在斜脊处汇合。这个做法同太和殿的前后左右四个斜坡的"庑殿顶",或称"四阿顶"的是不相同的。"庑殿顶"气魄较雄宏,"歇山顶"则较挺秀,姿势错落有致些。天安门楼台本身壮硕高大,朴实无华,中间五洞门,本有金钉朱门,近年来常年洞开,通入宫城内端门的前庭。

广场"丁"字横划的左右两端有两座砖筑的东西长安门。每座有三个券门,所以通常人们称它们为"东西三座门"。这两座建筑物是明初遗物。体型比例甚美,材质也朴实简单。明的遗物中常有纯用砖筑,饰以着色琉璃砖瓦较永远性的建筑物,这两门也就是北京明代文物中极可宝贵的。它们的体型在世界古典建筑中也应有它们的艺术地位。这两门同"丁"字直划末端中华门(也是明建的)鼎足而三,是广场的三个入口,也是天安门的两个掖卫与前哨,形成"丁"字各端头上的重点。

全场周围绕着覆着黄瓦的红墙,铺着白石的板道。此外横亘场的北端的御河上还有五道白石桥和它们上面雕刻的栏杆,桥前有一双白石狮子,一对高达八公尺的盘龙白石华表。这些很简单的点缀物,便构成了这样一个伟大的地方。全场的配色限制在红色的壁面,黄色的琉璃瓦,带米白色的石刻和沿墙一些树木。这样以纯红、纯黄、纯白的简单的基本颜色来衬托北京蔚蓝的天空,恰恰给人以无可比拟的庄严印象。

中华门以内沿着东西墙,本来有两排长廊,约略同午门前的廊子相似,但长得多。这两排廊子正式的名称叫做"千步廊",是皇宫前很美丽整肃的一种附属建筑。这两列千步廊在庚子年毁于侵略军队八国联军之手,后来重修的,工程恶劣,已于民国初年拆掉,所以只余现在的两道墙。如果条件成熟，将来我们整理广场东西两面建筑之时，或者还可以恢复千步廊，增建美好的两条长长的画廊，以供人民游息。廊屋内中便可布置有文化教育意义的短期变换的展览。

这所谓千步廊是怎样产生的呢？谈起来，它的来历与发展是很有意思的。它的确是街市建设一种较晚的格式与制度，起先它是宫城同街市之间的点缀，一种小型的"绿色区"。金、元之后才被统治者拦入皇宫这一边，成为宫前禁地的一部分，而把人民拒于这区域之外。

据我们所知道的汉、唐的两京，长安和洛阳，都没有这千步廊的形制。但是至少在唐末与五代城市中商业性质的市廊却是很发展的。长列廊屋既便于存贮来往货物，前檐又可以遮蔽风雨以便行人，购售的活动便都可以得到方便。商业性质的廊屋的发展是可以理解的，它的普遍应用是由于实际作用而来。至今地名以廊为名而表示商区性质的如南京的估衣廊等等是很多的。实际上以廊为一列店肆的习惯，则在今天各县城中还可以到处看到。

当汴梁（今开封）还不是北宋的首都以前，因为隋开运河，汴河为其中流，汴梁已成了南北东西交通重要的枢纽，为一个商业繁盛的城市。南方的"粮斛百货"都经由运河入汴，可达到洛阳长安。所以是"自江淮达于河洛，舟车辐辏"而被称为雄郡。城的中心本是节度使的郡署，到了五代的梁朝将汴梁改为陪都，才创了宫殿。但这不是我们的要点，汴梁最主要的特点是有四条水道穿城而过，它的上边有许多壮美的桥梁，大的水道汴河上就有十三道桥，其次蔡河上也有十一道，所以那里又产生了所谓"河街桥市"的特殊布局。商业常集中在桥头一带。

上边说的汴州郡署的前门是正对着汴河上一道最大的桥，俗称"州桥"的。它的桥市当然也最大，郡署前街两列的廊子可能就是这种桥市。到北宋以汴梁为国都时，这一段路被称为"御街"，而两边廊屋也就随着被称为御廊，禁止人民使用了。据《东京梦华录》记载：宫门宣德门南面御街约阔三百余步，两边是御廊，本许市人买卖其间，自宋徽宗政和年号之后，官司才禁止的。并安立黑漆叉子在它前面，安朱漆叉子两行在路心，中心道不得人马通行。行人都拦在朱叉子以外，叉内有砖石砌御沟水两道，尽植莲荷，近岸植桃李梨杏杂花，"春夏之月望之如绣"。商业性质的市廊变成"御廊"的经过，在这里便都说出来了。由全市环境的方面看来，这样地改变了嘈杂商业区域成为一种约略如广场的修整美丽的风景中心，不能不算是一种市政上的改善。且人民还可以在朱叉子外任意行走，所谓御街也还不是完全的禁地。到了元宵灯节，那里更是热闹。成为大家看灯娱乐的地方。宫门宣德楼前的"御街"和"御廊"对着汴河上大洲［州］桥，显然是宋东京部署上一个特色。此后历史上事实证明这样一种壮美的部署被金、元抄袭，用在北京，而由明清保持下来成为定制。

金人是文化水平远比汉族落后的游牧民族，当时以武力攻败北宋懦弱无能的皇室后，金朝的统治者便很快地要摹仿宋朝的文物制度，享受中国劳动人民所累积起来的工艺美术的精华，尤其是在建筑方面。金朝是由一一四九年起开始他们建筑的活动，迁都到了燕京，称为中都，就是今天北京的前身，在宣武门以西越出广安门之地，所谓"按图兴修宫殿"，"规模宏大"，制度"取法汴京"，就都是慕北宋的文物，蓄意要接受它的宝贵遗产与传统的具体表现。"千步廊"也就是他们所爱慕的一种建筑传统。

金的中都自内城南面天津桥以北的宣阳门起，到宫门的应天楼，东西各有廊二百余间，中间驰道宏阔，两旁植柳。当时南宋的统治者曾不断遣使到"金庭"来，看到金的"规制堂皇，仪卫华整"写下不少深刻的印象。他们虽然曾用优越的口气说金的建筑殿阁崛起不合制度，但也不得不承认这些建筑"工巧无遗力"。其实那一切都是我们民族的优秀劳动人民勤劳的创造，是他们以生命与血汗换来的，真正的工作是由于"役民伕八十万，兵伕四十万"，并且是"作治数年，死者不可胜计"的牺牲下做成的。当时美好的建筑都是劳动人民的果实，却被统治者所独占。北宋时代商业性的市廊改为御廊之后，还是市与宫之间的建筑，人民还可以来往其间。到了金朝，特意在宫城前东西各建二百余间，分三节，每节有一门，东向太庙，西向尚书省，北面东西转折又各有廊百余间，这样的规模，已是宫前门禁森严之地，不再是老百姓所能够在其中走动享受的地方了。

到了元的大都记载上正式的说，南门内有千步廊，可七百步，建灵星门，门内二十步许有河，河上建桥三座名周桥。汴梁时的御廊和州桥，这时才固定地称做"千步廊"和"周桥"，成为宫前的一种格式和定制，将它们从人民手中掳夺过去，附属于皇宫方面。

明清两代继续用千步廊作为宫前的附属建筑。不但午门前有千步廊到了端门，端门前东西还有千步廊两节，中间开门，通社稷坛和太庙。当一四一九年将北京城向南展拓，南面城墙由现在长安街一线南移到现在的正阳门一线上，端门之前又有天安门，它的前面才再产生规模更大而开展的两列千步廊到了中华门。这个宫前广庭的气魄更超过了宋东京的御街。

这样规模的形制当然是宫前一种壮观,但是没有经济条件是建造不起来的,所以终南宋之世,它的首都临安的宫前再没有力量继续这个美丽的传统,而只能以细沙铺成一条御路。而御廊格式反是由金、元两代传至明、清的,且给了"千步廊"这个名称。

我们日后是可能有足够条件和力量来考虑恢复并发展我们传统中所有美好的体型的。广场的两旁也是可以建造很美丽的长廊的。当这种建筑环境不被统治者所独占时,它便是市中最可爱的建筑型类之一,有益于人民的精神生活。正如层塔的峋峙,长廊的周绕也是最代表中国建筑特征的体型。用于各种建筑物之间它是既有实用,而又美丽的。

团城——古代台的实例

北海琼华岛是今日北京城的基础,在元建都以前那里是金的离宫,而元代将它作为宫城的中心,称做万寿山。北海和中海为太液池。团城是其中又特殊又重要的一部分。

元的皇宫原有三部分,除正中的"大内"外,还有兴圣宫在万寿山之正西,即今北京图书馆一带。兴圣宫之前还有隆福宫。团城在当时称为"瀛洲圆殿",也叫仪天殿,在池中一个圆坻上。换句话说,它是一个岛,在北海与中海之间。岛的北面一桥通琼华岛(今天仍然如此),东面一桥同当时的"大内"连络,西面是木桥,

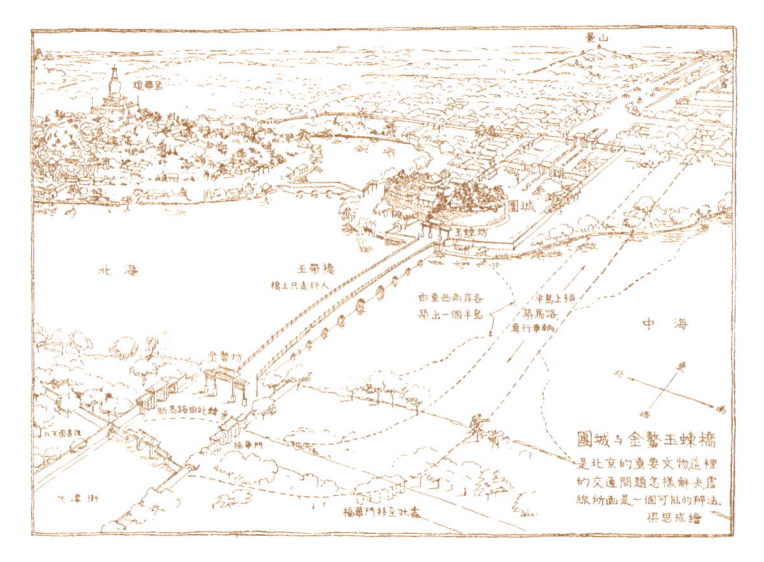

团城与金鳌玉𬟽桥

长四百七十尺,通兴圣宫,中间辟一段,立柱架梁在两条船上才将两端连接起来,所以称吊桥。当皇帝去上都(察哈尔省多伦附近)时,留守官则移舟断桥,以禁往来。明以后这桥已为美丽的石造的金鳌玉桥所代替,而团城东边已与东岸相连,成为今日北海公园门前三座门一带地方。所以团城本是北京城内最特殊、最秀丽的一个地点。现今的委曲地位使人不易感觉到它所曾处过的中心地位。在我们今后改善道路系统时是必须加以注意的。

团城之西,今日的金鳌玉桥是一条美丽的石桥,正对团城,两头各立一牌楼,桥身宽度不大,横跨北海与中海之间,玲珑如画,还保有当时这地方的气氛。但团城以东,北海公园的前门与三座门间,曲折迫隘,必须加宽,给团城更好的布置,才能恢复它周围应有的衬托。到了条件更好的时候，北海公园的前门与围墙，根本可以拆除，团城与琼华岛间的原来关系，将得以更好地呈现出来。过了三座门，转北转东，到了三座门大街的路旁，北面限小庞杂的小店面和南面的筒子河太不相称；转南至北长街北头的路东也有小型房子阻挡风景，尤其是没有道理，今后一一都应加以改善。尤其重要的，金鳌玉桥虽美，它是东西城间重要交通孔道之一，桥身宽度不足以适应现代运输工具的需要条件，将来必须在桥南适当地点加一道横堤来担任车辆通行的任务，保留桥本身为行人缓步之用。堤的型式绝不能同桥梁重复，以削弱金鳌玉桥驾凌湖心之感，所以必须低平和河岸略同。将来由桥上俯瞰堤面的"车马如织"，由堤上仰望桥上行人则"有如神仙中人"，也是一种奇景。我相信很多办法都可以考虑周密计划得出来的。

此外，现在团城的格式也值得我们注意。台本是中国古代建筑中极普通的类型。从周文王的灵台和春秋秦汉的许多的台，可以知道它在古代建筑中是常有的一种，而在后代就越来越少了。古代的台大多是封建统治阶级登临游宴的地方，上面多有殿堂廊庑楼阁之类，曹操的铜雀台就是杰出的一例。据作者所知，现今团城已是这种建筑遗制的唯一实例，故极可珍贵。现在上面的承光殿代替了元朝的仪天殿，是一六九〇年所重建。殿内著名的玉佛也是清代的雕刻。殿前大玉瓮则是元世祖忽必烈"特诏雕造"，本来是琼华岛上广寒殿的"寿山大玉海"，殿毁后失而复得，才移此安置。这个小台是同琼华岛上的大台遥遥相对。它们的关系是很密切的，所以在下文中我们还要将琼华岛一起谈到的。

北海琼华岛白塔的前身

北海的白塔是北京最挺秀的突出点之一,为人人所常能望见的。这塔的式样属于西藏化的印度窣堵波。元以后北方多建造这种式样。我们现在要谈的重点不是塔而是它的富于历史意义的地址。它同奠定北京城址的关系最大。

本来琼华岛上是一高台,上面建着大殿,还是一种古代台的形制。相传是辽萧太后所居,称"妆台"。换句话说,就是在辽的时代所还保持着的唐的传统。金朝将就这个卓越的基础和北海、中海的天然湖沼风景,在此建筑有名的离宫——大宁宫。元世祖攻入燕京时破坏城区,而注意到这个美丽的地方,便住这里大台之上的殿中。

到了元筑大都,便依据这个宫苑为核心而设计的。就是上文中所已经谈到的那鼎足而立的三个宫;所谓"大内"兴圣宫,和隆福宫,以北海、中海的湖沼(称太液池)做这三处的中心,而又以大内为全个都城的核心。忽必烈不久就命令重建岛上大殿,名为广寒殿。上面绿荫清泉,为避暑胜地。马可波罗(意大利人)在那时到了中国,得以见到,在他的游记中曾详尽地叙述这清幽伟丽奇异的宫苑台殿,说有各处移植的奇树,殿亦作翠绿色,夏日一片清凉。

明灭元之后,曾都南京,命大臣来到北京毁元旧都。有萧洵其人随着这个"破坏使团"而来,他遍查元故宫,心里不免爱惜这样美丽的建筑精华,要遭到无情的破坏,所以一切他都记在他所著的《元故宫遗录》中。

据另一记载(《日下旧闻考》引《太岳集》)明成祖曾命勿毁广

寒殿。到了万历七年（一五七九）五月"忽自倾圮，梁上有至元通宝的金钱等"。其实那时据说瓦甓已坏，只存梁架，木料早已腐朽，危在旦夕，当然容易忽自倾圮了。

现在的白塔是清初一六五一年——即广寒殿倾圮后七十三年，在殿的旧址上建立的。距今又整整三百年了。知道了这一些发展过程，当我们遥望白塔在朝阳夕照之中时，心中也有了中国悠久历史的丰富感觉，更珍视各朝代中人民血汗所造成的种种成绩。所不同的是，当时都是被帝王所占有的奢侈建设，当他们对它厌倦时又任其毁去，而从今以后，一切美好的艺术果实就都属于人民自己，而我们必尽我们的力量永远加以保护。

> 《城市计划大纲》本是原国际现代建筑学会（Congress Internationaux d' Architecture Moderne，简称 CIAM）一九三三年八月在希腊雅典的大会上拟定的以城市计划为题的一个纲领性文件，后来又通称《雅典宪章》，该书由清华大学营建学系编译组译注，此文系该译本序言，署名梁思成、林徽因。

《城市计划大纲》序

城市是人类文化综合的整体的表现，是为了解决有关于"住"（最广义的"住"）的一切问题而为自己创造出来的有体有形的环境——"体形环境"。这是几千年来就已存在的事实，却是至最近数十年来，它的重要性才被人类自己所认识。

在十九世纪中叶以前，科学技术的进度与政治经济制度始终能互相配合着进展，所以城市的体形并未与社会生活发生过严重的冲突或脱节。到了近一百年来，西方欧美资本主义国家因工业技术之突飞猛进，生产方式迅速地"社会化"，而他们的政治经济制度则仍滞留在没落的资本主义制度下，在体形方面便发生了极大的矛盾。欧美所有的城市庄镇都是由中世纪承袭下来的，早就逐渐不适宜于现代社会化的生产和工业化以后的生活；但因在经济制度方面，维持着残酷的剥削和私有财产制度，尤其是土地私有制度始终妨碍着任何改善都市体形的企图。在中世纪的城市里，加上资本主义的盲目发展，加上社会化的生产方式，加上工业生产以后的生活和现代交通工具，就等于紊乱的城市体形。这紊乱体形都经过了这样的程序：起初，工厂和铁路骤然间将人口集中到本来中古式的城市中，于是出现了密集的工业区、商业区和被剥削、被压迫的无产阶级和他们被迫所居住的"贫民窟"区；随后，汽车出现了，车祸出现了，现代公路也出现了，又将人口盲目地，无计划地输送到乡郊去，于是出现了许多住宅区，而把工商业遗留在市中心。但是新的工商业又追随着在郊区密集地兴建起来；于是想要躲避市廛嘈杂的有钱人，又将住处向郊外更远处迁移，乡郊遂被重重房屋所包围。在这样的恶性循环中，人口追进郊野，房屋又追着密集的人口，城市就无限制无计划地像野草一样蔓延滋长起来，使欧美的城市演变成为史无前例的混乱，无论在居住、工作、游息、交通方面都丧失了人类群居所企求的效果。在这种状态之下，一些头脑比较清醒的人才开始觉悟到一个城市乃至城市与乡村所组成的区域的体形方面都需要将人类全部活动中的各种繁简不一的需要作详细的调查和分析，并综合起来作全面合理的部署，才能使它适合于人类居住的基本要求。

在两次世界大战之间，欧美许多资本主义国家的建筑师和城市计划师们组织了国际现代建筑学会（Congress Internationauxd'Architecture Moderne，简称CIAM）。一九三三年这个学会在希腊雅典的大会以城市计划为题，总结成为这《城市计划大纲》。

这个"大纲"拟订于十八年前，那时第二次大战的威胁尚未明显的暴露，世界上极多数的人远未清楚地认识到资本主义经济制度已途穷日暮。国际现代建筑学会的会员先生们尚存着幻想，以为他们的"大纲"可以实现在城市的体形上。的确，这"大纲"的技术原则是正确的，它的内容是从人民大众的幸福上出发的。它的目标也是要建立适宜于广大人民全体的体形环境。但是那些会员先生们却没有了解，本来就是资本主义的政治经济制度使他们的城市得了严重病症，此后也还是这个资本主义的政治经济制度使这"大纲"

无法实行,因此也治不好他们城市的病症。唯有在社会主义新民主主义的政治经济制度下这种大纲才能实行。在最近一次(一九四八年)的大会上,他们不得不对于在苏联和东欧新民主主义国家在这方面的伟大成就齐声赞扬,就是证据。

新中国正在开始由农业社会向工业社会大踏步地迈进。这伟大的转变首先要在全国城乡的体形上表现出来。在今后数十年间,全国的旧城市都将获得改建。许多几百年来在半睡眠中的县城将突然醒起来,在短短数年间成为一个个的工商业重镇。此外还将有千百个新的市镇从平地上涌出,如同近三十余年间在苏联的辽阔的土地上所见到的一样。

在这伟大的转变中,假使城乡体形方面未能预先作出妥善正确的计划,则将因工厂、房屋、铁路、公路之大量兴建,城市与乡村间人口之大量移动,农业与工业人口比例之改变,因而城市中的房屋即将不敷激增的人口的分配,原来只适用于骡马车及轿夫担子的街巷将使汽车成为无地用武的英雄,仅能创造车祸伤亡纪录。换句话说,就是城市的体形环境将交错杂乱,而作盲目无秩序的发展;使城市环境不适宜于一切工业、商业、居住、游息、交通之用,完全失去了城市所应有的功能。今日欧美无数市镇因在工业化过程中任其自流发展所形成的紊乱丑恶的体形,正是我们的前车之鉴。

CIAM 的《城市计划大纲》的确是很有可取之处的。它可被誉为一个技术"良方"。可惜是在资本主义国家里"药不对症"。因为它不是"治病"的方子,而是一个保健的方子。在资本主义国家中,城市体形之紊乱只是病象而不是病源。病源是资本主义制度的本身。不根除病源是谈不上健康成长的。因此,英美等国所沾沾自喜的一些"新市镇"如伦敦附近的 Wellwyn，Letchworth；纽约附近的 Radbun；华盛顿附近的 Greenbelt 等，都只是些不太成功的逃避主题的枝节尝试，只能满足比较少数财力宽裕的人的需要。它们都还只是试验室里的样品。在整个政治经济制度改变以前，他们也只可能有那样寥寥几处半成功的试验，而绝不可能使它全面发展而实施于全市或全国的。

中国"大病"了一百一十年，现在我们的病基本上已被我们最伟大的"医师"治好了。新生的中国正在向康复的大道上走。在城乡建设方面，这个"方子"倒是相当适用的，因为我们已具备了开始全面建设的条件。因此，清华大学营建学系编译组朱畅中，胡允敬，程应铨三同志将它译出，并由程应铨同志加注，介绍予全国各县市的行政领导和技术干部，以供都市建设计划时的参考。

在这里，我们必须附带提出，我们介绍这《城市计划大纲》，但对于国际现代建筑学会所倡导的建筑理论，尤其是它对于建筑造型的理论是大有问题的，过去我们许多建筑师们曾经为那种理论所迷惑。解放以来，经过不断的学习，尤其是经过近一年来爱国主义、国际主义教育，我们诚恳地批判了以往的错误。我们肯定地认识到所谓"国际式"建筑本质上就是世界主义的具体表现；认识到它的资产阶级性；认识到它基本上是与堕落的、唯心的资产阶级艺术分不开的；是机械唯物的；是反动的；是与中华人民共和国的"民族的，科学的，大众的"文教政策基本上不能相容的。我们在这里介绍这个"大纲"而反对国际现代建筑学会关于建筑造型的理论，正是排除其糟粕，吸收其精华。就是这"大纲"我们也是要"批判地吸收这些东西，作为我们的借鉴"，因而我们加了注释。我们借鉴这些资产阶级的东西，但"仅仅是借鉴而不是用它来替代"。在建筑和都市计划工作中，如同毛主席给我们在文学艺术中的指示一样："对于死人和外国人的毫无批判的硬搬，模仿与替代，乃是最没有出息的，最害人的……教条主义。"我们尤其不可顷刻忘记：建筑和都市计划不是单纯的经济建设，它们同时也是文化建设中极重要而最显著的一部分，它们都必须在民族优良的传统上发展起来。

梁思成、林徽因序于清华大学营建学系
一九五一年七月

> 《苏联卫国战争被毁地区之重建》由上海—龙门联合书局一九五二年五月初版印行。书前有《译者的体会》。原著作者为苏联之，窝罗宁教授，译者署林徽因、梁思成。

《苏联卫国战争被毁地区之重建》译者的体会（附译文）

人民的新中国正在准备迎接即将开始的建设高潮。在这时候我们介绍这本小书，苏联窝罗宁教授著《苏联卫国战争被毁地区之重建》，对于我们的建设工作是一个很好的借鉴。

尽管苏联同中国在社会发展的阶段上，在工业化的程度上，在文化艺术和都市计划与建筑的传统上，在战时城市乡村受到破坏的程度上，尤其是在大规模建设工作的经验上，有着许多不同之点，所面临的问题不尽相同，但在基本精神和基本原则上，这本书的每一章每一段都值得我们学习。

尽管有这许多不同之点，但中苏两国的民族性格和近年来的历史境遇都是很相似的。

作者首先告诉我们，俄罗斯人民不惟能保卫他们的祖国，而且在家乡遭受破坏之后，能迅速地重建起来；在古代如此，在苏维埃时代更如此。这一点与中国人民保卫祖国，重建家乡的能力是完全相同的。在毛泽东时代，这能力就能更全面地发挥出来。

从这本书里，我们愤怒地看到了德国法西斯生番在苏联绝灭人性的破坏，较比日寇在中国的暴行有过之无不及。曾几何时，德、日法西斯的承继者美国法西斯强盗及其帮凶们又在我们手足之邦，向所有的城市乡村和爱好和平英勇不屈的朝鲜人民进行同样绝灭人性的破坏和屠杀。苏中两国人民在八九年前，十余年前所面临的敌人正与朝、中两国人民今天所面临的敌人是一模一样的。而且今天的强盗吸收了昨天的强盗的经验，是"青出于蓝"，变本加厉的。负责重新设计平壤的朝鲜建筑师金正熙同志告诉我们，平壤今天已真正成为一片"平壤"；将来重建平壤就同重建斯大林格勒一样的艰巨。我们一面读这本小书，一面看着鸭绿江彼岸，第一个联想就是提高警惕：现在在朝鲜的生番强盗，我们不惟绝不能让他们踏过鸭绿江一步，而且必须予以彻底消灭或驱逐，如同苏联人民对当时占领他们土地的德国强盗那样。

引起我们无限敬意的是苏联人民以抵抗敌人驱逐敌人的伟大精神和力量同样地发挥出来重建他们的祖国。他们在战争的战场上战胜了敌人，他们在建设劳动的战场上同样地取得了辉煌的胜利。那种男女老少，人人自动参加重建工作的伟大精神不惟使我们崇敬，而且更值得我们学习。

一切计划、设计、组织、备料、施工……等工作，都是在党和政府的正确领导下才能得到那样辉煌的成就的。自从一九四三年八月，苏联部长会议和联共中央委员会颁发了指示，同年十月革命纪念日斯大林又发出号召，全苏联各地各级党政机关、人民团体、共青团、建筑研究院、建筑师工会以及全国人民，立刻就以热烈的行动响应起来。人民的力量在人民的党和人民的政府领导下是没有不能克服的困难的。

在计划和设计的原则上，这本书给了我们很多极可宝贵的启发。

第一，它让我们看到了苏联在一切建设和工作中的高度计划性和组织性。

一整个区域因为战争的破坏而发生了政治、经济地理上的大变动时，他们就有计划地迁移整个村庄乃至市镇，使这属于区域城乡规划范围的布置更合理了。整个城市洗劫了，他们就将整个城市有计划地重建起来，且在重建中修正了过去的缺点。至于个别的建筑物就更不用说了。这一切计划不只在平面上分区、筑路，而且在立体上予以同样缜密的考虑；不只是关于经济的，生产的，居住的，而且是关于文化的，娱乐休息的；不只是房屋建筑的，街道桥梁和公用设备工程方面的，而且是关于山林园苑，池沼溪河，树木花草种种方面的部署的；不只是蓝图和施工说明书的，而且是材料的生产、分配和运输，以及人力的组织和分配的各方面的努力。这种全面计划和组织工作就是准备期间最主要的工作。

正在我们翻译这书的时候，全国的基本建设人员正在《人民日报》的领导下对于近年来工程中的错误作了深入的检讨，使我们的认识提高了一步；那是有重大教育意义的。但是检讨的范围还可以扩大，我们还应该寻找更基本的问题。《人民日报》所报导的事实和各专家所研究的对象，大多数只是工程的安全问题，和狭隘的工料经济问题。这都可以统称为"有形的损失"。至于整体建筑群在全面的地址选择或全盘部署上的错误——如晋南纺织厂地址易受水淹，离铁路三十余里，且隔着汾河；或如晋南面粉厂仓库之拆房让铁路等——仅有极少数的报导，而且未受到应得的注意。假使犯了这种全面的根本的错误，即使个别工程坚固经济，尽善尽美，也是徒然，只为人民增加赘物。这种"无形的损失"是全面的，是永久的，是连返工也不能补偿的；比狭隘的、个别的安全经济问题更严重得多。我们应该学习苏联先进的经验，在全面的、长期的计划方面特别注意。

第二，从这本小书中我们体会到苏联重建的计划在立体市容上，对于美观方面的重视。

苏联城市由整体到个别建筑的计划都要满足"人民在文化和美感上的要求"，建筑师需要"做出有高度艺术价值的图样"。建筑师设计时不惟注意到个别建筑物的艺术方面，他同时深深地知道每座建筑物同它的隔壁邻舍，无论在使用的便利上或美观效果上，都是互相影响的，是不能独善其身的。因此，苏联先进的建筑师都以一个城市作为一个整体，并作为一个立体构图的整体来设计。例如加里宁旧城的对岸，在这书中，作者是这样写的："拟建造一条宽广的河岸，用一条林荫大道与房屋的行列隔开；房屋将面临河岸，……从旧城沿河一线可以全部望见。加里宁这一幅建筑的'画面'是一个受到特别注意的目标，因为新的加里宁的建造者们在这里已经看见了一幅形式整齐的建筑全景，以河运站的一个矗立高耸的建筑物为中心而构成的'画面'。"加里宁的对岸是一个以河运交通为主的经济区域，而建筑师并不因此而疏忽了它的文化成分。经济建设与文化建设是形影相随，不可分开的。苏联建筑师经常地认定了经济建设中所同时产生的文化价值，这是我们所应该学习的，让我们中间许多由旧社会过来的建筑师注意：在资本主义社会，凡是这种地点都是污秽凌乱到难以容忍的程度的。

第三，窝罗宁教授让我们看到了苏联建筑师在一切重建和新建的工作中，对于当地民族文化艺术传统和风俗习惯以及自然环境之尊重。他特别提出"建筑师对于历史和后代都是负有巨大责任的"。

"重建工作必须考虑到民族传统，把它融汇到新计划之中；把它和新兴的，现代标准所需要于建筑的各方面调和起来"，"建筑师必须考虑到个别地区的生活的历史传统和建筑传统，在他的设计中保留一切合理的和有历史价值的，……他所计划的市镇或村庄还必须构成自然地形风景中的一部分"（第二章）。"计划必须同时考虑到居民的习惯和苏维埃人民在文化和美感上的要求……。需要建筑师做出有高度艺术价值的图样，城市的整体必须与当地的地形和风景相和谐"（第四章）。由作者所举许多实例中，我们可以看到苏联的建筑师们在重建一个市镇时如何小心翼翼地从原有基础上发展，同时又有远见地将原有不合理的、错误的加以改正和"现代化"。在各地区的建筑形式方面，苏联的建筑师们慎重考虑到各地区不同的传统，甚至如颜色与环境的配合都是仔细地计划过的。他们对于文物建筑和建筑传统的爱护尊崇简直令人心折地佩服。如重建窝罗内兹的建筑师，建筑院院士鲁德涅夫"不只是一位建筑师，他同时也是一位热爱古代艺术的美术家；他是倾向于在古文物的处理上特别小心温柔的"（第六章）。负责重建加里宁的柯里院士"所有的时候都在'聆听'着卡乍可夫的'音叉'"，因为加里宁——古代的特维尔——是十八世纪中建筑师卡乍可夫所设计的；它是"俄罗斯帝国中最美丽的城市（女皇凯沙琳二世语）"。又如"诺夫哥罗德重建的工作是交给熟谙并且热爱俄罗斯古建筑的院士舒舍夫的。他的计划准备按照古代都市计划的制度将城市重建起来——当然加上现代化的改善"（第十二章）。

我们的中国是一个具有五千年灿烂的文化历史的国家。差不多任何一个中国的市镇都有数百年乃至数千年的文物。我们有伟大优良的都市计划传统和建筑传统；除去几个大都市外，全国所有的市镇，那就是全国百分之九十以上的劳苦人民现在所正在居住的，并且所正在继续不断地建造的市镇和房屋正是遵循这伟大优良的传统建造的。但是今天中国的建筑师们，无一例外地（译者们在内）都是直接或间接由外国学来的。年长一点的由学习古希腊罗马，文艺复兴开始；年青一辈的学习资本主义艺术理论的体形结晶，即所谓"功能主义"（机械唯物主义）的"现代化"或"国际式"（世界主义式）流派。我们在这前后两种毒素中酣醉了数十年。我们做了帝国主义资本主义文化侵略者的帮凶，对于祖国建筑传统反不如对于欧美建筑的熟谙，故也谈不到热爱，且常常带着自卑心理的蔑视。现在我们该醒过来了。我们应该从思想根源上做一番自我检讨，肯定一切建筑的政治任务，配合爱国主义国际主义教育，站稳立场，认清方向，在建筑工作中坚决地贯彻毛主席在《新民主主义论》中所指示给我们的新文化路线："是我们这个民族的，带有我们民族的特性"。我们要向鲁德涅夫、柯里、舒舍夫学习；并要"聆听"喻皓、李诚、也黑迭儿、阮安、蒯祥、雷发达＊喻皓是北宋著名的民间"巧匠"，著有《木经》。据说中国现存最古的一部关于建筑专门术书《营造法式》，就是北宋末叶"将作少监"李诚根据《木经》编著的。也黑迭儿是元大都（即今之北京）的设计人；现在北京的规模则是明阮安、姚广孝等在元大都的基础上发展改建的。蒯祥是明初的木匠，重建三殿，善于绘图设计，凭着他的技术，做到工部左侍郎。到他老年时，宪宗朱见深叫他做"蒯鲁班"，其他的官员却说他是"匠官"。雷发达是清初的木匠，就是后世著名的建筑"世家""样式雷"的始祖。"样式雷"的建筑图样和模型现在还有许多藏在北京图书馆和历史博物馆。以及无数无名匠师的"音叉"，为民族的、科学的、大众的建筑而奋斗！

当然，除了上举三点之外，这本书对我们的启发还很多；因鉴于目前我国建设工作对于这方面的注意不够，所以特别提出来。

这本书是著者在一九四四年夏季写的，当时距德国法西斯匪帮的毁灭还有一年，战事还在苏联境内进行，在那样"一切为了前线"的情形下，伟大的苏联人民不惟能够立即开始有计划、有步骤、有组织地重建，而且以那样高度热情进行高度文化性的艺术建筑，无论在旧的文物城市或新的工厂聚落都不偏废。现在我国一般建筑工作中，多以"还没有到文化建设的时候"为藉口，故意忽视建筑的文化成分。其实在任何阶段的任何建设中，任何一座建筑物，无论是办公楼、宿舍、车站，乃至厂房、仓库，它的文化意义与经济意义是不可能分开的。

窝罗宁教授这本书是战时向盟国介绍苏联的书籍之一，以英文在伦敦出版，至今已七年了。战后苏联一切建设又以史无前例的规模和速度突飞猛进，书中所述许多当时情况现在都已成为史实。但在基本原则上，它还是一样地大有助于我们现在刚在开始的建设的。因此我们并不以它为"过时"，还是把它译出，献予新中国的建设工作者。

林徽因、梁思成　译竟赘言
一九五一年八月　清华园

附：译文

苏联卫国战争被毁地区之重建

目录

第一章　我们的祖国和她的侵略者
第二章　重建的工作
第三章　市镇住宅部分之重建
第四章　市镇计划
第五章　斯大林格勒之重建
第六章　罗斯托夫和窝罗内兹之重建
第七章　加里宁、斯莫棱斯克和伊斯特拉之重建
第八章　乌克兰之重建
第九章　村庄之重建
第十章　设备与材料
第十一章　来自后方的支援
第十二章　解放区内苏维埃文化之重建
结束语

第一章　我们的祖国和她的侵略者

以一个史学家和俄罗斯古建筑专家的身份，我愿以关于俄罗斯历史的几句话作为这本我认为是不平常的小书的序言，因为我们这国土并不是头一次成为一个具有世界重要性的大战斗的演出场，对抗外来的，企图掠夺俄罗斯人民的自由和独立的侵略者的抗战场。幼年的俄罗斯国历史的最初几个世纪中，充满了波罗弗齐人和皮前内格人的袭击，他们是高原上的凶禽；在十二、十三世纪间，匈牙利人和波兰人屡次企图夺取加里西亚—窝尔海尼亚的肥腴地区；十三世纪间蒙古人的猛烈攻击造成了极大的损失，它制止了大俄罗斯中心的发展，而且引导了俄罗斯西面的邻人相信去夺取诺夫哥罗德和普斯可夫两个自由市的土地是件容易的事。侵略者企图将肥腴的土地化为沙漠，将那土地上的人民变成奴隶，城市乡村都成为废墟。在十三世纪中，日耳曼人和瑞典人被伟大的军事领袖亚力山大·尼夫斯基所率领的人民军队所制止；而蒙古人一百五十年来的压迫，直至十四世纪，经过在古里可瓦之浴血战斗中，德米特里·董斯基的俄罗斯军队击溃了马迈伊一股游民之后方才得以解除。十七世纪初叶，波兰人和瑞典人乘着俄罗斯内部局势不安定的时候，侵入了俄罗斯；波兰人竟然连莫斯科的克里姆林（城堡）都占据了，外国的观察家认为那已是莫斯科邦的末日了。然而俄罗斯的人民证明了他们自己经得起这些新的考验，在米宁和波乍斯基所揭举的旗帜下，他们团结起来，把可恨的侵略者驱逐出了俄罗斯。

两个世纪之后，拿破仑坐在这同一个克里姆林的一个房间里观赏莫斯科的大火，这正是他那枝似乎是所向无敌的"伟大的军队"

被击溃的前奏，正是他的军人生活最后一幕的开始。在我们这个时代，年轻的苏维埃共和国的各民族人民，经过了可怕的内战的考验，在以后的二十年间，建立了一个新的生活方式和一个新的国家，站在世界最大的强国的行列中。这事实已在这次战争中充分得到证明，这次战争在俄国被称为伟大的卫国战争，其中许多战役，如斯大林格勒、欧列尔、库尔斯克、克里米亚、北高加索、列宁格勒和德聂伯河之战，都是史无前例的大战。

我不是要将这些历史上已经著名的事实重新提起读者的记忆，以求证实经过一九四三至一九四四年在战场上几次大战已经证明的，因而无须再证明的事实。我所要讨论的是另外一些问题。这几次战争以及它们留下给俄罗斯土地上的破坏，使俄罗斯成为残破的废墟；毫无防御的村庄夷为平地，野树丛生到农田上，技术工人逃避到内地；在经过敌人毒手的地区里，仿佛一切生命都不复存在了。

当我们想到这些事实的时候，我们不由得不想到把十三世纪的蒙古股匪同现代的生番法西斯蒂作比较。当然，他们两者之间的比较并不在他们的军事技术，不过希特勒是极其恰当地被称为"机械化的帖木儿"，至于他们奴役被征服的人民的野蛮方法则极相类似。他们的方法是破坏农田，或是把它变成蒙古人游牧的空旷草原，或是把它变成德国主子们的私有地；破坏城市村庄；降低人民的民族自尊心，破坏他们的艺术古文物；屠杀最前进的人，只留下其余被血腥的恐怖所吓倒了的人，迫使他们做"优秀民族"的奴隶牛马。在这一切中，实施的规模虽然大小悬殊，但是原则是一样的。德国人在世界历史里一切野蛮人中是进化最高的，因为他们把野蛮性抬高成为政治信条，而且用现代战争机构中最残暴的破坏力把它武装起来。十三世纪蒙古人所造成的破坏,比起希特勒遗留在苏维埃人民土地上的没有成功的"新秩序"来,实在只是天真的儿戏而已。蒙古人所毁坏的是十二、十三世纪的比较简陋的文化,所破坏的是比较原始的房屋和以封建城镇与乡村间交易为基础的经济。希特勒的军队却以破坏社会主义国家的高度物质文化,它的繁荣的市镇,它的国营的和合作的农场,它的巨大的发电厂,它的无量数的建筑,以及它的被尊为祖传至宝的艺术文物和民族文化为目的。

当德国人在红军猛击之下溃退时,他们把没有军事价值而且不在战线上的城市乡村完全夷毁。这种行为只是为了实行他们那魔鬼一般的观念,就是要把他们放弃了的土地上的一切生命完全毁灭,只留下大火的灰烬。特别编制的放火队纵火焚烧木建筑;爆炸队用地雷炸毁了较大的砖石建筑、公共建筑、行政楼厦、艺术文物和古代文物建筑。无疑的,这种掠夺焚烧的"政策"所给予我们国家的损失比德国空军和炮兵所能给予我们的损失更大得多。

这里有几个数目字可以使读者明了单在建筑的范围之内,德国人所给予苏联城市村庄损失之如何重大。

在俄罗斯苏维埃共和国内,德寇毁坏了约五百个城市和工厂区,一万四千多个村庄。

在莫斯科区的沦陷区内,德国人毁坏了二千二百八十个村庄,烧毁了集体农场农民的住宅四万七千二百四十六所,一万二千所城市住宅;他们毁了四万六千座农村建筑,一千所学校,七百个村庄阅览室、俱乐部等等。一个特别组成的委员会计算了只是莫斯科区一区的损失就值七十一亿二千五百三十五万八千卢布。在俄罗斯苏维埃共和国内的损失则值二百五十亿卢布。

在斯莫棱斯克区域，德国人彻底地破坏或烧毁了十二个城市，八个工厂区，十个分区中心，二千个村庄，被毁坏的建筑有十万所城市住宅，二十二万所集体农庄住宅，二万八千五百座农作建筑，八百七十座工业建筑（战前原有九百座），原有二百三十六处发电厂之全部，和无数的其他建筑物。斯莫棱斯克城区的八千所房屋中——原有屋内面积共六十五万平方公尺——被德寇破坏或烧毁了七千二百所；他们毁坏了电车系统，自来水系统，发电厂，二十七个医院和其他医疗机构，二十五个托儿所，所有的学校和极多的其他房屋。斯莫棱斯克的市营企业、交通设备和贸易组织所受到的总损失超过七亿卢布，此外更加工业的损失三亿卢布，铁路的损失六千零五十万卢布，医疗机构所受的损失则估计约七千万卢布。

在诺夫哥罗德，二千三百四十六座建筑之中仅仅留存下四十座，德国人摧毁了十二个工业企业，毁坏了自来水系统和发电厂及其输电路线；他们烧毁了博物馆，四个高等学院和一个技术专科学校，五个工人俱乐部，两个电影院，市立剧院，红军俱乐部，十一个医疗机构。在诺夫哥罗德区域中的八千八百四十九座建筑物，被完全毁坏或被严重破坏了七千三百三十五座：七十六个学校中，七十五个被烧毁了。

现在乌克兰全部已由敌人手中解放出来，不久即可以调查出全部的损失。我们可以先抄录非常状态委员会和地方当局所发表的几个数目字。德国人用火和炸药将基辅的主要街道克列斯查提克以及它附近街道的最优秀的建筑物毁坏了。他们毁坏了市有和国有机关的九百四十座房屋，共计使用面积一百万平方公尺以上；私有住宅二千六百所，计有住用面积五十万平方公尺。法西斯强盗们把基辅全部的公用设备都炸毁了，留下的是一个没有水、电、交通的城市。在一个一百二十五英亩（约合七百五十华亩——译者）之内，共有长达五至七公里街道的区域被完全毁坏，一无所有。

按照不完全的统计，在欧列尔区域内十九个区的损失是：国有机构的五百八十三座房屋，三百十七座工业房屋，三百十六座铁道房屋，九百九十一座学校或文化机构房屋，一百十八座医疗机构房屋，二百八十四座市政机关房屋，四百九十三处贸易机构的房屋，五万八千八百六十六所农作房屋。

在顿河盆地的斯大林诺区域，八千四百十二所住宅，三百零二所学校，一百四十三所幼儿园和托儿所都被毁坏了。在苏米区域中，九千所集体农场房屋和三万四千四百六十所农民住宅都被毁坏，九十六个村庄被完全夷为平地。

到目前据已调查所知的，德国人在乌克兰所毁坏房屋的住用面积总计达四百万平方公尺。

这些数目字，只是举出来做一个例，以表示在解放了的沦陷区中破坏之惨重，同时也可以表示重建工作之艰难巨大。

目前重建工作已经顺利地展开，而且进展得那样迅速，那样热烈，不惟是旁观的人，就是连自己参加工作的人也为之惊讶了。在这里我愿意再简略的回顾一下我们人民的历史，以便解释许多这种令人乍看难于理解的创造性劳动之惊人的爆发。我要提醒我的读者，在若干世纪的俄罗斯历史中，而且总是在遭遇巨大困难的时候，人民都能发挥充足的力量以应付敌人，使敌人的胜利成为他败退的前奏曲。不惟如此，人民而且都能发挥足够的能力，使残败的土地苏生，重新建立起庙宇和城市的墙垣，重建构成他们的世界的木屋村庄，从荒芜的田野中重新收获粮食。外国人素来对于人民所表现的这种巨大的重建力量表示惊讶，这种力量是他们所不能了解的。木构房屋的市镇，一次又一次地被焚毁，又以不可思议的速度重新出现，新的而且更美丽的房屋和教堂又重建起来，代替了旧的。这个不断的建造的原动力的来源就是俄罗斯人对于本土的热爱，那是他的心，是他的家，也是他的父亲和祖父的心和家。这种"重建"被毁了的东西的工作是全体人民参加的，因为每一个成年人都是精于木工的技术和它的数百年艺术技巧的传统的。

就是这种广泛普遍的建筑技能以及城市乡村中几乎不断的建筑活动，在很久以前，就早已引导了重要的新技术和方法之应用，有许多方法是在今日又被重新发现的。爱尔兰人亚当·欧李黎，一位在一六三四年到过莫斯科的游客，写了一篇在莫斯科坊间售卖预先做好了的房屋的令人惊愕的纪事；那些房屋的各种木材都在森林地区斫割制成，榫卯吻合，然后由河上浮运到莫斯科的。在此以前约一世纪，在一五五一年，暴王伊凡的军事工程师们用木材建造了一整个堡垒，然后将它拆散，由河上浮运到卡赞汗国，在斯维亚加河岸上又用惊人的速度把它凑合建立起来。历史里偶然传下来的这两个事实使我们立刻联想到今日极受欢迎的"厂制房屋"。

当我们回忆到俄罗斯历史中这些以及许多其他类似的事实时，我们就可以明了有一种历史的规律在那里管辖着那些全体人民参加的伟大的建设工作，那也就是现在在苏联许多由法西斯占据之下获得了解放的地区中，在我们眼前正在进展着的工作。

历史所赋予俄罗斯人民的潜在的"重建力量"仿佛已成了一种民族性，而在苏维埃时期的生活情况下则大大的增强起来。在这艰巨的重建工作中，苏联所有的兄弟民族都与俄罗斯人肩膀并着肩膀地站立着。人民对于取得胜利和对于在最短可能的时期内使他们的城市和工厂、村庄和田地获得苏生的意志得到了更大的力量，也得到了各加盟共和国人民政府的组织和领导；全国的领导性人物都是列名于列宁和斯大林的党的。这个党是人民所爱戴的；它不惟在战场上和工厂里领导人民，而且向人民学习；它对于人民的思想和情感、人民在生活中所积累的实际经验和人民克服困难的能力都有深彻的领会，我们惟有记住这一切时，才能了解那种伟大的劳动的英雄行为，并予以正确的评价。斯大林格勒之重建就是这种行为的一个光辉榜样。在那里，战斗从战场上开始，继续到劳动场上。诚如斯大林大元帅所说："卫国战争证明了苏维埃人民是能够创造奇迹的，能够从最艰苦的考验中胜利地站立起来。"

第二章 重建的工作

战时以及战争本身的需要给苏联的建筑师们提供了许多与战争直接相关的新问题，如防御工事之建造，市镇和孤立的工厂之伪装，等等。在战争的头两年间，我们的建筑师全部从事于帮助增强国家的军事力量，在兵工单位里和城市的市民保卫工作中服务。到了德寇占领区被解放的时候，我们的国家和她的建筑工作者们又面临了一个新的任务，这任务是同样的光荣，但是千百倍的艰巨的——就是在最短可能的时间内，将德国生番所毁的市镇村庄重建的工作组织并完成起来，使它们能够回复到正常的经济和劳动的生活。在一九四三年十一月六日庆祝十月革命二十六周年纪念时，斯大林大元帅在他的讲话中把这任务简略而极清晰地说出来："在法西斯匪帮曾经短时间称雄作霸过的地区，我们须要恢复那些破坏了的市镇和村庄、工业、交通、农业机构；我们须要给由法西斯统治下拯救出来的人民建立正常的生活条件……。我们必须在由德国占领下解放出来的地区里将德国人统治的后果全部清除。这是一个伟大的全国性的任务。我们能够，并且必须，在短时期间担负起这份困难的任务。"

国家在没有等待这巨大的战争终结以前就开始重建起来的事实使得工作之计划与实施必须在极特殊的条件下进行。在给人民供给了最低限度的食品、水和住处的初步工作之后，凡是能直接或间接有助于前线给养的工厂就必须重建起来。我们可举顿河上的罗斯托夫为例；在解放后一个月以内，烟草工厂就开了工，到了一九四四年二月十四日，罗斯托夫解放的一周年，已经有一百零五个工业单位在生产了。一九四三至四四年间重建的乌克兰各糖厂供给了前线军队和国内所需要的糖二万八千吨。这并不是说其他一切都不顾了；社会主义建设的特征就是在可能得到的条件之下，努力在这些工厂的周围建造住宅以及其他可使人民的舒适和娱乐达到最高可能度所需要的建筑物。

一九四三年八月廿一日，苏联部长会议和联共中央委员会共同颁发了一个关于"由德国占领下解放区域经济复兴所应采取的紧急措施"的指示，这在事实上就是复兴工作的大规模的国定计划。关于住宅的重建则在指示的第七条"协助重建或建造集体农庄的农民和工厂与机关的工人的住宅的办法"中规定出来。在这一条之中，重点是放在用地方所产的原料制造各种建筑材料，如陶砖、煤渣砖、石灰石、瓦、蜡石、石膏、石板等等上；放在建造十三个厂造房屋的工厂上，木材之分配上，和农村区域里贷款之配给上。在一九四三年的全国预算和各市镇预算里，分配到重建工作上的数字是极为庞大的。

在这样情形之下，重建工作的计划和组织所需要从政府得到的注意是前所未有的。

在上述的指示颁布之后不久，部长会议就设立了一个"建筑委员会"（四三年九月卅日）；这是一个中央机构，它的职务包括了"建筑工作之改善"以及"在德国侵略者所毁坏的市镇及其他社区之重建中，在建筑和计划上执行所必需的政府管制"。全国一切建筑的草拟和其他组织的工作都在这个委员会领导之下。在苏联所有加盟共和国以及若干较大城市里都成立了建筑局；在委员会领导之下组织了庞大的建筑师团体网，包括城市的总建筑师署在内。这个广泛的国家组织网就负责许许多多与重建和新建有关的任务；他们负责审核市镇的计划，最主要的建筑的图样，标准住宅的设计图样和建造住宅的速率；各建筑局则负责审核厂制的屋外屋内装饰部分，建筑的设备，施工工作的质量，并且组织训练建筑师和与建筑有关工业的工人。最重要的建设的设计，关于改善建造工作的指示和立法措施都将经由建筑委员会呈送苏联部长会议核准。

属于各部分以及新成立的地方组织的建筑设计机构也都投入了重建的工作中。在苏联全部加盟共和国里都特别成立了建筑材料工业部。为着重建斯大林格勒的巨大任务，特别成立了一个重建局，是当地指挥的首脑部。在所有解放的市镇中都成立了建造托拉斯、建筑师事务所和"建筑师突击队"以指导重建的工作。

这一切的国家组织的措施集合在一起就达到了目的,将建造工作简单化合理化,将它放在一个中心领导之下;因为当重建的工作正在进行时,全国还在进行一个庞大战争的事实,使得这种措施尤为必需。

对于建筑工作如此的国家领导在世界上是史无前例的,虽然在俄罗斯的历史里我们又一次的可以找到与此类似的史实。在十七世纪初叶,经过那次猛烈的斗争以后,营造衙门——这衙门罗致了全国最优秀的建筑工作者,自著名的建筑师以至普通的石匠瓦匠——派出了许多组的工作者去建造国内最重要的建筑;在增强国家的防御力和在城市的建设上,这衙门曾经占过重要的地位。在国家的建造计划上行使国家管制的观念在俄罗斯文化里是典型的。这同一观念就被彼得大帝应用在圣彼得堡的建造上,这个城的后来的历史是将一个城市作为一个划一的整体的有计划的发展的实例。以往这一切的措施却只是在最大的城市里实行的。现代的城市计划却包括了整个国家,城市、村庄都一样。

这个事实使得建筑师面临了一个崭新的问题。一直到最近以前,建筑师们很少注意到各省小市镇之建造,至于村庄就更不用提了;小市镇和村庄是人民所建造的,是木匠和瓦匠们建造的,他们按照传统,遵循着世代相传的生活方式和美感的需要而建造。现在在这个人民的创造工作中,建筑师们响应了号召来担负起他们一份的责任,他们必须担负起组织者和合理化者的重要职务。

俄罗斯的村庄和各地的市镇是逐渐地建造起来的,它们不需要大批的建筑材料和大数量的工人;例如,建造的进展不会把一个地区的木料用尽，地方砖窑和石矿的小量出产总是够用的。斯大林五年计划期间——在我们国内所称为"和平的社会主义建设时期"——的巨大规模建设工作，给建筑师们的工作供给了必需的技术基础。但是今天的任务，当我们面临的问题是在数以百计的破坏了的市镇里，同时兴建几万所村庄房屋以及其他附属建筑物和住宅，房间面积达到几百万平方公尺的时候，就连这种庞大的潜在力也显然不敷了。

在重建的任务中发生的有三个大问题：

一、各种类型的模范房屋，从村庄房舍以至高大的公共建筑物的科学的设计，求其在实用、合理、经济三方面都达到最高度的问题；

二、建筑材料的问题；

三、重建的市镇村庄的设计问题。

建筑材料之供给可以算是一个纯粹的技术问题，但是关于住宅和整个社区的重建问题就复杂得多了。它不只是给受了野蛮侵略的灾害者以"救急"的问题，而是一个与人民过去和将来的生活密切相关的问题；紧接着"救急"措施之后，乃至与之同时，即将兴建对于整个社区今后数十年生活方式有决定作用的基本建筑物。在这一点上，建筑师对于历史和后代都是负有巨大责任的。

建造的工作是由我们国内许多民族推进的——库班和顿河区的哥萨克人，北高加索的山地人民，德聂伯河流域的乌克兰人，莫斯科和斯莫棱斯克的大俄罗斯人，波里沙依的白俄罗斯人等等。重建的工作必须考虑到这些人民的民族建筑传统，把它融汇到新计划之中，把它和新兴的、合理的、现代标准所需要于住宅建筑的各方面有效地调和起来，还要对于各地区特殊的地理和气候特征予以适当的考虑。为新的市镇和村庄设计的建筑师必须考虑到个别地区的生活的历史传统和建筑的传统，在他的设计之中保留一切合理的和有历史价值的，以及在住宅型类和市镇计划上由以往的经验所决定的一切；同时，他所计划的市镇或村庄还必须构成自然地形风景中的一部分。一个市镇或村庄里的建筑必须避免恶意义的标准化，因为它会夺取了一个市镇的个性；他必须采纳当地居民所珍贵的一切。

在重建的工作中，第一条必须遵守的规矩就是人民的方便，他们对经济和美感的需求，他们在习惯和文化上的需要。在最后的分析中，这些点将决定设计的性质。所谓尊重人民过往的传统并不是说我们的重建工作必会成为"考古的复原建筑"；我们的建筑师必须勇敢地正视着将来。重建的工作也必须勇敢地正视着将来。在被战争所毁灭了的市镇村庄中，重建的工作必须将住宅改善而使其完美，无论由方便的观点上，或由美感的观点上，必须改正或剧烈地改变由计划中产生的缺点。有些城市，因为已经发展过甚，其滋长也许有加以制止之必要（例如斯大林格勒）；市镇内工业之分布必须加以检查，凡有妨害的工厂必须迁移到郊区；市内运输的设备及其合理的分配，将来空运之可能性等等，也都必须考虑到。

在设计的时候，建筑师必须能预见将来，他必须知道并且须感觉到国内生活所采取的方向，他必须建造得使他的房屋和市镇能随同生活的进步一起生长发展，不是妨碍而是协助按照目前速率的进步。因此，一个基本计划是为一个市镇未来的十年或十五年的经济发展而设计的；建筑师们所必须遵守的一条有指导性的规则就是与人民保持联系，用设计图样的展览，用与地方团体和大众的讨论会，对于人民的建议和要求给予仔细的考虑。例如院士霍尔兹所作的斯莫棱斯克重建计划就是提出到市民大会讨论的。斯莫棱斯克市的建筑师和当地的报纸召集了多次当地最优秀的建造厂家和职业界的会议；这些会议产生了对于计划许多可宝贵的建议和修正，包括水道之利用，工业之分布和街道广场之划定。

凡此一切发生的问题，都已由苏联部长会议所设立的建筑委员会和各地方的建筑师及建造厂的组织予以解决；地方的组织都是服从于委员会的。

在我们的重建问题之解决中，占着重要位置的是建筑研究院及其附属的研究所，即住宅建筑、公共建筑、建筑技术和都市计划各研究所。研究院已刊行了为苏联各地区的重建工作的典型图样和标准，一整套的简单蓝图和厂制房屋的若干图样。

苏维埃建筑师工会是另一个在破坏区域表现了卓越成绩的组织。它有六十个分会，有五千个会员，都是国内最优秀的建筑师，他们全数都在参加解放区重建的工作。工会主动地，并且遵照着政府的指示，做了有关重建的特殊问题的工作，组织竞选以取得最好的图样，在建筑师的会议中讨论这些图样，在各种特殊部门的工作中帮助建筑师们取得完全的知识等等。工会参加了到解放区市镇去工作的建筑师小组中，以协助最急需的重建工作。

第三章　市镇住宅部分之重建

一个市镇获得解放之后，市民们立刻就从他们躲藏的地方，森林里、洼地里、地窖里、壕洞里出来，开始回来；疏散出去的人民回到故乡来，被对于家乡的热爱所吸引回来，虽然家乡只是一片颓垣焦土。他们住在幸存的房屋的角落里，住在军队留下的壕沟地洞里，住在仓促间盖起的茅棚里。他们立刻面临着使他们的市镇起死回生的巨大任务。

任务中之一，为首而最迫切的，在卫生观点上极为重要的，就是将德国人留下来的市镇扫除清洁。通常对于德国人卫生和纪律的观念是很难使它与德国人在我们的市镇中遗留下来恶劣的情形符合的；在最意外的地方有腐烂的死人死兽，水管的探井中往往被它们塞满；住宅的周围有成堆的便粪放出剧烈的臭气；在博物馆和教堂里盖起厕所；总而言之，他们表现了一种对于文明和卫生基本原理的态度是远不如许多动物的。市民们必须将这一切清除，以免市镇成为传染病的孕育场。在幸存的住宅和公共建筑里，敌人放置了延时地雷和诈愚弹，所以地方的市民同工兵在一起，必须清除这一切的鬼把戏。在斯莫棱斯克解放后十天之内，从尚存在的房屋里就清除出十万公斤的炸弹、地雷和其他爆炸物。

当一个市镇初获解放，人民须对敌人的这一切把戏斗争的时候，他们必须在没有自来水、电灯和其他公共设备的情形下过日子。在这极悲惨的时期，在这一切困难艰苦之下，苏维埃的市民们始终是镇定而坚决的，因为他们知道全国人民和他们的政府会来帮助他们，他们的痛苦即将减少，而在终止这种困苦的生活的努力中，他们将得到援助。当一个市镇解放了的时候，市镇当局首先注意的是供给人民以最必需的东西——为首而最重要的，居住的地方。

上述政府所颁布关于"由德国占领下解放区域经济复兴所应采

取的紧急措施"的指示对于恢复住宅的问题是给予了相当的注意的。

由下面的数字中,可以略知国家对于解放市镇的协助的程度。一九四三年日者夫一个小城就分配到一千万卢布以上的重建费,其中只有二百八十七万九千八百卢布是由市预算中支出的;一九四四年这同一个城所提分配的是八百三十三万零九百卢布。一九四四年的预算中拨付了五万万卢布作为重建乌克兰各市镇之用。

对于私人自建住宅的一万卢布贷金,六年或七年还清,是有相当帮助的。

这时候由国家、由各企业机构和由私人进行的建造工作的性质是按照它对于市镇的需要和可能性而决定的。重建的工作循着三条主要路线推进,三条是同时实施的:(一)为人民供给临时住所(壕洞、茅棚或小的厂造房屋)以适应解放了的人民、重建工作人员和复员人民的较迫切的需要;(二)建造"过渡"房屋,在结构上大大的简化,在设备和房屋面积上受着限制;(三)重修破损了的旧建筑和建造永久性的房屋。

因为巨大的任务不只是为解放的城市,而且还需要为数目众多的工厂聚落供给房屋和最低限度的设备(电灯、浅井或下管深井的给水、铺设路面),于是单层房屋,作为一种"过渡类型",乃至有时作为永久性的建筑,已经取得了它特有的地位。单层房屋的较低的造价和大数量之可以同时建造起来,再加上这种住宅可以在四百至六百平方公尺的地址上盖起来,还剩有地皮足够做一个小花园的事实,使得它们极受欢迎。

因为经济和建造速率的关系,使得单屋模范房屋的设计必须是可以部分的或全部预造的。各式各样的图样绘制出不同的单层住宅，每所包括一家、两家、四家乃至更多的居住单位；房间面积是求其取得最高使用效率的，内部和外部的装饰也是计划好了的。采用标准大小的房间，房屋的部分就可以在工厂里预造——内部隔断墙、顶棚、榫卯等等——而房屋的外墙就可采用任何当地出产的材料，如木材、石子水泥煤渣砖、生石膏、砖等等，使得房屋的百分之三十至三十五是就地建造而百分之六十五至七十是在属于当地的建筑材料企业的工厂中预造的。经验已经证明，小房屋的设计不应是暂时性的，而应是永久性的，设计应该使居住单位将来有添盖房间之可能。单层木造的房屋，用一面坡顶增加房间面积是不成问题的；这是俄罗斯人普遍采用的方法。一层或两层的标准方块房屋则可将屋顶下的空间装修起来，增加房间面积（约百分之二十）。最为便利的是一个家庭单间独户的小平房；这种房子可以避免在大公寓中种种生活上之不便。

建筑师们的组织正在为工厂区和小市镇所设计的模范房屋，从美术的和美感的质的观念上，无论对于个别的房屋或市镇整体的改善上都是有影响的。有经验的建筑师从事于小市镇的工作，这是空前的头一次，他们所带来的智识和经验对于各州县住宅是有显著改进的结果的。许多模范房屋的设计包含着俄罗斯人对于建筑的世代传统的基本原则，虽然内外都有丰富的雕饰，大致的外表是简单的。

在目前，在房屋住宅的设计中，严格的经济标准是必须采取的；这是时代的急需所决定。谁都知道这些标准距离永久住宅的理想还远得很。在比较大的永久性建筑里，政府要求建筑师们在房间的面积、方便和样式上至少须能适合战后十年期间所期望的标准。战前建造的经验已经给予我们许多大小不同和类型不同的住宅的好榜样了。

现在举几个关于市镇重建速率的数目字。

到了一九四三年十二月初,斯大林格勒大战后九个月,该城居民已有廿二万三千人。到了那时候,重修或新建的住宅已达四十万平方公尺;在这里,由政府给予长期贷款的私人自建住宅又一次占了重要位置。私人自建的房屋达一万所。工人们按照建筑师事务所所发出的蓝图建造自己的木头房子。一九四四年的计划是再建这一型的小房屋九千所。在聂普罗彼德罗夫斯克城,德国人毁坏了四千八百四十三所住宅,到一九四四年四月,就已经恢复了二万平方公尺了。在卡尔柯夫,德国人毁坏了一百四十万一千平方公尺的房屋,一九四四年的建造计划就号召重修三十七万平方公尺;在建造季节的四个月期间,完成了十六万九千四百平方公尺,其中四万八千平方公尺是由居住者自己建造的。在日者夫,至一九四四年四月,已重建了住宅一千所(面积六万四千平方公尺);此外还重建了若干所公共建筑和工业机构。在斯莫棱斯克的工厂区和地方区中心,在一九四三年的十个月期间,一共重建了一万二千七百二十六所居住单位,共有三万四千三百十四人迁入居住。在加里宁区域的市镇和工业地区,德国人共毁坏了七十七万九千平方公尺的住宅,在一九四二年和一九四三年的八个月间,重建了二十六万四千平方公尺。一九四四年一月一日,政府进行了一次重建工作的检查。检查中得知在九个区域中,一共重建了三十二万六千四百六十一所房屋,其中六万零四百十一所在市镇和工厂地区里,房间面积三百六十四万八千九百四十三方公尺;在农村区域中则重建了二十六万六千零六十所房屋。总计有一百八十一万三千六百一十四人迁入重建或新建的房屋中居住。

与房屋重建工作同时进行的就是市镇公用设备之恢复——运输、给水管、排水管、电灯。例如在加里宁（特维尔），解放以来，给水管和排水管已完全恢复，电车行驶的范围且已超过战前。在顿河上的罗斯托夫，解放后六个月之内，就恢复了二百五十公里的给水管和一百五十公里的排水管。对于城市生活和工业有重要关系的动力厂之重建，也是同样的努力的。至一九四四年五月，已经有五十座发电机，七十座锅炉，四千余公里的输电线，二百余处电力提高站，全部曾在德国占领区中完全被毁的，已经修复而且在使用了。修复了的动力站中，有极为重要的，如斯大林格勒、朱野窝（顿河盆地）、窝罗内兹、基辅及其他。在顿河盆地，属于人民动力工业部的主要动力厂现在都已在工作了。

上面所叙述的市镇中，住宅与设备的恢复工作是严格地遵循着每一个市镇个别的重建计划推进的。

第四章　市镇计划

在俄罗斯文化史中，市镇计划素来是占有重要地位的。在俄罗斯历史开始的时候，诺司蛮（即北欧人）叫她做"城市之国"。俄文"哥罗德"或"格勒"原义是一座堡垒。堡垒市镇保护了和平农民的劳动，又是工匠们集会的中心。圣德王子弗拉底米尔在俄罗斯与草原间的边区建造的市镇是第十世纪中他对于国家的伟大贡献。关于俄罗斯建筑师最早的文献，可以追溯到十一世纪，他们被称为

"格勒都列特",意思是造城的人。从那时候起,在整部俄罗斯历史中,随着俄罗斯疆域之扩展,北方越过白海和波罗的海,市镇就跟着开拓起来。若干世纪的经验累积起来,最优秀的俄罗斯大匠们建造了莫斯科的辉煌的建筑群,包括克里姆林在内,建造了雅罗斯拉夫尔、普斯可夫、诺夫哥罗德和其他许多名城。在很早的时候,俄罗斯的建筑师们就开始在市镇之合理计划与建造的观念上工作。这种观念是伊凡三世及其承继者建立了统一的俄罗斯国家的结果。圣彼得堡是在现代的初期由俄罗斯人民的劳力和彼得大帝的天才所建造的,以其庄严的建筑群的严肃的美和新建都市有规律的滋长而使俄罗斯都市计划闻名于世。

当这种的倾向在享受政府和建筑师们全部注意的大都市的建造中出现的时候,同时可以看见大多数小市镇比较凌乱的滋长,有时连大的工业中心,因为完全被贬压在工厂主人的利益与便利之下,他们在市镇外围为工人们建造贫民窟,却又建造了荒淫奢侈的市镇中心区,把市镇计划和大众卫生的需要完全置之不理。

到了苏维埃时代,在市镇的计划和建造之改善上有很大的努力。在工人住宅区中,精美的大住宅盖起来了,剧场和俱乐部也盖起来了,整区的新楼大厦代替了贫民窟的污秽和凌乱。在战前数年间古老的俄罗斯市镇之改变的实例是很多的。尤佐夫卡原来是顿河盆地里一个丑恶的、烟雾弥漫的小城,它的颓垣败壁的矿工棚铺赢得了"恶狗村"的臭名,笼罩在整层煤末下面,现在却已发展成为一个重要的区域中心,拥有五十万的人口。那些卑小的、歪斜的木板草泥房子已经变成了柏油路上的砖筑楼厦,周围有树木,有公园。单是在街道和公园里植树的费用就是四百万卢布。尤佐夫卡改名叫斯大林诺，顿河煤田区的大都市。这是数以百计的俄罗斯古城重建的典型故事。

不过，概括地说，一个城市，尤其是有长久历史的城市的计划是不可能大规模地改变的。今天，我们的建筑师，与其说他们在恢复旧城，无宁说是在建造新的城市。有些市镇已经破坏到那样一步田地，已不值得为幸存的几座建筑物而去保留原来的布局，因而重复无计划发展的旧错误。在破坏我们市镇努力中，德国人首先从近年所建的房屋下手，那就是说，从最优秀的文化机构——剧场、学校、俱乐部，尤其是公园和花园下手；这些公园和花园是在战前数年间大量开辟出来的。一条广阔的果木和风景林地带屏障着顿河上的罗斯托夫，以免受燥风之侵袭；德寇在这里毁坏了几十万棵树。在斯莫棱斯克，他们砍伐了公园里的树四万株。市镇内整个区域夷为焦土。显然的，在这种情形之下，建筑师不应把自己的任务贬压成为"历史的复原"，而是计划一个新的社会主义的市镇，以迎接今后若干年间所将兴起的经济和文化发展的需要。一个市镇是可能改善它的社会性格的。例如小市镇伊斯特拉是莫斯科区域的一个区中心，位置在一条富有画意，弯弯曲曲的伊斯特河岸上的丛林小山上；它将被改变为一个北方的休养中心，为莫斯科工人的游戏场，在它的幽静如画的角落里建造小别墅和游客招待所，在市区里建造寄宿舍、旅馆等等。反之，在别的城市，则将因重建和重新计划的程序而将旧有的经济和行政特征更显著地强调出来。

计划必须同时考虑到居民的习惯和苏维埃人民在文化和美感上的要求。这一切总括起来就需要建筑师做出有高度艺术价值的图样，城市的整体必须与当地的地形和风景相和谐。因为恢复苏维埃市镇任务之重大，政府把这工作交付给国内最杰出的建筑师手里：建筑研究院副院长卡罗·阿拉比安领导着重建斯大林格勒的一群建筑师；窝罗内兹重建的计划则是一群在院士列夫·鲁德涅夫领导下的建筑师的工作；院士舒舍夫则在重建小城伊斯特拉；院士乔治·霍尔兹正在古老的斯莫棱斯克工作；顿河上的罗斯托夫是院士弗拉底米尔·西门诺夫所重建；院士尼可拉伊·柯里则负责加里宁的工作。市镇计划是全国最权威的机构如苏联建筑研究院、国立市镇计划院和其他类似的机构的许多建筑师的工作。

从正在草拟中的计划里，我们已经可以得到一个未来的市镇的极好的观念，虽然大多数计划的细节还没有完成。

第五章　斯大林格勒之重建

当我们讲到苏联之重建时，第一个想到的城市自然就是斯大林格勒。在过去数十年间，斯大林格勒这个城市曾经在苏联历史中担任过重要的任务。这个城是在十六世纪末年，当俄国的边境达到伏尔加河时建立的。一六一五年，在现在的城址上建立了一个市镇，它据有优良的守卫位置，有伏尔加河的陡岸和察里兹河的三角洲为屏障，因而得了它第一个名字，察里津。最初它是一个边城，是一个堡垒镇。在一七八〇年，它还只有六百一十八人口，但到了一八六二年，就增加到七千零二十七人口。从此以后，因为顿河铁道的兴筑，这市镇就迅速地滋长起来，而成为库班、高加索、罗斯托夫、顿河盆地与俄国腹地联系的交通中心；到这时候，伏尔加河上的轮船航运也发达起来了。到一九〇一年，这城已有七万人口，到一九一七年，增至十五万人，而成为俄国最大的工商业中心之一。

一九一八年，各国干涉军和白卫军在一起，三次进攻这城，然后又把它围起来，企图将这个区域的中心城市与产粮区隔绝，于是察里津就著名起来了。列宁派约瑟夫·斯大林到察里津，在他的领导下，三次的进攻都被击退了；察里津之战对于幼年的苏维埃共和国所进行的战争的前途之决定是有重要意义的。一九二四年，察里津城获红旗勋章；一九二五年，命名曰斯大林格勒。

在第一个五年计划期间，这城经过了一个彻底的改变。庞大的斯大林格勒拖拉机工厂，第一个五年计划的第一个产儿，在一九三〇年就开工生产了；跟着来的是许多其他重要工厂——皮革、化学、罐头食品和国内最大船厂之一，专造全金属的自动驳船。在改建的旧工厂中有"红十月"钢厂，出产高级钢，"障碍物"自动扶梯厂和许多其他工厂。这个城市自然跟着工厂数目之增加而滋长，到了一九四一年就已有五十万人口了。一个广阔的绿地带围绕着这城市，以阻隔来自大草原的燥风和尘土。

斯大林格勒市和它的郊区成了一个连续不断的带形城市，它的设计是非常特殊的；它沿着伏尔加河，长五十公里，而没有一处宽过五公里。它有几条干道，贯通城的全长。在对抗德军的战斗中，这城的特殊形状对我们是极有利的。不过在战争中，这个英雄城市完全被毁灭了。

一九四三年二月二日，最后一个德国人被驱逐出斯大林格勒了。在战争之后，整个城就是一片庞大的火焰。它是一片被炮火和轰炸所彻底翻过来的焦土，满城都是住宅、公共建筑和工厂的奇形怪状,可怕的残址废墟。德寇毁坏了约四万所住宅,共有居住面积约四百万平方公尺,一百二十公里的电车路线,三百公里的自来水管,全城的街道路面和道旁树木,十四个公园,一百零二所学校,总容量四千五百床位的医院,三个戏院,先锋队纪念宫,和许多其他精美建筑物。在战后的头几天中,整个城市几乎是空的。在耶尔门区只有三十三个居民,中央区七百五十一人,在铁城区七百六十四人。在斯大林格勒市民能开始重建工作之先,他们需要先从市区中搬走十二万八千余具德寇死尸,约一万一千条死马;他们发现了一百零六万三千个地雷,并把它们安全地扫除,其中有一万八千在工厂区之内。然后市区内德寇遗留下的作战器材也必须予以清除——市外的德国飞机、坦克、卡车的巨大"墓地"比莫斯科战利品展览会场的面积大几十倍。

斯大林格勒的最初重建者是生活在极端艰苦的情形之下的——情形同在前线一样——工作人员居住在战壕里、防空洞里、棚仓里、帐幕里,进入到向西推进的战士所遗留下的岗位上。斯大林格勒重建委员会本身,在最初几星期中就设立在一个被毁的楼房的地窖中。斯大林格勒重建的初步计划是苏联建筑研究院、国立都市计划院和俄罗斯共和国城市建设部的建筑设计室和都市计划室的联合工作。政府对于建筑研究院所草拟的计划已予批准了。设计的建筑师们是院士卡罗·阿拉比安、院士阿力克西·舒舍夫、M.H.波里雅可夫、L.S.梭博列夫、A.A.者可维奇、A.E.波乍斯基和工程师V.A.布提雅金。

重建破坏到斯大林格勒那样程度的一座城市的工作就等于整个重新建造起来。因此,新的计划就得以避免了旧城在发展中所形成的许多缺点；旧城是自然发展起来的，从来就未经计划过。虽然这城市位置在伏尔加河岸上，但是铁路将城市与河隔绝了，河岸并没有正式整齐的泊岸。街道不顾特殊的地形，而划作棋盘式，然而地形却是有系统分明的台地、山地和坡地的；那里也没有明显的大街和广场。铁路和斯大林格勒第一号车站位置在城市的正中，将市区截成两半，使两部分间的交通十分困难。斯大林格勒的公园和花园是不够的，横断市区以达伏尔加河的许多山沟是芜野杂乱的。从纯建筑体形的观点上，主要的缺点是没有秩序，有些地区的建筑物过高；城里没有纪念性的建筑群，市区有利的起伏地形未能利用，以致若干高爽地区，本来可以远眺风景的，完全失去了作用。新的计划对于这些优美的自然特征都将予以充分的发挥。

现在全市的住宅区都因花岗石的泊岸可以直达伏尔加河边，可以眺望这条伟大的俄罗斯河流；在这里河面的宽度是两公里。在泊岸中部计划开辟一个长方形的广场；它将把市中心区与伏尔加河联系起来。这个新广场将与旧的市中心广场用宽广的大街联系，而成为斯大林格勒的中心建筑群。

在这个一公里长半公里宽的中心地区上，斯大林格勒所有最好的大厦都将兴建起来。在这些建筑上所采取的主要风格，如同在斯大林格勒所有其他的建筑一样，是俄罗斯的古典式建筑（欧洲建筑所谓"古典式"就是采用希腊罗马式样的建筑。——译者注），而略加东方风格；这种样式在斯大林格勒是必须给予适当的地位的，因为这城站立在东西交通的古道上。在全组的正中将要建立一座斯大林格勒胜利纪念塔，高达二百英尺，上面立着一个铜像，正在吹着号角宣告胜利；从建立纪念塔的平台上，可以望见城市和伏尔加河壮丽的景色。靠近纪念塔处,拟建造一座一千五百座位的歌剧院。在歌剧院的对面是斯大林格勒防卫战争纪念馆。我们计划重建"阵亡战士纪念广场";在这广场与胜利纪念塔之间建立一座凯旋门,引导到"斯大林格勒防卫英雄大街"。市行政委员会新厦的正面也将面临这个广场。它将是一座五层大厦,上面冠以十层高塔,在一个角上有一个金色的东方式圆顶。其他重要建筑物,如铁路车站、旅馆和类似的公共建筑的图样也都设计好了。

新的城市仍将保持原来的形状,继续沿着伏尔加河伸展出去,不过住宅区将靠近河边,以满足卫生和交通运输的需要。这庞大的城市将用若干个公园把它分成若干区。

斯大林格勒的极端长度以及它在伏尔加河岸上的地位决定了它的三条干路的方向。坡下干道将市中心与广阔的斯大林格勒公园和工业区联系起来;中干道将各住宅区互相联系,并且与中心区联系;坡上干道将沿着市区的西面通过,它是主要大量车辆的干道。此外还有几条斜街将这三条干道连接起来。导向伏尔加河岸的一些山沟将布置成公园,里面有林荫大道。从斯大林格勒的中心将有一条林荫大道直达玛玛耶夫·库尔干山和山顶上的纪念公园。铁路将用适当长度的挖方通过,以便将便利市内各区间的交通运输设备组织起来。围绕着市区将种植广厚的树林地带以防来自大草原的燥风和沙尘。

梯级状的地形是这个城市整个重建计划的基础。地形的性质将给予城市以画意的美,它将决定建筑物的性质,它们的建筑样式的高度。较大的建筑(四层或五层)只将建造在市的中部;沿着河岸的房屋一般的以两层为准,间或有一座较高的以避免单调。在第二层平台高地上只有小的住宅。各住宅区中将有大量树木花草，它们的街道上将没有频繁嘈杂的运输交通。集合公寓将为家庭单位设计，并有最高度的现代设备。正在为新的斯大林格勒工作的建筑师们的目的是在给予这英雄城市的居民以一切可能的方便。

第六章　罗斯托夫和窝罗内兹之重建

德寇的侵占对于我们另一个重要的工业中心也惨重地破坏了，那就是顿河上的罗斯托夫。单是从七十万平方公尺面积的住宅完全被毁，外加一百万平方公尺必须完全重修的事实，就可以表示破坏的程度了。在一九四四年度所分配作重建的经费是三千万卢布。

罗斯托夫破坏之巨，虽然比较斯大林格勒是无可比拟地少得多，但已足以引起将城市计划大大地改变的问题。负责重建罗斯托夫的院士弗拉底米尔·西门诺夫正在对于城市的总计划加以若干改善。旧计划未能将这城市在顿河上的位置予以考虑；从建筑的观点上，这位置是极为有利的。在新的罗斯托夫中，顿河河岸将成为全市最美的部分。沿着花岗石的泊岸上将有一条林荫大道，有些部分宽达一百公尺，树木花草将构成全部建筑部署的一部分，在若干地段，游息场地——在苏联我们叫它做"文化休息公园"——将一直伸展到河边，满植树木绿荫。

德寇对于这城的中心街道恩格斯街蹂躏得特别凶，所有的主要公共建筑，如巨大的高尔基剧院、市苏维埃总部、音乐学院及其他都炸毁了。现在这条市中心的大动脉正被重新用更大的规模筹划起来。按照新的计划，它将包括好几个巨大的广场。最靠近顿河河岸的剧院广场将以纪念性的大石阶降至水边，左右夹以公共园林。市苏维埃所在的广场是当作一个整体的建筑群设计的，它的花园的正中将有若干组雕刻像；雕刻家们将描写内战期间这城市由白俄手中获得解放的史迹。另外一个新的中心将代替了旧的市场；它将采取一个露天会场的形式，作为从德寇手中解放了罗斯托夫的英雄们的纪念。市中心的主要广场现在已是一片颓垣败壁，今后仍将重建为市中心广场，周围绕以博物馆、店廊、旅馆、市政机关等。这个广场位置在顿河岸边一个高坡上，上面的建筑是在周围若干英里外的草原上就可以望见的。

  为这个城市在整体上订定一个新的建筑形式是一个困难的问题。过去罗斯托夫的建筑，如同西南俄罗斯一带其他许多城市的建筑一样，是在前世纪末年滋长起来的；虽然很华丽，但完全没有个性和风度。西门诺夫院士建议除了俄罗斯拿破仑式（十九世纪初年拿破仑时代以巴黎为中心的建筑样式称为"帝国式"，原文为"俄罗斯帝国式"，为清晰起见，改用这个译名——译者注）和俄罗斯古典式之外，还采用一些黑盆地古代市镇所常用的古典形式。

  种植树木对于罗斯托夫是非常重要的，因为这城市经常受到草原燥风的侵袭。在战前，它受着周围种成的果园和大量的风景林带的回护。这些树木刚刚长成到丰盛的阶段，战争就爆发了，德国人把它破坏了——总数达数十万株珍贵的树木。按照新的计划，罗斯托夫将成为一个花园城市，每一市民享有二十八平方公尺的花园。到了一九四三年秋季，已种了九万棵树，到一九四四年春季，又种了五万棵。

另外一个沿河城市是窝罗内兹，它本是顿河支流窝罗内兹河上的一个边城，建于一五八六年。这个景色如画的堡垒旧城原来是防御着骚扰边境的鞑靼草原的。一世纪后，这个城市就在俄罗斯历史中成为一个重要脚色了——彼得大帝就是在这里建造了俄国第一个船厂；由窝罗内兹派遣舰队驶入亚速海同土耳其人作战的。在十九世纪，窝罗内兹因为两位民间诗人，伊凡·尼奇丁和阿力克西·柯尔佐夫而著名，他们用令人惊奇的诗句歌咏这个地区。这城中保存着不少十七、十八世纪建造的宗教建筑和行政衙署等。在凯沙琳二世女皇时代，这城的部署大大地改善了；开辟了一条中心大街，有一个中心广场，直达河岸。不过在十九世纪中，来了许多凌乱无序的建造，完全忽视了这城的美丽与总计划；在市区内建立起工厂来了，许多街道成了尽头街而不能达到河边，许多房屋建在高区斜坡上而反以背面向着河岸风景。

在重建中，这些错误必须予以剔除。建筑院院士列夫·鲁德涅夫是负责的建筑师，他正在尽最大可能地利用这城极富画意的位置；他建议将许多条街道一直伸展下坡到河边上去。这个城的这一边是一个最引人入胜的地方，白色的教堂和小房子错杂在绿荫丛树之间。在伸入河心的一个半岛上立着米特罗范修道院八十公尺高的钟塔，它是窝罗内兹风景中中央矗立建筑之一宝。德国人对这城的蹂躏是可惊的——百分之八十至九十的房屋是炸坏或烧毁了，其中包括大学、市立剧场、区域行政委员会的各机关以及许多重要建筑物。在窝罗内兹，如同在加里宁一样（下文另述），许多建筑物的残骸还可以重修起来。留存下来的地基和砖墙指示着旧时街道所在的位置，强迫着都市计划师负担起配合新旧的细致繁难的工作。

留存下来的旧的部分现在却成了极大的障碍，成了必须克服的困难。鲁德涅夫院士不只是一位建筑师，他同时也是一位热爱古代艺术的美术家；他是倾向于在古文物的处理上特别小心温柔的。他不预备把窝罗内兹重建起来令人不复认识；他要将旧窝罗内兹的一切美丽动人处保存下来而加以改善。这当然引起关于建筑形式和风格的问题，如何选择建筑形式和材料，如何决定一些建筑群的尺度和部署。窝罗内兹是在三个世纪的长期间形成的，每一个世纪对于城市艺术都有所贡献。鲁德涅夫选择了十九世纪初年式作他的样式，那就是俄罗斯古典式的时代，在旧窝罗内兹的建筑中，这个时代的风格是最显著的。在建筑颜色的选择上也是与这个决定密切相关的：鲁德涅夫完全拒绝了洋灰和洋灰铁筋——它们的灰绿的营房的色调会将那古典式的生动玲珑的趣味完全破坏。白色将是这个城主要的色调，它与栗树和杨树的绿荫调和得非常美丽。俄罗斯古典式建筑不一定是必须用石的，有许多"木构拿破仑"式便是实例，而且它们是以它们的亲切和舒适著名的。

　　在市中心部分的行政机构的建筑是三层的。用这方法，建筑师就能保留古典形式的许多健全的原则，在这原则之下是曾经产生过很多优美的政府建筑和办公楼厦的。对于战争纪念建筑他也应用了这不求高大的尺度，以符合智慧的古谚，"庞大不是伟大"。无论如何，这个城远望的轮廓是富有画意的；新建筑也将采用一些尖塔钟楼之类，以求与旧城的钟塔、教堂等的轮廓相互呼应。

第七章　加里宁、斯莫棱斯克和伊斯特拉之重建

加里宁市，旧时的特维尔，是俄罗斯城市中最美，计划得最壮丽的一个。它位置在故都圣彼得堡与莫斯科间的大道上，因此它得到政府和建筑师们双方的注意。经过一七六三年大火之后，这城市就按照俄国建筑师玛特维·卡乍可夫所拟订的总计划重建起来，他并且设计了这城市中心的建筑群，那壮丽的宫殿是一座离宫，从这里，卡乍可夫的"大透视景"展开成为从前的百万大街，在相当的距离上用三个美丽的广场把它间断，就是皇宫、八角和邮局三个广场。凯沙琳二世女皇说得对："除了圣彼得堡之外，特维尔是帝国中最美丽的城市。"这个城市的建筑所表示的是谨严而美丽的俄罗斯古典式的精神，给予了这个"北方的帕尔弥拉"（帕尔弥拉是叙利亚一个以古典建筑著名的古城——译者）以它的个性；特维尔的"三叉戟"形干道的总概念无疑的是从圣彼得堡的计划中借来的。

加里宁（特维尔）是在一九四一年十二月十六日由法西斯蒂手中解放出来的。以后不久，在一九四二年的春天，我就看见了这城市，那时重建的工作才刚刚开始。破坏的景象实在是可怕得很。整坊的房屋成为一片瓦砾，烟火烧黑了而没有窗门的墙壁沿着街边像可怕的装饰品那样屹立着。伏尔加河上那道桥的钢梁，歪曲成那样子，与其说是一些钢铁构架，不如说是随风飘舞的缎带。不过破坏的程度还未达到需要将整个城市重新计划。相反的，市政当局，依照本地人民的企望，给了建筑师们以恢复加里宁原有的美观的任务，以恢复卡乍可夫所建的美丽的建筑群的任务。

在院士尼可拉伊·柯里领导下，一群建筑师们正在极慎重地一

步步进行这任务，予以苦心焦虑。古老的特维尔的计划并不需要很大的修正，但这并不等于说现代的加里宁，一个离伏尔加河很远成长的城市，从公用福利或建筑形式的观点，已经是无可改进的。

当这个城市计划成形的时候，在此地的伏尔加河还是几乎不能通航的；通过这城最主要的交通线是从莫斯科到圣彼得堡的邮路。特维尔的三条大街，"三叉戟"就担负了这个任务；虽然它们的方向与河平行，但是它们仿佛是背向着河的。建筑师们现在正在计划将河作为他们计划中的一个构成部分——因为自从莫斯科—伏尔加运河开辟之后，河里的水量大大地增加，已成为一个重要的客货交通孔道了。在加里宁的对岸，在伏尔加与特维尔斯底汇流处，一个广大的河运站已经建筑起来。加里宁的这一部分是位置在列宁格勒公路的对岸的，遭受破坏极为惨重，需要全部重建。新的计划拟建造一条宽广的河岸，用一条林荫大道与房屋的行列隔开；房屋将面临河岸——也就是向南——从旧城沿河一线可以全部望见。加里宁的这一幅建筑的"画面"是一个受到特殊注意的目标，因为新加里宁的建造者们在这里已经看见了一幅形式整齐的建筑全景，以河运站的一个矗立高耸的建筑物为中心而造成为"画面"。加一个类似的高耸建筑体，可能是加里宁解放纪念碑，将在特维尔克里姆林故址上建立起来，因为根据历史考古研究，这地点上在十四、十五世纪间本来也有这样一座建筑物，就是仁慈王伊凡的高大的、高矗后期式的钟塔。

重修破坏了的房屋和原有的离宫建筑群的工作是限于用卡乍可夫所特具的简单明了的样式的。古典式是此地特别显著的基本的自然的形式。建筑师柯里说："我们所有的时候都在'聆听'着卡乍可夫的'音叉'。"在寻找比较合理的艺术标准，以建造市内各部分的房屋，以小心地保存珍贵的古建筑，这个"音叉"就是他们的南针。例如大街上若干座十八世纪的建筑，可以增加层数而不致与环境失去和谐。在重建半圆形的苏维埃广场（卡乍可夫的邮局广场）时，不惟是考虑到直接有关的建筑的部署形式和原则，而且参考到卡乍可夫其他的建筑，特别是莫斯科大学。按照这原则，建筑师们正在设计将面临苏维埃广场的建筑的下部做成大门廊，把由这里做起点的"三叉戟"大街分开。

至于被敌人毁坏了而且对于全城的建筑风格本来就忽视了的房屋将被重新设计。例如话剧院的大建筑，正在用与周围建筑物比较相称的尺度重建起来，这座剧院同红军俱乐部在一起，构成了小广场的大门廊，从这里它又引导到一条大街上，与市场广场相联系。

特维尔—加里宁的建造是完全倚赖当地的建筑材料工业的。当地的砖窑，斯达里查镇附近的石灰矿——那都是远在十四世纪间就用来生产石灰和建筑用石的——制造屋瓦和瓷瓦的瓦窑和当地优良的木材。

斯莫棱斯克是俄罗斯最古的市镇之一，它在俄罗斯历史中是占着光荣的地位的；斯莫棱斯克与诺夫哥罗德和普斯可夫共同享受着若干世纪来防卫着俄罗斯西边国境的荣誉。敌人的眼光是时时转向到这城市的，它的城墙曾经看见过凶猛的战斗，许多战胜者曾经占夺过斯莫棱斯克肥腴的土地；但是他们无例外的，或早或迟的，都被驱逐走了。这城市不惟承继了在多年奋斗中的英勇行为和文化成就的神圣传统，而且保存了许多以往的文物建筑——十二世纪的礼拜堂，十六世纪末年俄国建筑师费多尔·康所建造的将近七公里长的大城墙——沙皇博里斯·葛杜诺夫叫这城墙做"俄罗斯的领环"。在那以后的若干世纪间，俄国的建筑师们在这城里新建了很多房屋，仍然保存着古城原有的壮伟而又亲切的气氛，在他们的作品中表现了惊人的机智和艺术敏感。教堂的秀挺的钟塔和圆顶从樱桃园中耸起。斯登达尔是看见过欧洲所有的名城的，他是斯莫棱斯克的一个很大的倾慕者，他叫它做旧世界里最美的城。这个城市被德寇毁坏了。他们把房屋炸毁了，放火烧了：斯莫棱斯克百分之九十的住宅都没有了，至于那诗意般美丽的樱桃园，也只剩下几乎难以辨认的痕迹了。古代文物建筑也遭受到严重的损坏。

那样一个城市的重建，对于建筑师是一个重大的责任。领导斯莫棱斯克重建计划的院士乔治·霍尔兹是一位机智而有天才的艺术家，是热爱斯莫棱斯克的。关于这城市重建的工作，他在所有问题的措施中都表示了深厚的情感，他邀请群众来讨论他所草拟的计划。霍尔兹可以真正地说，每一个市民都参加了斯莫棱斯克重建的工作。一个动人的事实就是，他所说的应在最早可能时间内恢复公园和花园的愿望，竟以惊人的速度成为事实了；到了一九四四年春季，在城市里已种了六万棵十年至十五年的树木。

斯莫棱斯克和其他城市的居民的一个特征就是回来的人都努力仍在原有故居的地址上重建他们的房屋；这就是市民愿意将他的城市尽可能照原样重建起来的欲望的表现。霍尔兹院士对于这一情感是有深彻的了解的。他对于中心旧城差不多完全没有更改，那旧城位置在高出德聂伯河面八十五六公尺的富有画意的山地上，周围有克里姆林的雄伟的城墙环绕着。他不惟要保留城墙残余的片段，而且要保存斯莫棱斯克风景所特有的精神，它所形成的就是大量的花园和在山坡上安安乐乐的小房子和构成这风景的、位置恰好的一些礼拜堂。旅客一进了市区就得了斯莫棱斯克的这一个印象：当他由火车站出来时，他首先就看见车站广场上的圣彼得圣保罗教堂，它的基础是十二世纪奠定的，现状则是十八世纪一次重建的壮丽的结果。

这城市是环绕着古代的城中心而滋长发展起来的，重建的计划也跟随这方向做；建筑师的理想在此可得尽量发挥，霍尔兹院士正在为斯莫棱斯克的行政中心设计一些壮丽的办公楼厦和公共建筑。除了解决单纯的建筑问题外，重建工作人员同时也在组织并发展当地的建筑材料工业，增加了石灰、砖瓦和其他必需的东西的产量。

小小的伊斯特拉镇的十年重建计划是可以引起相当兴趣的。计划是舒舍夫院士所拟订，他是一位有领导地位的建筑师，是一位俄罗斯古建筑的爱好者。

伊斯特拉镇（从前的窝斯克列生斯克）在战前是以它的非凡的建筑珍品著名的——十七世纪间教长尼康所建的新耶路撒冷修道院的大教堂是俄罗斯民族建筑的珍宝；它被德寇所毁坏，遗留下的除了废墟灰烬外，一无所有。德寇烧毁了建造在一带岗峦上景色如画的伊斯特拉小镇；这镇是从莫斯科出来旅行游玩的人们所爱好的地方；在这里，莫斯科人可以欣赏幽美的俄罗斯风景，同时，他若有兴趣的话，还可以享受一个真正学术性的假期，因为除了古修道院和它的令人赞叹的博物馆外，这里还有一个区域博物馆，它的精选的藏品说明了这地区整部的历史。这个小镇和它的博物馆被敌人完全毁坏了。

伊斯特拉的重建将使它成为莫斯科的游息场。为达到这目的，舒舍夫正在尽量地利用市镇和这地区的一切自然优点；这位建筑师还做成了修道院的复原状计划，因为这小镇必须得回这件非凡的民族文物。在这里，建筑师们又必须将恢复一件著名的历史文物建筑和重建一个城市及其公共建筑和住宅的工作合而为一。那就是说，他必须做出现代住宅所认为必具的标准而把它翻译成传统的民族作风的样式。

这个市镇原来是十八世纪所计划的，作成一系列的长方形街坊，有一个椭圆形广场，在那里，镇里的大街同通向修道院的路相交；这个部署很好地利用了地形和当地的风景。因此，新的计划仍然是遵循着旧的，不过许多街道加宽了成为大道，并且增辟了几条斜街；这对于这面积七百五十英亩（约四千五百亩——译者注）的一个小镇的布局上增加了变化和画意。这计划在镇内拟定了三个广场——行政广场（六零三分之二英亩），商业广场（六零四分之三英亩）和中央广场（二英亩半），位置在三条大街和林荫大道的交叉点上。行政广场四周将建造区行政委员会的房屋，一座方形高塔，顶层做成券廊，一个大的集会堂，它的正面向着公园和广场，在那里可以举行游行集会。从这里可以直望新耶路撒冷修道院和林养区的大公园。行政委员会的大楼将用红砖，外加白石券廊，丰富的琉璃瓦饰，那是符合于十七世纪的形式和风格的。这一座中央建筑物就决定了全镇建筑的风格；这个小镇的建筑将尽量利用丰富的俄罗斯建筑传统，它的华丽活泼的雕饰是极适宜于夏季的别墅、旅馆、游客招待所和一般的小住宅的。伊斯特拉第二座最重要的建筑就是镇内公园的文化宫，它有剧场、餐馆和夏季演出的露天剧场。一座旅馆大楼，两座公寓楼和行政委员会的办公楼将构成一个山顶上的建筑群，它将给予新的伊斯特拉镇以特具的"仙境"一般的景色。

叫做"商业广场"的长方形广场是以一条宽广的大道同第三个广场取得联系的，它有具有券廊的商店、旅馆和住宅——这部分在将来的伊斯特拉就是它的"市中心区"。

伊斯特拉中心部分的建筑大多数是三层楼房，向着镇的边缘层数递减为两层、单层；每一家房屋地址自六百至一千二百平方公尺，那样每家都可以有自己的花园、果园或菜圃。平均每一居民可得一百平方公尺的花园或公园（假定人口一万五千），河对岸广大的运动场还不计算在内。伊斯特拉将成为一个名符其实的花园城市；汽车干道将从镇外绕过，以免扰害镇内的宁静。

俄罗斯古建筑的安适而有画意美的形式已进入了舒舍夫所拟制的图案中；他的蓝本是俄罗斯的井干木房和它的丰富的雕刻的花纹和油饰。在伊斯特拉区的最幽美的角落里，围绕着这小镇的周围，将有一环列的休养住宅、小别墅、疗养院和其他建筑。

第八章　乌克兰之重建

乌克兰市镇的重建工作是与俄罗斯市镇同样的热烈进行的；在这里，建筑师们又遇到了许多建筑的和技术的问题。

基辅，乌克兰的首府，是南方和国内最美丽城市之一。基辅的名字是与以往的和再生的乌克兰的将来以及俄罗斯人民古远的过去联系在一起的。基辅是俄罗斯国家的第一个首都,在十一、十二世纪间曾经建造了许多伟大建筑物的中心,其中有些直到今天还存在。基辅是"俄罗斯城市之母",在文化和美术方面她是"法律制订者"。当他们这座神圣的城市沦陷在敌人手中时,俄罗斯人民以悲痛苦楚的心情悬念着这城的命运。德国人把许多神圣的地方都毁灭了,第十一基辅庇且尔斯基修道院的大教堂是全俄罗斯最古的,被侵略者炸毁了;博物馆和图书馆也在抢劫之后付之一炬。敌人毁坏了市中心区,在一百廿五英亩的面积上,只留下砖瓦的残堆。最剧烈的损坏是在克列斯查提克,基辅的主要大街,一条一公里长的大街,两旁罗列着精美的公共建筑,办公楼和住宅,现在只余下残骸败壁。

克列斯查提克是城中最热闹的街道之一,它通到桥头,从那里又通到德聂伯河岸上的游泳场和花园公园。克列斯查提克在战前就已开始拥挤起来了,它的三十六至四十四公尺的宽度已不能适应正在滋长中的城市的需求。基辅建设局已经拟订了一个计划,将这条大街酌量地加宽,使成为宽五十二至六十公尺的主要干道,两旁有宽广方便的人行便道。尚存的几座建筑将被向后移退,克列斯查提克将重新夹以六层的楼厦;它们都将是公共建筑和办公楼,如旅馆、银行、电影院、百货商店等等,地面层是店铺、餐馆、咖啡馆。这些建筑的形式是遵循乌克兰传统的,并将以本地的花岗石、大理石和乌克兰曹灰长石为面石。大量的树木将使新的克列斯查提克比旧的更富于画意。

与克列斯查提克相连的街道也将加宽。谢夫千科大街,以美丽的白杨树夹道的,将成为一条干道以通庇且尔斯基和德聂伯河上的桥梁。市内广场之加宽将有助于车辆交通问题之解决，而且将使若干建筑的改善获得可能。从重建的博格旦·克米尔尼兹基广场将有吊缆铁路下达河岸。在新的胜利广场中将有纪念基辅解放的纪念建筑物，它是院士卡罗·阿拉比安所设计的；一道纪念性的石梯和一条吊缆铁路将胜利广场和河岸联系起来。

在德聂伯河右岸的基辅部分将仍按战前计划保存，但是在原来区域以内的工业将迁至薪址。计划拟在旧的"杂耍场"地址开辟一个新的植物园，并且在这富有画意的区域内建造若干私用别墅和小屋。在左岸将有一个"水公园"，更下游处将有一个完全用作休养公寓的区域。

在著名的德聂伯发电站的紧邻，乌克兰的新城市乍波罗寨，面积一百余万平方公尺的住宅被毁坏了。这城重建的任务是交给乔治·欧尔罗夫的，他是一九二七年参加了建造这城的建筑师之一。新的计划将在新城乍波罗寨与旧市镇亚力山德罗夫斯克之间的空地上兴盖小房屋，将新旧两城联起来；被德国人完全毁灭了的村庄窝兹尼申斯克原来就是在这地区上的。德国人野蛮地毁坏了乍波罗寨所有的树木，但新的计划将为城市带回它的丰富的绿荫，中央公园将由五英亩扩充为二十英亩，所有其他的公园、花园、大街、干道都将被恢复，在住宅之间将要种植大量的树和灌木。

在重建两次被德国人毁坏过的卡尔可夫的工作中，建筑师们所遭遇到最困难的任务就是重修庞大的十四层楼的工业大厦，它是苏联境内这一类建筑中最大的一个。这座大厦容纳了一百个共和国和区域性的机构的办公室，几十个研究团体和研究所。德国人烧了这座建筑，使它大受损坏。到一九四四年五月中旬已经修复了约六千平方公尺的房间面积，安装了约二千平方公尺面积窗子的玻璃；已经有十二个机构在这楼内办公了。分配为修复这座大厦的总额为一千七百万卢布，其中九百万卢布将在一九四四年支出，作为再增修房间面积六万平方公尺和玻璃窗六万平方公尺，以及修复给水、排水设备和电灯线路之用。

从事于卡尔可夫以及苏联南部其他年青市镇重建工作的建筑师们都遭遇了一个共同的问题，那就是将市镇建筑样式之一般提高。庞大广袤的卡尔可夫市在建筑上样式之多不亚于罗斯托夫，但是没有建筑的个性。现在建筑师们正在工作以求得一个方案以改善全市的容貌，给予一个有真正建筑性中心的一贯的建筑样式。

担任重建波尔他瓦工作的一群建筑师面临着一个极特殊的任务，因为波尔他瓦在乌克兰和俄罗斯的文化史和军事史的纪载中是著名的。如同许多其他的俄罗斯市镇一样，波尔他瓦是深深地笼罩在绿荫下面的，在栗子、白杨和护膜树下面。德国人把所有的树都毁了，毁坏了戈果尔纪念碑——他是在波尔他瓦上学的——毁坏了塔拉斯·谢夫千科和近代乌克兰文学之父柯特里雅里夫斯基的纪念碑；他们炸毁了博物馆，那是乌克兰建筑样式的一个精美例子。建筑师们的目标是在恢复旧的波尔他瓦和它的优美的风景和历史文物建筑。

我们讨论在战争尚在进行中推进的重建工作时，不要忘记了与解放土地得到重建的同时，在内地的建设工作并没有停顿下来。

我们只须回忆一下随着工业往东迁移的建设工作以及为适应战争需要而建造的许多新的建设。

与此相关的大规模工业和住宅建设正在乌拉尔、西伯利亚和中亚细亚进行着。如同斯维尔德罗夫斯克和诺窝西比尔斯克等市镇已得到了新的经济意义而成为大的工业中心，它们的重要性在战后将要增加。除了旧市镇之加大而外，在内地还建造了若干工厂市镇给工人居住，他们都是从事于新发现的重要矿藏之发掘和将这些原料制成战争武器的工人。

城市改善的计划也在继续着。例如在莫斯科，第三线地下电车道已完成，长十三点七公里，有五个堂皇的车站；十七万五千平方公尺面积的新建住宅已可住用；几十公里的电车路、自来水管、下水道亦已敷设；二十八万五千平方公尺的街道铺了柏油路面。在一九四四年中，用于修缮住宅的款额是八万万卢布，用于改善市内运输的是八千万卢布。

在国境的另一头，在库兹尼兹克盆地的普罗可庇夫斯克城，在一九四四年中，可以住用的住宅面积增加了几十万平方公尺，开辟了新路十六公里，开了三座浴室，种了四万二千棵树。这些例子只不过是其他数以百计的市镇的典型，不过它们已足以表示对于政府、人民和建筑工作者在战时将工作进行的高度需求。

作为本节的结束，我愿意叙述一下以往几年间苏维埃建筑大致的发展和建筑师们所做了的工作。战争来到的时候，正当苏联的建筑师和建造者达到了他们在创造工作上的一个转变点。经过若干年对于新的形式和新的方法与路线之寻求，经过了若干种在今天看来像是极端不可了解的抽象的和极端的试验，苏维埃建筑师们很快地就达到了一个地步，融会了我国许多民族遗留下来的丰富的传统形式和原则。大家都记得莫斯科举行的全苏联农业博览会以及在高加索各共和国和俄罗斯共和国的首都的若干灿烂的，或者不如说最成功——

从字义上最善意的方面说——的建筑，它们曾被疑为是追随着古典主义的永恒原则或者钢筋水泥的简单的工业主义的。然而民族形式在用新材料新方法的建筑师之间已经被有增无已地受到重视了。

德国人所犯下对于民族文化与艺术的神圣纪念文物的野蛮的破坏罪行，对于古代教堂和美丽的宫殿以及修道院建筑群和历史性的俄罗斯市镇之破坏，不惟增加了我们对敌人的仇恨，而且大大地增强了我们人民对于自己艺术遗产之爱好。这种对于民族文化艺术兴趣之增加是不可避免地包括了建造的艺术的；它对于现存的审美原则的批判态度和建筑传统增加了而且给予了一个新的动力。

群众对于艺术和它的理论和实际问题的兴趣的一个好例子就在，当战争尚在进行中，组织了两个有全国意义的艺术研究机构。苏联科学院设立了它的艺术史研究所，并且由这方面杰出的工作者中选出了若干位院士。从前建筑研究院中研究建筑理论和历史的细小的部门已改组为一个大的研究所。

在这大战的时候，当一切的努力和一切的思想被认为必须为前线的需要所吸收的时候，学者和建筑师们却更深入地研究过去和现在艺术上的问题；举行了多次的讲演、座谈和会议，每次都有极大的听众，每次都有生气勃勃的讨论。例如一九四四年建筑研究院所主办的俄罗斯建筑史讨论会，或建筑理论历史研究所所举行的关于理论问题的讲演，等等。

若干学者正在从事于方面广阔的俄罗斯建筑史之著作。

在执业建筑师之中，对于建筑史中许多问题也表现了极大的兴趣。对于目前建筑水平，尤其是它的艺术质量方面之不满意，已经引导了热烈的批评和理论之研讨。建筑师布罗夫写了一本篇幅甚大而非常有趣的书,题名"失去了的一致性之寻觅";这书批评了现代建筑之失败,分析了它的原因,并且提供了若干关于如何克服技术与艺术形体之间的鸿沟的方法,从而产生一种真正可取的建筑的极其精到的意见。所有这些事实使我们有一切的理由来称赞战时苏维埃建筑师们的创造热情。

然而这只是一个热情的浪潮之开始,只是一些象征,指示出战后建设的力量已在集合了。我们并不能因那些无疑的成功的设计而自满于目前的建筑水平。有许多建筑师们仍然在盲从着迂滥的古典形式,或是自封在民族特征之抄袭堆砌里,那是绝不能使我们在建筑的民族形式表现上获得进一步接近的。关于这一类的建筑,我们可以重述美国《建筑论坛》杂志对于英国可文特里市重建的批判的看法:"在可文特里新近重建的部分里,那种恋旧的意大利——瑞典式的券廊表示着若干英国的建筑师们仍不能感觉到建筑的新精神;这些建筑师们,在允许他们重建他们残破的城市以前,他们的思想需要先经过一番重建。"但有些特殊情形,即当被敌人毁坏了的俄罗斯城市重建的时候,尤其是如诺夫哥罗德、斯莫棱斯克,或普斯可夫等城市,它们是有卓越的俄罗斯古代建筑遗物和现代建筑的,建筑师就必须慎重思维地选择他所要用以重建的形式。假使说在这种情形之下,新的建筑必须在形式和尺度上都很谦抑,没有任何炫耀的作风,以求古老的历史旧城没有任何"人为"的东西添上去,不是很正确吗?重建那些城市的建筑师们不是应该保存着我们心目中所联想到的诺夫哥罗德、加里宁或其他的古老俄罗斯城市吗?很多的意见就常常阻碍了建筑师将一整个城市按照一个预定的"作风"重建的企图;因此不难了解这样会造成消极的结局,它会把那样被处理的市镇的一切民族特征剥夺无遗的。

在战争时期中，苏维埃的建筑师们是生活在一个收获丰富的讨论和各种矛盾的观点和观念的气氛中的；所有相反的，乃至互不相容的观念，无疑的会引导我们的思想走向一个方向，使从事于重建工作的建筑师能得到对于问题的最好的解答，引向最完善的市镇村庄、住宅和公共建筑之创造，使它们无论从艺术或居住的观点上，都是无愧于居住在苏联的伟大人民的。

第九章　村庄之重建

连在战前，集体农庄的发展已经超越出古老的村庄范围以外，那些古老的村庄和它们发展迟缓的习惯与行动，看来仿佛是几个世纪来都是在停滞着的。集体农庄的制度大大地改变了村庄的本身，改变了村民的工作，改变了他们的社会结构和生活方式。集体的农民不像从前的佃农那样孤立地生活着，完全只为自己个人的利益；集体农民是一个社区之一员，这社区正在建立一个新的，以新的方法耕种和以发展高度生产的畜牧业为基础的农作制度。照例地这些新的程序都是在一个布置和一切都陈旧的村庄里进行的；集体农民也大多住在他的老家里。在村庄生活经济方面的剧烈改变，使大部分繁重的田间工作和养饲牲畜的工作成了集体的整体任务，随着带来对于各个小田庄那种工作之减轻，于是村庄结构上的改变以及农民房屋和他的私有田地之从新计划就成为必需的了。由于托儿机构之发展，农民日常生活也有了巨大的改变，集体农庄的妇女由家务中解放出来，转为农庄的生产劳力。有若干处的集体农民在战前就已担任起改建他们农庄的任务了；他们重建了他们的房屋和周围的园地，重建了农庄的附属建筑物，改善了他们的道路，安装了电灯，改善了给水设备。

重建德国人所毁掉的农庄的工作必须反映社会主义建设和农业集体化所带来在经济方面和社会方面巨大变动的结果。从前有许多新的村庄房屋、机器和拖拉机站、集体农庄的房屋、学校、托儿所及其他建筑都是按照已存在的村庄平面建造的，有时是违反事实条件和实际需要的。至于它们在建筑方面，这些房屋很少有与普通的农村房屋有甚么大区别的。集体农庄生活中文化之改进也要求在村庄计划的技术、建筑水平和个别房屋构造上之改善。除此而外，集体农庄的经济生活是各地区不同的，所以建造村庄的问题，在森林区域、森林草原区域和空旷草原区域都须各自寻求不同的解决方法。为国内各不同的地理区域所设计的房屋型类是纯属图解性的，建造时必须加以适应工作方能使合于一定地区或村庄的需要。国家要求于建造者的是对于苏维埃农民的习惯和他的集体农庄的需要给予特殊的用心和注意。

这一点首先实施于集体农庄的核心——农民的房子和他自己的一块园地。从事于重建农民房舍的建筑师们正在细心研究他们工作地区的经济和生活方式，最典型和最普遍型类的房屋，将这一切资料考虑在内，才来设计新型的农民房屋。在中部和北部俄罗斯，这些房屋大多是属于"一统盖顶农舍"型的，将用一个俄式火炉取暖的居住部分和牛圈统放在一个屋顶之下。这种统盖农舍的布置是几百年经验的产品，它的长处在可以减少饲养牛畜和在园地里的菜园果圃所必需的动作。建筑师们先留心着这种大概的布置，然后努力加以一切可能的改正，如卫生情形之改善，将牛圈部分与居住部分更妥善地隔离，将居住部分更妥善地分划房间，采取比传统的俄式火炉更好更有效的取暖方法。因为大多数村庄是由农民们自己重建的事实，所以这些改变的规模是有限的；他们依着传统建造，并没有蓝图，所用的是他们所习惯的结构方法和尺度。这些各自建造的意义，米开尔·加里宁在他一篇论文里指出说："我们面临着在残破的村庄里重新扶植建筑企业的任务，我们所依靠的是各地区建造突击队的智识和各地区老人们的经验。"因此，在建筑物上比较重要的改正和改变只能在工作由建造组织担任时才属于可能。农民房屋的建筑方面须要包括人民若干世纪经验得来的特点，与现代村庄单层房屋最优的例子集合起来，当然，还要经常地将个别的集体农庄或地域性的独特特征加以考虑。

在村庄中，农民的房屋和私有园地的地位现在通常是以每份配给园地的标准大小决定的。在从前，这种土地的分配是没有标准的，因而自然地引导村庄的布置至于凌乱。现在这种土地的面积已决定了（在俄罗斯的中部地区自零点六二五至一英亩）[约合四至六华亩——译者]，所以可以计划农民的园地和住宅及其附属房屋的位置了。小园地的性质也改变了；现在它只须供给农民自己家庭的需要，它将包括一个果园，或是养蜂场，或是菜圃、兔棚等等，而且与村庄周围的集体农场是分开的。

旧的，革命以前俄罗斯村庄的布置往往是由村庄里的一条街道决定的，夹在街的两旁是两排一式一样的房屋；唯一的政府规定就是房屋之间必须保留相当的距离以防火灾蔓延；然而连这一条规定也常常不遵守。有很多的村庄，全局的布置没有任何体制，而且很凌乱。那些互不相关的砖筑店铺、酒店和村行政公所的房屋都是一式一样的，它们不惟不能打破村中的单调，而反使之增强；它们并没有给村中形成任何显著的建筑性的中心。在革命前的俄罗斯，教堂担任了村中心的角色，白色的围墙，有色油饰的房顶和穹窿顶，屹立在村庄房屋的木板或石板屋顶以上，是十分显著的。这就给了村庄某种特征，富于安适和简朴的画意。新的集体农庄的公共建筑——集体农庄的办公室、阅书读报室、托儿所，有些还有村苏维埃、学校、合作社、幼稚园，等等——将形成新村庄的中心。它们的建筑在作风上将是生气勃勃的，在轮廓和样式上都是富有变化的。在计划集体农庄的时候，还要设计另一个中心建筑群，由牛棚、鸡院、马厩、谷仓、农具棚、车房等等组成。在计划农村的时候，用不同的作风处理这两个中心，打破房屋和全村一般印象的单调性，可以取得富有变化的效果。

重建位置在国有公路或主要汽车干道上的村庄时，须给予特别的注意。这些运输干道是军事活动的地方；军用给养是由这些公路上运输的，机械化单位、坦克、步兵都用它，因此它们遭受特别集中的炮击和轰炸，路旁的村庄往往夷为平地。它们唯一的部署体制肇始远在有汽车公路以前，一般地都是两长排的房屋，如上文所叙述的，排列在路的两旁。随同公路运输之发展，那样的部署是有许多不便的，公路到此变成了村庄小街，车辆被迫减低速度。在这种村庄的重建中，现在已采取了一种新的部署制度。村庄是建造在公路的一旁的，用一条支路与公路联系。除去其他的方便外，这原则使村庄整体的设计能得更大的变化，而且可以更好地利用自然环境的特点（林木、河流、湖沼等等）。更好地分布各种房屋，尤其是公共建筑（学校、医院、店铺等等）。这个制度简化了公路将来的发展，公路可以加宽而无须扰乱了村庄的生活。

村庄迁移离开了公路，就可以计划用曲折的街道，以取得四周风景和地形上最大可能的效果，使中心建筑物显著地屹立，等等。这种村庄计划的一个实例就是已经详细计划好的莫斯科区域窝罗科拉姆斯克区的替尔雅野洼集体农庄，它是由在院士列夫·鲁德涅夫领导下的一组建筑师所制拟的。原有旧的村庄是在窝罗科拉姆斯克与克林之间的公路上伸展而成的两排一式一样的单调房屋；村庄长达一公里半，房屋密密地毗连，这事实使得发生火警时非常危险，而且使农民自己的园地不得合理的分配；农民的住宅一直挤到路边上，房屋与公路之间连一带绿草地都容不下。新的计划利用了极富画意、略有起伏的风景，村子迤西的小湖沼，以及由新的村里穿过的叫做博尔沙雅·西施特拉（大姐姐）的弯曲溪流。一个新的村中心将离开公路建造起来，村庄一般的发展是计划使向北的方向开展；新计划为村庄准备了发展到旧村的两倍或三倍。

有许多地方，德寇毁坏了一个区域里全部的村庄，计划重建的建筑师们的任务就繁重得多了——他们必须计划不只一个村庄之一部，或是整个村庄，而且须计划一个广大地域上许多村庄之重新分布，并为村庄与村庄间相互联系的交通设计。在那样情形之下，村庄之或多或少的再组成群是既可能又必需的——例如某一个被德国人完全毁灭了的集体农庄的土地与另一个被毁较少而土地较大的相毗连，于是被毁者就被迁移到别的农庄去。这就引起了地区中经济地理之完全改变，引起了使村庄与区中心相联系的新的道路网的问题。在这种整个区域的重建计划中,最重要的一件事就是选择比较不健康,缺乏良好饮水,等等的地方的居民迁移到另外的地方去,在计划新村庄的时候,除去这些纯粹属于经济和卫生方面的考虑之外,还须对于不同地区的美感方面予以考虑。风景幽美的高地,近于森林、河溪、湖沼的地带,往往是受到选择的;新的道路在性质和形式上也是有变化的,最重要的市镇村庄之间则用两旁植树的大干道予以联系。

从德国人手中解放出来地区里集体农庄之再生是与市镇及其住宅之恢复以同等速度推进的。例如在一九四三年的十个月期间,在斯莫棱斯克区就新建或重建了三万九千二百十一栋农民住宅,容纳了十六万三千九百三十二人居住。从一九四三年八月十五日至同年十一月一日的两个半月期间,完成了二万五千二百十一栋房屋,其中包括一万二千六百四十四栋用新斫伐的圆木建造的新房子。

政府正在尽一切可能来协助农民,并且鼓励他们自动地重建他们的故乡。一九四四年一月一日,苏联农业银行为建造私人住宅贷出了三千六百二十六万五千卢布。人民就用勤劳无我的工作来响应。例如在窝罗内兹区顿河的岸上,在德尔左夫卡,尼兹尼·卡拉布特,新的和旧的卡里特洼,都曾有过富裕的集体农庄。在尼兹尼·卡拉布特原有三百四十八栋农舍,其中德国人只留下十二栋;其他村庄也与此相仿。农民们按照古老俄罗斯村落的路线组织了重建工作:一组一组的木匠、炉灶匠和铁匠在所有这些村庄中工作;他们拆除了德国人的仓库取得木材,由同一来源取得铁皮盖房顶,玻璃安在窗上;用铁丝做成钉子;农民们利用了各式各样的本地材料,用树枝、稻草和芦苇做屋顶,从本地矿藏的灰石和粘土制成砖和灰浆。这种共同合作的结果是，到一九四三年十月，在这些顿河岸上的村庄中，重建了二千二百十九栋房屋。

第十章 设备与材料

重建工作的巨大规模和迫切性引起了许多问题，为政府、建造人和从事于研究的工程师们所必须立刻解决的。重建的技术、经济和组织在许多方面是与平时的建造工作不同的，它提出了许多意外的实际和理论问题。例如在平时的建筑工作中，如何使在工地清除堆积成大山的废料残砖合理化的问题是从来没有发生过的，但是在重建工作开始时，这就是第一个需要完成的任务。在基辅，清除克列斯查提克一条街的残址就是要清除五十万平方公尺的面积。受损害的建筑物之恢复也联系到经过火烧或是在炮击和轰炸半径以内的各种金属、混凝土、砖和其他材料在力量和本质上的变化；利用建筑物残存部分的可能性常常是有赖于这些问题的解决的。在斯大林格勒的重建中，这问题就在当地试验研究解决。重建工作所需材料之取得也提出了新问题；即使墙壁还存在，所需的木料和玻璃的数量也是庞大的。在绝对必需的地方，建筑材料是以军用物资的速度运输去的。为解放区电力站和输电网之需要，大量的零件和其他材料是由内地空运送达的。一般的说，在战争状况下推进的庞大重建工作必须以最经济的方法完成，这一事实的应用大部分是在建筑材料上。当军队在前方需要弹药和其他军用物资的时候，运输不能被大量的木材、石料、砖、石灰、水泥所累赘。在被解放的区域里，这问题尤为迫切，在那里，敌人尽其一切可能使得铁路不通，破坏了公路和大的运输中心。所以，战时重建工作的第一条强制规则就是就地取材，尽一切可能在当地寻找和制造所需的材料。这是中央研究机构所努力过的问题，而且是以重建工作已经开始了的地方的经验为基础的。

基辅的建造者正在小心翼翼地拆卸残破建筑物，拯救出一切可能的建筑材料，如铁、砖、铁丝、水管、桴梁；铁丝用来做钉子，桴梁等则锯成板子。基辅的人民保护了一所玻璃厂，得免于德国人的火炬，现在正从那厂里取得玻璃的供应。一所制造屋顶油毡的工厂被德国人烧了，但是当地人民又使它工作起来，为基辅的屋顶取得成千成万卷的油毡。从克列斯查提克街清除了三十万立方公尺的残料，全部都经清理，把砖头检救出来；这项工作就需要八千至一万人，每天工作至三至四个月的时间。

在加里宁市，政府派了警卫守护住残破的建筑物，以防它们被搜集石料、砖料以及其他材料的各种建筑组织所拆卸；我们发现了在开始的时候，有许多可贵的材料之使用是很不合理的。恢复的工作先由损毁最少的，能在比较短的时间内修复使用的建筑物开始。就是这种建筑物之修复费用也达到原建筑费之百分之四十。这个数字是由各部分的修理费，门窗百分之七、顶棚百分之廿一、抹灰百分之十四求得而编成的。此外又发生当地木材、玻璃以及其他材料之供应问题。差不多所有的建造机关都设立了它们自己的锯木厂，所用木材则由市民义务劳动供给，他们在冬季砍伐了木材，春季顺着河流浮下来。玻璃的生产就比较困难了；这区域的玻璃厂都改产窗用玻璃，有时连磁器窑都改作此用。在一个厂里安装了新设备，平板玻璃的制造就开始了；其他工厂也都由制造各种玻璃器皿改产窗用玻璃。这些措施多多少少地克服了窗用玻璃的缺乏。到第二第三批房屋的重建开始时，就要用相当数量石工砖工，因而必须运输大量的笨重材料，如沙、土、碎石子等等。加里宁的建造工作者决定尽可能地利用工地的残砖碎石。他们开始用烬余的灰渣来代替砂子作拌灰之用；我不得不提到他们这样做的时候，竟在不知不觉中使用了一个俄罗斯的古代制法，用木炭或灰拌灰浆。加里宁的建造工作者们所采取的另一个措施就是在没有重载的部位用碎砖石灰来代替水泥；这也是一个俄罗斯老办法，极其经济合理——这种材料名叫"粉红混凝土"。这个将碎砖改做有力的灰浆的方法现在已被从事于修复工作的建造者所广泛采用。在新材料的寻觅中，工程师们学会了利用铁路、钢铁厂以至普通锅炉里出来的煤渣做成煤渣砖。

在修复工作进行的地方，随处可以看见大胆的技术创造和智慧。例如在动力工程方面，工程师们抢救了毁坏的动力机，把它们修好，又为它们在当地工厂里制造零件；他们就地完成了繁难的技术工作，许多在以前认为只能在大工厂里做的工作——例如焊锅炉，修理大锅炉的主要部分，重制变压器等等。感谢动力工程师们大胆的创造，解放区域里的市镇和企业很快就得到了电力的供给。

一切木的和砖的结构都是从同一个经济的角度加以检查的，并且介绍了新的重建方法。在须重建大数量的单层房屋的地方，不只是由政府建造而且也由私人建造的地方，这种工作是尤为必要的。单层房屋及其最主要部分——墙壁和基础——的分析归结成为一种标准化的结构，更合理的材料使用和方法。用圆木料做成的墙壁——如中部俄罗斯的房屋——不唯用庞大数量的木材（比构架式房屋多用八倍半至十倍），而且需要大量无法机械化的劳力，这一型类的房屋唯有在工作没有组织而且能取得大量贱价材料的地方始得进行。用锯制过的木材的房屋比较经济，但只能用作临时措施，而且只限于木材可以顺河流下或是因战事的需要而砍伐了大量木材的森林附近的地方。用次等木料做墙而墙内用其他材料填塞的房屋，如建造临时窝铺所用的方法，因有许多技术上的缺点和充分发展利用的困难，是不能视为永久性建筑物的；而且墙壳和填塞物两者都需要大量的材料。工厂预制的房屋用作临时房屋则比较有效。工作师V.E.宾那和P.S.贝尔蒂司－盖曼已经设计了一种卓越的标准厂制房屋。它是属于"营房棚屋"型的，有三百立方公尺的总容量，可以住一百三十五人，总重量约十二吨至十二吨半。缜密设计的结构使这房屋重量如此之轻；实地试验将各部分集拢建立只须四至六小时；在减半的时间内可以全部拆卸。构架式的房屋是比较适于永久之用的，它比锯制木板房屋稍经济些，比起圆木材则经济得多。这就需要立即发展工厂，利用工业废料、矿棉、生石膏、木浆板，来生产有效的隔热材料以及其他若干部分制作的机械化。虽然如此，木材仍然是重建工作中主要项目之一。所以在重建时首要任务之一就是旧锯木厂之修复或新厂之设立。在斯大林格勒，于重建的第一个月中就设立了四座锯木厂。政府机构和共产党的各种组织对于锯木的准备工作给予了相当的注意。在一九四三至四四年间的冬季，木材企业砍伐了大量的树；这一大量木材的运输是一件极端困难的事，于是利用河流来浮运木材比以前更为重要了，因为那样可以免除铁路和车皮运输木材之必要。在一九四四年夏季中，用河流浮运了每日需要一万辆车皮的数量的木材。在一九四四年间，卡码河上，在克尔且夫斯克一带，每天有七百五十车的木材顺流而下。

同样的经济和合理化的理由决定了建造小房子的块形材料；这一类材料可以就地取材，它们是未经火候或只经低度火力的材料。这类材料之成功在于原料随处都有，燃料费用低微，组织生产的费用低。用这样材料砌成的墙壁比普通砖墙无论在运输方面和建造所需的劳力方面都较为经济。那样的块料在内墙、外墙、顶棚、雕饰上都可用。

最简单的是石子煤渣块，在石子里加百分之零点五至二的树胶或沥清就可做成防水的块料。技术专家们认为可以再加用一些含有蛋白质的材料，如皮革厂、食品工业厂的废料或稻草煮出的水液等。

所有材料之中，生石膏的前程最为远大，不只在战时建筑如此，在战后建设也如此。差不多哪里都有巨大的生石膏蓄藏量，在莫斯科附近，在乌克兰（阿尔提莫夫斯克、基辅、卡尔可夫），在高尔基，在卡占，在伏尔加河盆地（古比雪夫），在巴什基里亚（乌发），在卡码河盆地（莫洛托夫），在中亚细亚，在远东，都有。生石膏比砖或洋灰都便宜，经过一种特别泡制之后，它的耐久性使它适宜于内墙、外墙、顶棚、楼梯、窗槛，等等之用。假使生石膏经过了适当处理之后，它的表面便不需要另加处理；在工厂中，它可以做成各种不同的样式。

生石膏在建筑和艺术方面的品质使它成为一种极有价值的建筑材料，可以用它建造美丽的房屋。生石膏可做成任何形体，任何颜色，任何浮雕图案；它使得建造者可以用工厂生产方法回到雕饰设计上去。因此，耐久生石膏的制造已引起了相当的注意；特别为它生产的工厂已在斯大林诺、玛克耶夫卡、克拉莫托尔斯克、玛留波尔、尼奇托夫卡、阿尔提莫夫斯克，以及其他的城镇建造起来了。

在各地区制造建筑材料是上文所屡次说过的苏联部长会议和联共中央委员会共同颁布的决定中的任务之一部分。

到一九四四年一月一日，下列二十五处工厂已经建造起来，以供给地方的建筑材料：工厂类别数量生产量（年产量）制造：

虽然有这种种的新材料，但它并不免除了继续用砖建造之必需和可能性。建筑家们正在发明新的结构法，使得砖成为极经济的建筑材料。

例如极薄的发圈，只有四分之一块砖的厚度，可以用到二十公尺跨度的屋顶，比钢筋混凝土就便宜得多。

有些建筑师们（院士霍尔兹和柯里）建议在不产木材地区，如在中亚细亚一带，在建筑程序中，不用模架或木料就建造发券屋顶。

工厂类别	数量	生产量（年产量）
制造：		
粘土板及块	5	12,500 吨
芦草板	8	155,000 吨
煤渣块	2	705,000 吨
石灰	3	9,000 吨
石膏	2	2,000 吨
洋灰	1	3,000 吨
房屋的木构部分	1	20,000 公尺
屋顶瓦和墙面砖	1	瓦 400,000 块
		面砖 200,000 平方公尺
石矿：		
开凿屋顶石板	1	25,000 平方公尺
开凿石灰石	1	石块 300,000 吨

技术人员们正在努力于生产各型类的砖和砖结构的方法，以求使得在小型房屋的制造中，砖成为一种合理的材料。方法之一就是以厚重的砖同其他较有效的材料混合使用。另一方法就是建造空心砖墙，或者间以普通的砖，或者用有洞穿通的砖，大的空心砖，或陶质块。工程师格里戈里·库兹涅左夫所发明的一种空心砖墙结构法，比起普通墙壁重量较轻，用砖用灰都较少，干得也较快。假使用这种方法，砖头就很容易与石子或煤渣块和生石膏块竞赛了。一堵用陶质块料砌成的墙比一堵生石膏块墙重量多一半，但是所需劳动力却少百分之十五。这就需要轻质砖和陶质砖的更大量的生产，这种工业在西乌克兰、莫斯科区，和其他地区已开始发达起来了。对于美国制造空心砖及其建造方法之研究是对我们有极大的帮助的。

无论在恢复一个集体农庄或一个市镇的建筑设计工作中，建筑材料之经济和最大可能地使用地方原料是必须的条件。例如伊斯特拉镇，它虽位置在一个丛林茂密的地区，但不能大量取用本地木材，因为那一带森林大部是蕴蓄水量所需要的。因此，重建那市镇的人就利用本地粘土做的墙，用本地泥灰压成的泥炭板等等。木材必须经济地使用在用标准化木构部分和隔热板、厂制墙壁和轻量房顶构成的小型房屋的构架上。

重建工作中的特色是各种各样建造方法之同时并用，从村庄中最原始的本地方法以至现代化的高速方法和工厂预制的结构。这办法大大地提高了重建的速率，并且更尽量地利用一切可能的资源。高速建造在苏联已经发展并且完善了；我们的建筑家们正在学习美国和英国在工厂预制房屋方面的经验。

在建造加里宁所得的经验表示了在重建还保存着大部分墙壁的

房屋时，需要的是大木匠、小木匠、屋顶匠以修复房屋的木构部分和屋顶。因此，这方面的技术工人必须训练起来。又因战时建筑材料须在建筑地址附近寻找，所以一个工程的工作人员就必须就地训练起来，就在那工程上，也没有组织成任何课程或学校，而只是由一位有经验的工人在工作中就训练一批徒弟。例如在加里宁的教师柯托夫在工地上训练了六十三个徒弟，一位名叫维里卡诺夫的木匠把他的手艺教给了十二个女孩子。

建造工作中机械化的性质也同我们在战前所习惯的是很不相同的；以往大多数的建筑工程都备有巨大的起重机，能够将很大的重量提起到任何高度。然而在重建的工程中所得的经验告诉我们，这种起重机并不有利，而一个轻的，在工地上可能随便移动的绞车比较更合用得多。

在重建靠近铁路的工业和建筑中，人民铁道部所组织的"重修重建列车"是极为有用的；它们是一些小型的巡回工厂，带着可以移动的动力设备，一些机器和建筑材料；全部人员都是有经验的建筑工作者。在斯大林格勒，德寇焚毁了一座属于铁路的锯木厂；第十六号修建列车于一九四三年五月二日到达厂址；在数小时之内工地就清理了出来，动力设备安装了起来；在廿四小时内，一座水电俱全的临时工人营房就齐备了。八十五天之后，锯木厂就开始生产了。

实际中所得的经验也引导到对于一个市镇中房屋重建的程序之改正。所谓属于"第二和第三类"的房屋，即毁坏程度达到百分之七十五至八十的房屋，往往是密集在市镇内受轰击最猛烈的整个街坊或整个地区的；比较经济的办法是把这种的建筑整一条街或整一个坊地重建，因为这样可以简化材料运输，而且使属于交通和电力方面的费用获得节省。至于建筑师的工作方面，这种整一个坊的重建方法使他可以保持市镇内那一地区在雕饰和部署方面的统一性，这种办法在如基辅那样有组织的历史文物建筑群的城市，或如加里宁那样有俄罗斯著名建筑师玛特维·卡乍可夫所建造的好几整坊的建筑的城市是特别有价值的。

重建城市的各种团体已学会了尽量利用市内的和市郊的运输设备。在克米洛夫地区的斯大林斯克镇，决定了不许任何卡车空着行驶，所有回空车都要利用；感谢这一措施，从一九四三年实施起，得以运了五千立方公尺的石子和大量的其他建筑材料。

在科学研究、创造和组织之上，加上最好地利用了新得的经验，在正常情形之下认为不可能的重建工作就得以成功地实现了。

第十一章　来自后方的支援

重建的工作，假使单纯地依靠技术，是不可能那样大规模地实施的。保证了它的成功的是这样一个事实，就是它成了一个全体人民参加的任务，犹如反法西斯战争引起了人民自卫队和强大的游击战运动而成为"伟大的卫国战争"一样。解放区之重建已成了一种第二战场，它吸引了苏联境内一切力量的注意。全国都在帮助重获解放的市镇村庄，尽一切可能地使它们再生，使它们能对敌人战斗：全国给它们以食品和机器，建筑材料和工人。

经过斯大林格勒大战之后，那个英雄城市并没有退缩到阴影中去，也没有成为一个后方的城市。在一九四三年二月，苏联建筑研究院所组成的一个专家委员会、人民公共建筑部和其他建筑机构就到了那里，决定了初步重建工作和以后继续重建工作的性质和数量。首先献出兄弟般援助的一个城市就是纺织中心的伊凡诺窝，"俄罗斯的曼彻斯特"。那城市搜集了或制造了大量的工具和建筑材料；木材工业的工人们超额准备了一万立方公尺的建筑木料；机械工人们做了足供一百七十个打铁组所用的设备和大量的铁钉等等。轮船和火车把阿奇安基尔和西伯利亚的木材运到斯大林格勒，从莫洛托夫和阿奇安基尔来了工厂预制房屋，从彭乍来了玻璃；盖宁区集体农庄的伐木工人在正常计划之外增伐了二万立方公尺的木料送到斯大林格勒。建筑材料从高尔基的工厂里来了；莫洛托夫汽车工厂和"红梭尔摩窝"铁路机车工厂也给斯大林格勒送来了汽车和盖房顶用的铁。辽远的阿塞拜疆送了数以千计的牛和食品。连列宁格勒都给斯大林格勒的工厂送了满载若干列车的工具和设备。从塔什干、柯干、撒玛尔干来了洋灰、铁、钉子。许多团体和个人向斯大林格勒重建基金捐献；苏联共产主义青年团募集了一千六百万卢布来恢复斯大林格勒的文化机关；各军事单位捐献了几千万卢布；托木斯克铁路著名的司机鲁宁亲自输送了一千吨煤到斯大林格勒。

就这样，我们被解放的市镇获得了全国各地区各城市的支援。苏联中央政府配给了三万吨金属，管子和钢梁、四十五万立方公尺的木料、一万五千吨洋灰和三十万平方公尺的玻璃作为重建乌克兰工业之用。巴什基尔的人民"收养"了再生的伏罗希罗夫格勒及其地区。在一九四三年九月，他们送了很多机器和工具，八十车锯好的木材共计约二千件为建筑之用，二十二车的石膏和石灰，二吨半的油漆和若干建筑用的机器。乌兹贝基斯坦正在帮着重建卡尔柯夫；伊凡诺窝、古比雪夫和雅罗斯拉夫尔则在帮助重建斯莫棱斯克；在一九四三年就单独得到政府补助四千七百万卢布的城市窝罗内兹，也从彭乍、理倍兹克、托木斯克和诺窝西北尔斯克得到了建筑材料；富裕的西伯利亚地区送给这解放了的城市以最多样式的东西，从木材、机器到钢琴和西伯利亚茶业、餐馆用的设备等等。莫洛托夫城却"收养"了罗斯托夫，帮助它的重建。

最可珍贵的一项——也是重建工作中所最缺少的一项——就是技术工人。于是政府在各种职业学校中用速成训练建筑工人来帮助各建筑团体。一九四四年毕业的二十万青年工人中，五万五千名被派到解放区工作；其中包括瓦匠、大木匠、小木作匠、粉刷匠。这当然只是沧海之一粟。但是自一九四三年重建工作开始以来，从全苏联各地来到解放区的青年工人们就把这不足之数补足了。

莫斯科市的鲁布列夫抽水站的一组最优秀的机器工人被派到斯莫棱斯克去修理自来水管。在斯大林格勒，共产主义青年团（共青团）的帮助是很大的；共青团从基罗夫和阿尔玛－阿达，从欧慕斯克和阿奇安基尔，从高尔基和阿斯特拉汗，派遣青年到那城市去。二十名全国最杰出的建筑工人，属于人民建筑部的斯达哈诺夫教师，以三个月的时间来训练青年工人，把自己的经验传授给他们，教他们砌砖、做木工、组织工作组等等最好的方法。到了一九四四年初，在斯大林格勒的青年建筑工人就有一万五千名了。他们受到了劳动创造的浪漫主义和第一五年计划时期斯大林格勒工业"巨人"们建立起来时所表现的热情的感召。正在发展的竞赛引导到了比以前更好的成就和更高的生产量；一九四三年五月，毕业班的一个女学生斯维特拉娜·李博在一工之内砌了二千三百八十块砖；之后不久，另一个女孩子娜德兹达·调莲妮娃，在一工之内砌了三千六百块砖；接着又来了从前阿尔玛·阿达师范学校的一个学生，阿达·万斯坦，一工之内砌了三千九百五十二块砖和贝尔哥罗德市的严达·巴布基娜七千块砖的纪录。砌砖最杰出的成就是一个廿二岁的莫尔达维亚人，格理哥理·克理斯托夫，他在一个罗马尼亚贵族地主家当过雇农，尝尽了生活中一切艰苦；在一工之中，他完成了十一倍的任务，砌了一万四千零三十七块砖。许多这样在斯大林格勒工作的积极分子已得到共青团中央委员会的奖状。

在斯大林格勒不断增加的人口之中已组织了许多建筑工作志愿队；他们大半是从疏散复员的人口中来的。

整个苏联现在都知道了亚力山德拉·辛克玛诺芙娜·且尔卡梭娃的故事。她是一个普通的苏联妇女——一个军人的妻子，两个孩子的母亲——她在一个幼儿园里工作。在斯大林格勒战役中，她成了一个护士，救了许多伤兵的生命。一九四三年二月一日，她在斯大林格勒参加了一个纪念该城解放的会。在会中，斯大林格勒的人们宣誓要在劳动的战场上表现同在战争的战场上一样的坚强；随着就开始了星期日志愿队清除城市的工作。这个简朴的女人却想出了要组织一个工作队来重建这城市。她从幼儿园里集合了十八位妇女。六月十三日，这个工作队开始重修一座曾经由第六十二军的几名战士所坚守过的楼房。那些战士们曾经抗拒了敌人数十次步、炮、空的进攻。在那房子的墙壁上，保卫者写着："为了我们的祖国！在这里，罗丁且夫的警卫队坚守至死……。这座房屋是由警卫队班长雅可夫·费朵托维奇·巴甫洛夫守卫的。"巴甫洛夫楼"就是且尔卡梭娃队所重修的第一座建筑。每晚在幼儿园工作完毕之后,她们工作两三小时,所有的星期日都贡献给城市重建的工作。在这章斯大林格勒史诗里许多卑逊的英雄中有七十岁的玛祖里娜,她是三个战士的母亲;另一个老年妇人是幼儿园的教师阿格里庇娜·莫尔祖珂娃;厨师玛利亚·维里亚奇娜、卡特琳·玛尔蒂诺芙娜,以及其他妇女。她们都学习建筑技术,而且学得很快。

于是且尔卡梭娃又向全市人民发出号召,向机关和工厂工人,家庭妇女,——事实上就是向所有身体健全的人——要求他们把他们的业余时间贡献出来重建城市。她的号召得到了数以千计的志愿工作者的响应。单在遮尔井斯克区就有一百零八个那样的工作组,重修了十所住宅、两所澡堂、一处工人招待所、两所餐馆、两处商店、一所学校,以及若干其他建筑物;在这时候,在基罗夫区就有二百三十四个组。斯大林格勒地区的集体农庄也响应了号召,派遣工人到城市里去。

在斯大林格勒,人民的创造性是经由各工会和共产党的组织引导上正确的方向的。他们在学校里和特别训练班里组织了志愿人员的训练工作,因而一位学校教师或会计员到了夜间就成了建筑技术工人。

在战时情况之下,当科学家、艺术家、工人、农民都参加了战士的行列时,这是很容易了解的。安蒂普·克仁诺夫是一位学校教师,在战争初期是一名游击队员,当他的故乡解放之后,他就管理一座仓库,经手铁钉、家具、家具器皿和其他重建中所必需的项目。这是同样重要的一个战争任务,不过是在建设前线上而已。在这和平的劳动创造的前线上会出现了英雄和英雄事迹是很自然的。

这里是几位斯大林格勒的英雄们：玛利亚·窝理斯基娜学会了粉刷匠的技术，在一工中十五倍完成任务；丹妮亚·特罗克莎是一个鞁靶人，战前是一位商店助理，现在是一个木工组的工头；欧尔格·辛佐娃在战前是一位记账员，现在是斯大林格勒最优秀的洋灰组的领袖。从一九四三年六月到一九四四年二月，三万五千余人参加了且尔卡梭娃工作组的工作；他们共做了六十五万五千工。在六个月期间，他们帮助重修或新建了一万一千所住宅，一百一十九所餐馆，一百一十六个商店，十三处医院，五所电影院和所有的学校。

斯大林格勒的所谓且尔卡梭娃运动只是解放了的许多城市人民的伟大热情表现出来的途径之一。

在损失惨重的卡尔可夫解放后的七个月中，由老人、家庭妇女和少年组成的工作组做了极大量的工作。卡尔可夫约有一万五千人参加了重修铁路；一位七十五岁的老妇人格雷本妮千卡组织了一个工作队去清除路轨；在红十月区，每天有五六百人在修理桥梁。如同斯大林格勒的且尔卡梭娃一样，卡尔可夫一位五十岁的妇人，一位名叫欧多克西娅·莫尔查诺娃的家庭妇女也出了名了；她组织了一个家庭妇女组，学会了建筑技术；很快地就有许多妇女组以粉刷匠、瓦匠、炉匠等等的资格参加了工作。在重建住宅、工厂、学校、托儿所的工作中，她们都担任了重要脚色。她们重建儿童馆舍和学校，引起了志愿建筑者的极大注意，因而在列宁区一区中她们就重建了十所学校、八所幼儿园、十所托儿所。在卡尔可夫的重建中，那个城的青年担任了极大部分的工作：一万八千名青年组织了一百零八个工作组从事于志愿修建工作。他们重修了十五座工厂房屋，一百七十七所学校，十五处职业学校和六十万平方公尺的住宅。

亏得有了人民的帮助，使得卡尔可夫市苏维埃能在比较短期内使电车和公共汽车恢复行驶，供给了自来水、电力和煤气。

到了一九四四年四月，从事于库尔斯克重建工作的共有九百三十二组，一万九千五百名的志愿工作者。市民对此认为不满意，要将志愿队伍的数目增至六万人；他们决定凡是住在库尔斯克的人每人每月必须做十小时的建筑工作。这个计划之实现，在重建工作中得到了等于三千工人一整年的任务。

同样的热情也表现在基辅及其周围的村庄，在那里，人民决心要医治好"俄罗斯城市的母亲"的创伤。

在英雄城市列宁格勒，野蛮的德寇轰击毁坏了极多的住宅，现在重建工作已在顺利进行，主要的还是亏得列宁格勒人自己的努力。在列宁格勒的维博尔格区，四百十五位市民在一九四四年四月开始了志愿建筑工作；一个月之内，这数目增加到四千三百四十七人，在那一个月的期间他们全部重修了面积一千八百五十九平方公尺的住宅，并且做了四万二千平方公尺较轻的修补工作。列宁格勒的志愿建筑运动是由当地的苏维埃和工厂团体等的杰出人士领导的。由于一位女代表齐格琳斯卡娅的发动，一所大集合住宅的住户们在两个月期间修理了四十一户住房和五百四十一平方公尺的军属居住面积。各种工厂、机关、学校、医院、幼儿园等等的工作人员认为把那些自己单位的房屋尽可能快地重建起来是他们的责任。医生和护士们在修建医院；教员和学生们重修学校；维博尔格公共卫生局的工作人员正在加班使他们的房屋修整起来；他们修理了面积五千五百平方公尺的集合住宅，并且清理了一万平方公尺的庭院、游戏场和附属建筑。在一九四四年建筑季节的第一个月中，一个工厂的职工们献出了一万"人时"来修理他们的工厂。

列宁格勒各团体在发动和领导群众中所累积的巨大的经验在重建城市时得以充分的利用。所有的区都划分成若干分区,各有重建工作的详细计划;这计划考虑到所能得到的劳动力和材料,所需要的工具和技术指导与协助。每一位志愿工作者都发给了一本小册子——《参加重建列宁格勒的工作者》——在里面他所做的一切爱国工作都记下来;得到特别嘉奖的个人或工作组都记在荣誉题名录上,并且可以得到增量配给和休养所免费证等等的权利。

基辅对于重建工作的重视也是同样巨大的。基辅发行了一个特刊的报纸《克列斯查提克之重建》;它可与前线刊行的任何报刊媲美。它报导的是必须完成的各种任务和许多个人和工作组的成就和功绩。

街坊委员会和房屋委员会在组织工作中占了重要的位置,因为他们知道他们自己区域的需要和能力,因而组织了居民在星期日工作,以及参加重建的工作。在日者夫,十六个星期日用在从废墟中搜集建筑材料上,二十五个星期日用在搜集废铁上。苏联人民用这方法来协助完成市政当局的迫切任务是在内战时代就已开始的;这方法现在已在窝罗内兹、卡尔可夫和其他解放了的城市中广泛地传播了。

同样的热情也表现在重要工厂、电力站、电力网等等的重建上。一九四四年春季,洪水泛滥阻碍了向伏罗希罗夫格勒送电的最后八公里电线;无论用拖拉机或马匹都无法将电线从稀泥中拖过去;伏罗希罗夫格勒的人民,同电气工人在一起,硬是就把电线和其他器材扛在肩上,那样就把电力拖到他们的城市里去了。志愿建筑工作者们还在一个月的期间在德聂伯河上邻近基辅处架设了一道一公里长的木桥。

人民在重建解放区所取得的经验又被传达回到内地的城市里去，在那里人民也在协助建设工作。一九四四年四月和五月中，在莫斯科地区的市镇中，人民工作了五十二万工，清除了几万吨的废物，疏通了二百三十六公里的水沟，修补了三万四千公尺的栅栏，修整油饰了三千所房屋的外表门面等等。

就这样，在政府和人民，科学和创造性的共同努力下，所有的市镇、村庄和文化，德国人认为是死了而遗弃下的，又复生起来了。关于苏联文化之恢复，我们将在下章加以申述。

第十二章　解放区内苏维埃文化之重建

把一个城市或村庄恢复到正常生活不只在重建房屋和公用设备。苏联人民所习惯的文化娱乐设备也必须恢复起来。在我们生活的这一方面，敌人给我们的打击是特别重的。

当希特勒在准备他的装甲匪帮使他们进犯苏联时，他说："我们是野蛮人，我们要做野蛮人。"这一口号使德国兵以憎恨和毁灭文化为正当，为光荣。此外，德寇和他们的集团还做了一个在他们占领的地区内有系统地毁坏或掠夺文化珍品的计划。苏联人民的土地在这计划中是占有特殊地位的，因为它可以成为德国人世代以来的"向东推进"疯狂病的根据地。这个掠夺和毁灭计划，周密地用典型日耳曼式的透彻和愚蠢计划出来，从苏联政府所发现并予以公布的对"东线上"德国士兵的行为的秘密文件和指示中，已为全世界所共晓了。一方面是赖痕瑙元帅的论调，大意说"东方的艺术宝物是无足轻重的"，所以把它们毁掉；另一方面是娄森堡的"特种营"和"活动"，专门从事于掠夺所得的艺术馆、博物院、档案库和图书馆之"科学的组织"和运输到 das Vaterland（德文"祖国"——译者）去。从罗马尼亚参谋本部一九四二年六月十六日发出的指示《关于专门办理战利品的Z.l部队的任务》中，我们读到了"绝对保密的收藏"——那就是艺术珍品之掠夺——指示如何将一幅名画家的杰作的帆布画面由框子上割下，如何卷起放进筒内，由医疗列车运向西方。

侵略占领军在这种"工作"上所完成的结果还未完全发现，但是我们知道在他们占领的苏联土地上所毁坏掠夺的数量是超出人类的想象力的。

当敌人向西溃退的时候，他们遗留下的俄罗斯、白俄罗斯和乌克兰民族文化艺术无价之宝的文物的废墟是不可胜数的。假使你沿着整个东战场由北而南地旅行一次，只巡视一下这个悲惨的目录中主要项目，你就可以看见列宁格勒郊外的宫殿残址和遍体鳞伤的公园；可以看到诺夫哥罗德由一个博物院的城市成为一堆废墟——在那里，内雷地查、窝罗托窝、珂瓦雷窝以及其他十二至十四世纪的俄罗斯建筑的珍宝毁灭了；可以看到莫斯科附近的新耶路撒冷修道院的废墟；可以看到破烂的斯莫棱斯克；可以看到且尔尼果夫十一、十二世纪建筑的遗址；可以看到基辅倍且尔斯克修道院十一世纪建造的大教堂，以及更多更多的破坏。许多博物馆和图书馆也遭到了同样的命运，德寇所组织的魔鬼一般的"奥妥大非"（auto-dafé，中世纪教堂判决异教徒所施用的火刑。——译者注）吞没了数百万册图书和数十万件珍贵的文物。在小小的日者夫镇，六万册书被毁灭了；在斯莫棱斯克，五个图书馆，六十四万册书被炸毁焚烧了；基辅科学院图书馆的三十二万册图书被运走了；基辅大学藏书一百三十万册的图书馆则被焚毁。在斯大林诺区的马克耶夫卡镇，驻军司令福格勒下令将中央图书馆的三万五千册书作为营火会烧毁；康士丹丁诺夫卡图书馆所藏同样数量的书也焚毁了；七万册书被毁于欧列尔；顿河上的罗斯托夫的一个图书馆就被损毁了三百万册；诸如此类，不胜枚举。

我们的城市中被毁的博物馆的数目是可怕的：其中较大的有基辅、且尔尼果夫、诺夫哥罗德、斯莫棱斯克等地的历史博物馆，它们都是民族艺术和文化的宝藏。敌人企图根除我们的民族自觉心，企图阻止我们文化重建之可能——他们凶狠彻底地毁坏了我们的幼儿园和托儿所，中小学和高等学校。例如在罗斯托夫，所有的剧院、图书馆、师范学院、汽车学校和十几所学校都被毁了；在罗斯托夫地区敌人完全毁坏了一千三百七十九所学校，四百余间图书阅览室，一百二十个图书馆和七十九所幼儿园。

这一切都必须立刻恢复，一天也不能迟延。

重建了的文化和社区设备中，首要的就是儿童的机构——幼儿园、托儿所、学校。对于儿童之爱护和对于他们的福利和教育之关切是苏维埃制度和苏维埃人民的特征之一；这种爱护与关切现在已经成长到了前所未有的高度。德寇侵略所造成的最悲惨的结果之一就是儿童所受的大痛苦，成千成万的孤儿的父母或被屠杀，或为保卫祖国而牺牲了。在苏联的历史中，这是政府第二次处理这种极端重要的孤儿问题了；第一次是第一次世界大战和内战的结果，时间由一九一四至一九二二年。在今天这样正当所有人民全部注意力都集中在进行战争和重建解放区的时候，在工厂、国营农庄和集体农庄工作的妇女必须尽可能地减轻家庭工作；所能给她们首先而最重要的帮助就是协助她们抚养健康而快乐的儿童。

在苏联部长会议和联共中央委员会联合指示《德寇占领区解放后经济复兴的迫切任务》的第十条中，儿童和儿童机构是一个项目的主题。战士和游击队员的儿童和父母在战争中牺牲了的孤儿是政府所特殊关切的对象。四千五百学生的苏窝罗夫军事学校，九千二百儿童的职业学校，容纳一万八千零五十儿童的儿童院，以及特设的收容站，在那里还有两千儿童正在等候着被人收养或被送往一个人家，都是在这指示下组织起来的。

当学校和幼儿园的教师回到被破坏的区域以后，他们第一个任务就是登记留存下来的儿童。七位回到斯大林格勒的学校教师把掩蔽所和战壕中的孩子都聚集了起来——一共二百二十三个。由后方许多市镇送来的项目之中有多套托儿所、幼儿园、学校等等的设备。

全体人民对于儿童和他们的关切的结果就是，儿童机构的重建与住宅、公用设备和工厂的重建是并肩同进的。

加里宁地区在战前原有的一千二百五十所学校中——大部分已被德寇所毁——到了一九四三年十月二十五日，已经重建好了一千一百二十六所。到一九四四年四月，在罗斯托夫地区，战前原有的二千六百零九所学校中，已重建了二千四百三十。在斯莫棱斯克地区的三十六个重获解放的区域中，到了一九四三年八月，已经有九百八十所初级小学，二百五十三所七岁班和三十九所十岁班的次级小学重开上课了。到了一九四三至四四年学年开始时，单在俄罗斯共和国已经重建了二万三千八百九十五所学校，二百八十万的儿童已经上课了。到了一九四四年初，已重建了一万五千二百八十五所，与留存的共计二万四千所。一九四四年预算更拨发十万万卢布继续重建学校。

到了一九四四年初，在解放区中已建立起一个幼儿园网；在战前，这些地区的幼儿园所照顾的儿童是六万六千，现在却增加到七万。此外，遵照着上述的"指示"，在解放区中又增设了儿童院一百零一处，容纳孤儿和战士与游击队员的子女一万三千一百名。一九四四年的预算更准备建造可以容纳四万八千儿童的儿童院，容纳十万儿童的幼儿园和容纳四万一千儿童的托儿所。

在乌克兰和白俄罗斯，儿童机构之重建也同样地在发展。到了一九四四年一月一日，在乌克兰解放区中已有一万零六百二十所学校开学了。在一九四四年，乌克兰东部八区中，已有一百八十万儿童在上学，五万七千儿童进了幼儿园。在白俄罗斯的解放区中，已有六百所学校重建完成，到一九四四年底，又有六百三十所可以开课了。

大学和研究所，在战前是设备精良的，重建起来就难得多了。初级和次级学校所需要的是庞大数量的教科书及其他材料；例如在解放了的乌克兰就送去了二百五十三万册教科书，七百万本练习簿，三百余万枝铅笔——但是重建研究所、图书馆等等，即使是初步工作，比起来是更困难多少，更需要多少时间？

假使你以为今天，当战争还在进行的时候，苏联能够组织起来，大量生产精确仪器和试验室设备，足以满足各研究所和大学的需要，或现在就能够大量刊印或重刊我们的图书馆中被法西斯生番所损毁的庞大数量的书籍，即使说只是部分的，也未免太天真了。那样的理想，即使在不久的将来，也是幻想。

当敌人被打败以后，当然他们是要赔偿很多的。德国必须以她的图书馆和试验室偿补她的罪恶；德国人必须归还他们所盗窃去的财产。然而生活不能等待到那时候，各高等学校和图书馆必须立即开始工作。唯一的办法就是将全国的图书仪器重新分配，这是俄罗斯人民所熟悉的兄弟般的援助，市镇援助市镇，区域援助区域。例如一九四二年八月廿三日，斯大林格勒的国立医学院被德寇轰炸焚烧，珍贵的仪器，X光和解剖博物馆都毁了。一九四三年十月一日，在德寇在斯大林格勒被击败后八个月，医学院又重开了。所需要的仪器是由伊凡诺窝、伊尔库次克、莫洛托夫等城市的医学院来的；十三个医学院的图书馆和莫斯科中央图书馆共捐赠了二十万册书。在俄罗斯共和国成立了"基金图书"，有书四百五十万册，专为建立图书馆之用；到了一九四四年初，这个"基金"已经送了一百六十五万册图书到各解放区域。

亏得这种措施，高等学校、研究机构和图书馆很快地又活起来了。到了一九四四年一月一日，在解放了的乌克兰已经有四十八个高等学校，一百所技术专门学校开始工作了；在罗斯托夫地区，五百九十七所乡村阅览室之中已有五百二十一所恢复阅览。这并不是说这些机构已得到了战前标准的设备。它们在长期间还需要援助才能补还受自德寇的损失，渐渐回复到正常状态。

我现在举列宁格勒的基罗夫歌剧院作为较大的文化机构重建的例子。在一九四一年秋天,一个德国猛烈性爆炸弹落在歌剧院的右翼部分,损失奇重;它毁坏了上下两层楼座和大穿堂,以及十二吨重的铁帘幕。在一九四三年十二月,重修的工作开始了,到了一九四四年秋季歌剧季节开始时,一切已完成了。所修补的雕饰共计约四千件。一位卓越的技师,康士丹丁诺夫重修了剧院中的玻璃晶砖吊灯,用了二万二千块玻璃晶砖。剧院的家具是按照原有的家具仿制的。

国家教育当局面临着恢复被侵占者所破坏、掠夺、焚毁了的巨大的博物馆网的艰巨问题。在战前的二十四年间,博物馆已发达到了很高的水平,其中包括许多小型博物馆,专门致力于它们所在地区的历史、文化和自然历史之研究;革命以前就已存在的年龄较久的博物馆则由国家机构或地方业余工作者所组织的勘察队给它们增加新的资料。许多博物馆还保存下极好的收藏品,作为复兴的基础。有许多收藏品被及时地运走,或由于博物馆干部的远见和英雄行为,预先埋藏在秘密地方;但有许多的博物馆都完全毁灭了。

被盗窃了的东西,我们将从敌人手中取回来,归还到原来的博物馆中去;被毁坏了的,我们将在某种程度内让德国及其帮凶们赔偿;但在目前,我们必须依靠我们手中所有的。在内地的许多博物馆藏得有相当丰富的文物副本,它们可以在一定程度内补足已被毁的博物馆中的损失。我们的科学团体,特别是组织考古勘察队的团体,已在考虑重新装配一些博物馆的需要,而且正在一些曾经研究过的地方工作,以期取得与已经损失了的文物有相等价值的资料。

但这一切并不能补偿所有的损失：宝物之中有许多是孤本，现在只能以摹本或模型陈列出来。不过我们可以说，我们的博物馆又活起来了。

红军最先解放的市镇中的博物馆现在已重开展览了。雅斯那雅·波里雅那的托尔斯泰纪念博物馆、卡鲁格的齐欧尔可夫斯基博物馆、塔干罗格的柴霍夫故宅、莫斯科附近克林的柴可夫斯基纪念馆都已经重开了。

地区性的自然历史博物馆和艺术馆也渐渐地回复到正常了。加里宁画廊已重开了。斯莫棱斯克博物馆除了重建原有的陈列厅之外，还布置了一个巨大的战争展览。

基辅博物馆遭受到惨重的损失。在战前，基辅的民俗艺术博物馆有五万八千件陈列品，代表着乌克兰民族艺术的各方面。这些宝贵的收藏被德寇掠夺去了，其中最精粹的部分是德国的"乌克兰专员"珂克和娄森堡亲自窃取的，在我执笔的时候（一九四四年夏季），这博物馆已经差不多可以重开了。基辅的历史博物馆原有收藏品六十万件，其中只有最珍贵的部分得以运至安全地带；我们只救出了这全部收藏之十分之一。德寇把其余的偷走了，然后把组成博物馆的八座建筑物炸毁。一九四四年的夏天，基辅博物馆已能展览它的收藏品的一部分——基辅·卢斯部、民俗部和其他。乌克兰政府对于重建植物园予以特别注意，它们将成为重建基辅计划的一部分。在战前，我们的科学家已开始了花园计划的工作；沿着德聂伯河岸，在古老的维杜比兹基修道院附近，富有画意的一段地带已被划出作为这个使用了。政府已决定在一九四四年中用尽可能的速度推进这项工作。这些花园可以担负增加在乌克兰生长的有用植物的数目的任务，它们将有三千种可以在当地气候情况下生长的树木和灌木。

最后我要讲到德国侵略者所毁坏艺术历史文物珍品的遗留部分之重建和保存——古代的教堂及其无价之宝的壁画，各地的克里姆林（城堡）、宫殿、成组的建筑群、修道院等等。我们已经讲到建筑师们在重建城市时对于古文物建筑问题的解决方法；但轮到文物本身的重修问题时，建筑师和艺术家在工作上所负的责任就更大了。困难是多端的，这为战争所造成的破坏是空前的，而且每件文物本身的性质是那样的特殊，所以每一件的问题都必须个别解决。民族文物建筑之重修与保存是苏联部长会议所设立的建筑委员会的工作。因为这个委员会是重建城市村庄的最高负责机关，所以文物之重修与保存就成了总计划中之一部分。如上文所述，加里宁、斯莫棱斯克、伊斯特拉和其他市镇的重建计划中，可以看到建筑师对于古代遗物的注意和爱护。战争给了我们以严厉的教训，而且给我们的思路带来了改变。在以往，我们醉心于一切新鲜事物，往往不必需地牺牲了古东西，而代之以新的但不一定好的作品。

没有人曾经想象到会看见古文物建筑成了今天的状态。从来没有人能相信它们能够那样无情地被损毁，或只留下一堆废墟。因此，所能得到的艺术家和其他重修工作者的数目是离需要很远的。国家从来没有大量训练这种工作的专家，在以往从来没有过这样的需要。我们的青年建筑师们正在忙碌于这工作，而且我们也正在尽可能迅速地训练一批特殊重修工作人员。

除了政府所采取的训练这种工作人员的措施外，各地方当局的主动也是极重要的。一九四三年秋季，当列宁格勒还在敌人大炮射程以内的时候，就已设立了一所训练重建工作中所必需的雕木、雕石、石膏塑型、室内装饰和其他类似艺术工人的"艺术——建筑学校"。学生们在实际工作中学习，他们摹制精美的巴甫洛夫斯克宫和查斯可伊·西罗（今名迭次可伊·西罗）宫的雕饰残片。他们向过去的艺术名师学习，将珍贵的十八世纪建筑的残余片段丝毫不爽地重建起来。教师们对于学生们学习的速度大为惊讶。他们说："他们在几个月期间就学会了成人需要若干年才学得好的功夫。"在一九四四年夏季，这个学校的学徒们就参加了重修德寇所毁坏的基罗夫歌剧院的顶棚的工作。

这些准备工作使我们现在立刻就能开始重建一些文物建筑。院士舒舍夫是以他所画的欧夫鲁齐十二世纪的圣巴西尔教堂的复原状图而闻名的，他的复原状图是根据考古发掘而绘制的。他现在已绘制好了新耶路撒冷修道院大教堂复原计划；那所教堂是德寇破坏行为的第一个遭殃者，而且受灾非常惨重。在列宁格勒几乎没有一座任何稍有重要性的建筑得幸免于德寇的炮火。海军部大厦、冬宫、道鲁斯宫和隐士博物馆的建筑的重建工作已开始了。

乌克兰政府拨了一百万卢布作为重修基辅圣索菲亚大教堂的周围在德寇手中遭受破坏的建筑之用；建筑研究院乌克兰分院把指导这份工作的任务交给了荣获斯大林奖金的 V.I. 乍博洛特尼教授和 P.F. 普列辛教授。大教堂本身以及如钟塔、门口教堂、大僧正住宅等十七、十八世纪建筑和全组外面的围墙将首先得到修理。

诺夫哥罗德是"俄罗斯的博物院城"，它的历史文物建筑比任何一个城都多。在解放的时候，那个城市的形态是令每一个艺术爱好者惊惶的：七十余座的文物建筑被侵略者惨重地损坏或全部毁坏了。在红军战线附近的文物建筑，但并未被红军用作军用的，差不多全部被德寇炮火夷为平地；尼里迭查、窝罗托夫和珂瓦列夫三座教堂就是德寇行为的实例。在德寇防线以内的文物建筑——如圣乔治大教堂、尤里耶夫修道院、救主显圣教堂和它内部的名画家菲欧范·格列克的壁画，耶稣诞生教堂及其他——虽然德寇利用它们做大炮机关枪阵地，把死亡洒射到红军战士中，却没有受到红军炮火的损坏。

诺夫哥罗德文物建筑的重修与保存工作于一九四四年五月十日开始。一九四四年六月六日举行会议的市苏维埃对于这项工作中所遭遇的问题作了详尽的处理。

在战前，诺夫哥罗德是列宁格勒区域的一个区中心＊战后诺夫哥罗德已升为诺夫哥罗德区域的首府，在行政系统上已与列宁格勒脱离。现在它在政治上和行政上的重要性已增加了，因而与它原有的"博物馆的品质"有了矛盾。因此，重建的工作不惟需要保存城内所有的每一座文物建筑，同时整个城市还必须按将来发展的需要重建起来。诺夫哥罗德的若干部分已经全部被毁了，留存下来的只有新旧建筑的地基。它给予设计的建筑师们以富于引诱力的可能性，按照古代的样式设计一个新的城市，从城中心的克里姆林放出辐射路，而同时为古代的教堂保留出有利的地区，而不使它们像战前那样隐藏在新建筑的后面。

诺夫哥罗德重建的工作是交给熟谙并且热爱俄罗斯古建筑的院士舒舍夫的。他的计划准备按照古代都市计划的制度将城市重建起来——当然加上现代化的改善——加宽了的中央干道是从克里姆林经过伏尔珂夫桥通到旧的工商区的大路；汽车公路干道将以列宁格勒公路绕过市区；伏尔珂夫河岸将用石锹砌起来。在最卓越的文物建筑的周围将留出空地，布置成花园，以便观赏那些文物建筑。若干组的历史文物建筑将定为国宝；其中将包括河对岸的克里姆林地区和雅罗斯拉夫宫地区。

在这个完全破坏了的城市里的建筑形式上，问题就比较大一点了。建筑师们正确地否定了市侩气的"老板式"建筑而采用了较合于老城风格的所谓"地方性的拿破仑式"。建筑师们也在考虑将古文物建筑完全重建起来——就是用原有的砖石按战前形状一模一样地建造一座"足尺模型"。

艺术史家、考古学家和历史学家们对于这样解释诺夫哥罗德之重建已表示了反对的意见；他们认为这样城市里将充满了"赝品"，使真正的古代文物在它们中间受到鱼目混珠的混杂。他们建议保存古建筑中之最珍贵者，而在建造新建筑时避免用假的古代形式的危险。也有人反对用古典式，那在列宁格勒或加里宁是会合适的，但是不合于诺夫哥罗德的风格的。学者们的意见认为在重建俄罗斯民族文化的古老的"博物院城"时，建筑师的主要任务是建造一些不夸张自大，不会与全城的精神冲突的建筑物。艺术史家和考古学家们对于把完全毁坏了的文物建筑重建起来的办法提出抗议；他们要把废墟就仍以一堆废墟保存起来；它们应该好好地被掩蔽起来，例如做一个大玻璃罩棚；关于各建筑的文献纪录应该慎重地保存起来；地方博物馆应该组织陈列室以展览残存的壁画、雕饰等的残片。学者们指出，计划新的诺夫哥罗德城，给予历史文物建筑以最优地位，使既适于远观，也适于近赏，是足以为训的。学者们还愿意把对于考古学方面最有兴趣的地址保留出来，不加重建，以备战后加以发掘研究。

对于类似诺夫哥罗德的古俄罗斯城市重建计划上，这种的研讨可以引导到问题最合理的解决，因为每一个意见都是对于俄罗斯以往文物之热爱的表现，都是要将德国生番给予那些文物的创伤尽可能迅速地予以治好的欲望的表现。

我们极仔细地研究了英国和法国在重建工作中的经验，得到了很多可贵的方法和启示而加以利用。

结束语

在结束这本小册子时，我愿提醒读者，有一种情形是超出作者所能控制范围之外的。到此书出版时，我所写的许多已是"过时"的东西了。以这个题目命名的书是永远不能"及时"的，因为每天都增加了新的事实，以证明建造者的继续高涨的情绪；新的聚落建造起来了，新的重建工作计划完成了，现有的城市又有了新的修正和改善计划了。只有一份日报，或是一位学者的不断增长的日记，经常地搜集这个伟大的卫国战争时代和继之而来的重建时代的史料，才能不至落后于进展中的工作，本书的"缺点"正是我所要叙述的成就的证明——各解放区已以狂风暴雨般的速率回复到正常。其所以成为事实，是倚赖人民惊人的创造性再加上苏联国家的组织力量，把各种科学和艺术的代表人物，组织成一支建筑大军，而后才可能成功的。

对戴念慈《历史遗产》等文的批注

如果我们没有看见这次中南海宿舍楼的设计（只看文字），一定会认为作者对中国民族形式是有把握了，但是，事实证明作者所拟的草图是建筑在西洋民族建筑系统上的特殊形式，太悲惨了的一个形象，无法令人接受是中国的民族形式。

所以文章仍是文章，建筑仍是造形的艺术，应该多多设计表示具体（民族形式）的形象来。

假使许多中国建筑师都只是从西洋建筑系统的教育里培养出来的，而且在鄙视中国文化的时代中成长，他一定反映西洋建筑的性格基础而缺乏中国文化的培养，他的创造大可能是半殖民地式的第二代，西洋杂志里现代建筑外表的模仿者而不自觉。

但必定是不脱离中国基础的新创造，而不是建立在西洋建筑传统上的新创造。

不是凡是中国建筑师个人创造的新体形虽不包含过去中国建筑的任何特征，就都是"中国的民族形式"，如果一个中国孩子从小只学英文虽也懂几句中国话，他大起来只用英文写文章，他的文章也许有现代的内容却不是中国民族形式的，反之，一个孩子从小只学中文却生在现时代里,他的文章可能全是现代的精神而又是中国民族的形式的表现。

中国建筑师多半是前者而现时必需赶紧读中文。

初刊于一九五二年五月三日《人民日报》，署名梁思成、林徽因。

达·芬奇——具有伟大远见的建筑工程师

《最后的晚餐》和《蒙娜丽莎》像，这两幅文艺复兴全盛时期的名画，是每一个艺术学生所认识的杰作，因此每一个艺术学生都熟识它们的作者——伟大的辽奥纳多·达·芬奇的名字。他不但是杰出的艺术家，而且是杰出的科学家。

达·芬奇青年时期的环境是意大利手工业生产最旺盛的文化发达的佛罗伦斯，他居留过十余年的米兰是以制造钢铁器和丝织著名的工业大城。从早年起，对于任何工作，达·芬奇就是不断地在自然现象中寻找规律，要在实践中认识真理，提高人的力量来克服自然，使它为生活服务。他反对当时教会的迷信愚昧，也反对当时学究们的抽象空洞的推论。他认为"不从实验中产生的科学都是空的、错误的；实验是一切真实性的源泉"，并说："只会实行而没有科学的人，正如水手航海而没有舵和指南针一样。实践必须永远以健全的理论为基础。"他一生的工作都是依据了这样的见解而进行的。

关于达·芬奇在艺术和自然科学方面的贡献，已有很多专文，本文只着重介绍他在土木工程和建筑范围内所进行的活动和所主张的方向。

在建筑方面，达·芬奇同他的前后时代大名鼎鼎的建筑师们是不相同的。虽然他的名字常同文艺复兴大建筑师们相提并列，但他并没有一个作品如教堂或大厦之类留存到今天（除却一处在法国布洛阿宫尚无法证实而非常独特的螺旋楼梯之外）。不但如此，研究他的史料的人都还知道他的许多设计，几乎每个都不曾被采用；而部分接受他的意见的工程，今天或已不存在或无确证可以证明哪一部分曾用过他的设计或建议的。但是他在工程和建筑方面的实际影响又是不可否认的。在他同时代和较晚的纪录上，他的建筑师地位总是受到公认的。这问题在哪里呢？在于他的建筑上和工程上的见解，和他的其它许多贡献一样，是远远地走在时代的前面的先驱者的远见。他的许多计划之所以不能实现，正是因为它们远远超过了那时代的社会制度和意识，超过了当时意大利封建统治者的短视和自私自利的要求，为他们所不信任，所忽视或阻挠。当时的许多建筑设计，由指派建筑师到选择和决定，大都是操在封建贵族手中的。而在同行之间，由于达·芬奇参加监修许多的工程和竞选过设计，且做过无数草图和建议，他的杰出的理论和方法，独创的发明，就都传播了很大的影响。

达·芬奇是在画师门下学习绘画的，但当时的画师常擅长雕刻，并且或能刻石，或能铸铜，又常须同建筑师密切合作，自己多半也都是能作建筑设计的建筑师。他们都是一切能自己动手的匠师。在这样的时代里成长的达·芬奇，他的才艺的多面性本不足惊奇，可异的是在每一部门的工作中，他的深入的理解和全面性的发展都是他的后代在数十年的乃至数世纪中，汇集了无数人的智慧才逐渐达到的。而他却早就有远见地、勇敢地摸索前进，不断地研究、尝试和计划过。

达·芬奇对建筑工程的理解是超过一般人局限于单座建筑物的形式部署和建造的。虽然在达·芬奇的时代，最主要建筑活动是设计穹窿顶的大教堂和公侯的府邸等，以艺术的布局和形式为重点，且以雕石、刻像的富丽装潢为主要工作；但达·芬奇所草拟过的建筑工程领域却远超过这个狭隘的范围。他除了参加竞赛设计过教堂建筑，如米兰和帕维亚大教堂、佛罗伦斯的圣罗伦索的立面等；监修过米兰的堡垒和公爵府内部；设计并负责修造过小纪念室和避暑庄园中小亭子之外，他所自动提出的建筑设计的范围极广，种类很多，且主要都是以改善生活为目标的。例如他尽心地设计改善卫生的公厕和马厩；设计并详尽地绘制了后来在荷兰才普遍的水力风车的碾房的图样；他建议设计大量标准工人住宅；他做了一个志在消除拥挤和不卫生环境的庞大的米兰城改建的计划；他曾设计并监修过好几处的水利工程、灌溉水道，最重要的，如佛罗伦斯和毗萨之间的运河。他为阿尔诺河绘制过美丽而详细的地图，建议控制河的上下游，以便利许多可以利用水力作为发动力的工业；他充满信心地认为这是可以同时繁荣沿河几个城市的计划。这个策划正是今天最进步的计划经济中的"区域计划"的先声。

都市计划和区域计划都是达·芬奇去世四百多年以后，二十世纪的人们才提出解决的建筑问题。他的计划就是在现在也只有在先进的社会主义国家里才有力量认真实行和发展的。在十五、十六世纪的年代里，他的一切建筑工程计划或不被采用，或因得不到足够和普遍的支持，半途而废，是可以理解的。但达·芬奇一生并不因计划受挫，或没有实行，而失掉追求真理和不断作理智策划的勇气。直到他的晚年，在逝世以前，他在法国还做了鲁尔河和宋河间运河的计划，且目的在灌溉、航运、水力三方面的利益。对于改造自然，和平建设，他是具有无比信心的。

达·芬奇的都市计划的内容中，项目和方向都是正确的，它是由实际出发，解决最基本的问题的。虽受当时的社会制度和条件的限制，但主要是要消除城市的拥挤所造成的疾病、不卫生、不安宁和不愉快的环境。公元一四八四至一四八六年间米兰鼠疫猖狂的教训，使他草拟了他的改建米兰的计划。达·芬奇大胆地将米兰分划为若干区，为减少人口的密度，喧哗嘈杂，疾病的传播，恶劣的气味，和其他不卫生情形。他建议建造十个城区，每城区房屋五千，人口三万。他建议把城市建置在河岸或海边，以便设置排泄污水垃圾的暗沟系统，利用流水冲洗一切脏垢到河内。他建议设置街巷上的排水明沟和暗沟衔接，以免积存雨水和污物；建造规格化的工人住宅，建造公厕，改革市民的不卫生的习惯，注意烟囱的构造，将烟和臭气驱逐出城；且为保证市内空气和阳光，街道的宽度和房屋的高度要有一定的比例。在十五、十六世纪间，都市建设的重点在防御工程，城市的本身往往被视为次要的附属品，达·芬奇生在意大利各城市时常受到统治者之间争夺战威胁的时代，他的职务很多次都是监修堡垒，加固防御工程，但他所关心的却是城市本身和平居民的生活。但当时愚昧自私的卢多维柯是充耳不闻，无心接受这种建议的。

对于建筑工业的发展方向，达·芬奇也有预见。近代的"预制房屋"，他就曾做过类似的建议。当他在法国乡镇的时候，木材是那里主要的建筑材料，因为是夏天行宫所在，有大量房屋的需要，他曾建议建造可移动的房屋，各部分先在城市作坊中预制，可以运至任何地点随时很快地制置起来。

达·芬奇的"区域计划"的例子，是修建佛罗伦斯和毗萨之间的运河。他估计到这个水利工程可以繁荣那一带好几个城镇，如普拉图，皮斯托亚，毗萨，佛罗伦斯本身，乃至于卢卡。他相信那是可以促进许多工业生产的措施，因此他不但向地方行政负责方面建议，同时他也劝各工商行会给予支持。尤其是毛织业行会，它是佛罗伦斯最主要工业之一。达·芬奇认为还有许许多多手工业作坊都可以沿河建置，以利用水的动力，如碾坊、丝织业作坊、窑业作坊、镕铁、磨刀、做纸等作坊。他还特别提到纺丝可以给上百的女工以职业。用他自己的话说："如果我们能控制阿尔诺河的上下游，每个人，如果他要的话，在每一公顷的土地上都可以得到珍宝。"他曾因运河中段地区有一处地势高起，设计过在不同高度的水平上航行的工程计划。十六世纪的传记家伐莎利说，达·芬奇每天都在制图或作模型，说明如何容易地可以移山开河！这正说明这位天才工程师是如何地确信人的力量能克服自然，为更美好的生活服务。这就是我们争取和平的人们要向他学习的精神。

此外，达·芬奇对个别建筑工程见解的正确性也应该充分提到。他在建筑的体形组织的艺术性风格之外，还有意识地着重建筑工程上两个要素。一是工具效率对于完善工程的重要；一是建筑的坚固和康健必须依赖自然科学知识的充实。这是多么正确和进步的见解。关于工具的重视，例如他在米兰的初期，正在作斯佛尔查铜像时，每日可以在楼上望见正在建造而永远无法完工的米兰大教堂，他注意到工人搬移石像、起运石柱的费力,也注意到他们木工用具效率之低,于是时常在他手稿上设计许多工具的图样,如掘地基和起石头的器具,铲子、锤子、搬土的手推车等等。十多年后,当他监修运河工程时,他观察到工人每挖一铲土所需要的动作次数,计算每工两天所能挖的土方。他自己设计了一种用牛力的挖土升降机,计算它每日上下次数和人工作了比较。这种以精确数字计算效率是到了近代才应用的方法,当时达·芬奇却已了解它在工程中的重要了。

关于工程和建筑的关系,他对于建筑工程的看法可以从他给米兰大教堂负责人的信中一段来代表他的见解。信中说:"就如同医生和护士需要知道人和生命和健康的性质,知道各种因素之平衡与和谐保持了人和生命和健康,或是各种因素之不和谐危害并毁灭它们一样……同样的,这个有病的教堂也需要这一切;它需要一个'医生建筑师',他懂得一个建筑物的性质,懂得正确建造方法所须遵守的法则,以及这些法则的来源与类别,和使一座建筑物存在并能永久的原因。"他是这样地重视"医生建筑师",而所谓"医生建筑师"的任务则是他那不倦地追求自然规律的精神。

在建筑的艺术作风方面,达·芬奇是在"高特"建筑末期,古典建筑重新被发现被采用的时代,他的设计是很自然地把高特结构的基础和古典风格相结合。他的作风因此非常近似于拜占庭式的特征——那个古典建筑和穹窿顶结合所产生的格式,以小型的穹窿顶衬托中心特大的穹窿圆顶。在豪放和装饰性方面,达·芬奇所倾向的风格都不是古罗马所曾有,也不同于后来文艺复兴的典型作风。例如他的米兰教堂和帕维亚教堂的设计中所拟的许多稿图,把各种可能的结合和变化都尝试了。他强调正十字形的平面,所谓"希腊十字形",而避免前部较长的"拉丁十字形"的平面。他明白正十字形平面更适合于穹窿顶的应用,无论从任何一面都可以瞻望教堂全部的完整性,不致被较长的一部所破坏。今天罗马圣彼得教堂就是因前部的过分扩充而受到损失的。达·芬奇在教堂设计的风格上,显示出他对体形组织也是极端敏感并追求完美的。至于他的幻想力的充沛,对结构原理的谙熟,就表现在戏剧布景、庆贺的会场布置和庭园部署等方面。他所做过的卓越的设计,许多曾是他所独创,而且是引导出后代设计的新发展。如果在法国布洛阿宫中的螺旋楼梯确是他所设计,我们更可以看出他对于螺旋结构的兴趣和他的特殊的作风;但因证据不足,我们不能这样断定。他在当时就设计过一个铁桥,而铁桥是到了十八世纪末叶在英国才能够初次出现。凡此种种都说明他是一个建筑和工程的天才;建筑工程界的先进的巨人。

和他的许多方面一样,达·芬奇在建筑工程的领域中,有着极广的知识和独到的才能。不断观察自然、克服自然、永有创造的信心,是他一贯的精神。他的理想和工作是人类文化的宝藏。这也就足以说明为什么在今天争取和平的世界里,我们要热烈地纪念他。

共十一节，各节分别初刊于一九五二年《新观察》一月一日第一期、一月十六日第二期、二月一日第三期、二月十六日第四期、三月十六日第五期、五月一日第七期、五月十六日第八期、六月一日第九期、六月十六日第十期、七月一日第十一期，均署名林徽因。

我们的首都

中山堂

我们的首都是这样多方面的伟大和可爱，每次我们都可以从不同的事物来介绍和说明它，来了解和认识它。我们的首都是一个最富于文物建筑的名城；从文物建筑来介绍它，可以更深刻地感到它的伟大与罕贵。下面这个镜头就是我要在这里首先介绍的一个对象。

它是中山公园内的中山堂。你可能已在这里开过会，或因游览中山公园而认识了它；你也可能是没有来过首都而希望来的人，愿意对北京有个初步的了解。让我来介绍一下吧，这是一个愉快的任务。

这个殿堂的确不是一个寻常的建筑物；就是在这个满是文物建筑的北京城里，它也是极其罕贵的一个。因为它是这个古老的城中最老的一座木构大殿，它的年龄已有五百三十岁了。它是十五世纪二十年代的建筑，是明朝永乐由南京重回北京建都时所造的许多建筑物之一，也是明初工艺最旺盛的时代里，我们可尊敬的无名工匠们所创造的、保存到今天的一个实物。

皇城内社稷坛（今中山公园）享殿（今中山堂）

这个殿堂过去不是帝王的宫殿，也不是佛寺的经堂；它是执行中国最原始宗教中祭祀仪节而设的坛庙中的"享殿"。中山公园过去是"社稷坛"，就是祭土地和五谷之神的地方。

凡是坛庙都用柏树林围绕，所以环境优美，成为现代公园的极好基础。社稷坛全部包括中央一广场，场内一方坛，场四面有短墙和棂星门；短墙之外，三面为神道，北面为享殿和寝殿；它们的外围又有红围墙和美丽的券洞门。正南有井亭，外围古柏参天。

中山堂的外表是个典型的大殿。白石镶嵌的台基和三道石阶，朱漆合抱的并列立柱，精致的门窗，青绿彩画的阑额，由于综错木材所组成的"斗栱"和檐椽等所造成的建筑装饰，加上黄琉璃瓦巍然耸起，微曲的坡顶，都可说是典型的、但也正是完整而美好的结构。它比例的稳重，尺度的恰当，也恰如它的作用和它的环境所需要的。它的内部不用天花顶棚，而将梁架斗栱结构全部外露，即所谓"露明造"的格式。我们仰头望去，就可以看见每一块结构的构材处理得有如装饰画那样美丽，同时又组成了巧妙的图案。当然，传统的青绿彩绘也更使它灿烂而华贵。但是明初遗物的特征是木材的优良（每柱必是整料，且以楠木为主），和匠工砍削榫卯的准确，这些都不是在外表上显著之点，而是属于它内在的品质的。

中国劳动人民所创造的这样一座优美的、雄伟的建筑物，过去只供封建帝王愚民之用，现在回到了人民的手里，它的效能，充分地被人民使用了。一九四九年八月，北京市第一届人民代表会议，就是在这里召开的。两年多来，这里开过各种会议百余次。这大殿是多么恰当地用作各种工作会议和报告的大礼堂！而更巧的是同社稷坛遥遥相对的太庙，也已用作首都劳动人民的文化宫了。

北京市劳动人民文化宫

北京市劳动人民文化宫是首都人民所熟悉的地方。它在天安门的左侧，同天安门右侧的中山公园正相对称。它所占的面积很大，南面和天安门在一条线上，北面背临着紫禁城前的护城河，西面由故宫前的东千步廊起，东面到故宫的东墙根止，东西宽度恰是紫禁城的一半。这里是四百零八年以前（明嘉靖二十三年，一五四四年）劳动人民所辛苦建造起来的一所规模宏大的庙宇。它主要是由三座大殿、三进庭院所组成；此外，环绕着它的四周的，是一片蓊郁古劲的柏树林。

这里过去称做"太庙"，只是沉寂地供着一些死人牌位和一年举行几次皇族的祭祖大典的地方。解放以后，一九五〇年国际劳动节，这里的大门上挂上了毛主席亲笔题的匾额——"北京市劳动人民文化宫"，它便活跃起来了。在这里面所进行的各种文化娱乐活动经常受到首都劳动人民的热烈欢迎，以至于这里林荫下的庭院和大殿里经常挤满了人，假日和举行各种展览会的时候，等待入门的行列有时一直排到天安门前。

在这里，各种文化娱乐活动是在一个特别美丽的环境中进行的。这个环境的特点有二：

一，它是故宫中工料特殊精美而在四百多年中又丝毫未被伤毁的一个完整的建筑组群。

二，它的平面布局是在祖国的建筑体系中，在处理空间的方法上最卓越的例子之一。不但是它的内部布局爽朗而紧凑，在虚实起伏之间，构成一个整体，并且它还是故宫体系总布局的一个组成部

太庙（今劳动人民文化宫）

分，同天安门、端门和午门有一定的关系。如果我们从高处下瞰，就可以看出文化宫是以一个广庭为核心，四面建筑物环抱，北面是建筑的重点。它不单是一座单独的殿堂，而是前后三殿：中殿与后殿都各有它的两厢配殿和前院；前殿特别雄大，有两重屋檐，三层石基，左右两厢是很长的廊庑，像两臂伸出抱拢着前面广庭。南面的建筑很简单，就是入口的大门。在这全组建筑物之外，环绕着两重有琉璃瓦饰的红墙，两圈红墙之间，是一周苍翠的老柏树林。南面的树林是特别大的一片，造成浓荫，和北头建筑物的重点恰相呼应。它们所留出的主要空间就是那个可容万人以上的广庭，配合着两面的廊子。这样的一种空间处理，是非常适合于户外的集体活动的。这也是我们祖国建筑的优良传统之一。这种布局与中山公园中社稷坛部分完全不同，但在比重上又恰是对称的。如果说社稷坛是一个四条神道由中心向外展开的坛（仅在北面有两座不高的殿堂），文化宫则是一个由四面殿堂廊屋围拢来的庙。这两组建筑物以端门前庭为锁钥，和午门、天安门是有机地联系着的。在文化宫里，如果我们由下往上看，不但可以看到北面重檐的正殿巍然而起，并且可以看到午门上的五凤楼一角正成了它的西北面背景，早晚云霞，金瓦翠飞，气魄的雄伟，给人极深刻的印象。

故宫三大殿

北京城里的故宫中间，巍然崛起的三座大宫殿是整个故宫的重点，"紫禁城"内建筑的核心。以整个故宫来说，那样庄严宏伟的气魄；那样富于组织性，又富于图画美的体形风格；那样处理空间的艺术；那样的工程技术，外表轮廓，和平面布局之间的统一的整体，无可否认的，它是全世界建筑艺术的绝品，它是一组伟大的建筑杰作，它也是人类劳动创造史中放出异彩的奇迹之一。我们有充足的理由，为我们这"世界第一"而骄傲。

三大殿的前面有两段作为序幕的布局，是值得注意的。第一段，由天安门，经端门到午门，两旁长列的"千步廊"是个严肃的开端。第二段在午门与太和门之间的小广场，更是一个美丽的前奏。这里一道弧形的金水河，和河上五道白石桥，在黄瓦红墙的气氛中，北望太和门的雄劲，这个环境适当地给三殿做了心理准备。

太和、中和、保和三座殿是前后排列着同立在一个庞大而崇高的工字形白石殿基上面的。这种台基过去称"殿陛"，共高二丈，分三层，每层有刻石栏杆围绕，台上列铜鼎等。台前石阶三列，左右各一列，路上都有雕镂隐起的龙凤花纹。这样大尺度的一组建筑物，是用更宏大尺度的庭院围绕起来的。广庭气魄之大是无法形容的。庭院四周有廊屋，太和与保和两殿的左右还有对称的楼阁，和翼门，四角有小角楼。这样的布局是我国特有的传统，常见于美丽的唐宋壁画中。

三殿中，太和殿最大，也是全国最大的一个木构大殿。横阔十一间，进深五间，外有廊柱一列，全个殿内外立着八十四根大柱。殿顶是重檐的"庑殿式"瓦顶，全部用黄色的琉璃瓦，光泽灿烂，同蓝色天空相辉映。底下彩画的横额和斗栱，朱漆柱，金琐窗，同白石阶基也作了强烈的对比。这个殿建于康熙三十六年（一六九七），已有二百五十五岁，而结构整严完好如初。内部渗金

故宫三大殿

盘龙柱和上部梁枋藻井上的彩画虽稍剥落，但仍然华美动人。

中和殿在工字基台的中心，平面为正方形，宋元工字殿当中的"柱廊"竟蜕变而成了今天的亭子形的方殿。屋顶是单檐"攒尖顶"，上端用渗金圆顶为结束。此殿是清初顺治三年的原物，比太和殿又早五十余年。

保和殿立在工字形殿基的北端，东西阔九间，每间尺度又都小于太和殿。上面是"歇山式"殿顶，它是明万历的"建极殿"原物，未经破坏或重建的。至今上面童柱上还留有"建极殿"标识。它是三殿中年寿最老的，已有三百三十七年的历史。

三大殿中的两殿，一前一后，中间夹着略为低小的单位所造成的格局，是它美妙的特点。要用文字形容三殿是不可能的，而同时因环境之大，摄影镜头很难把握这三殿全部的雄姿。深刻的印象，必须亲自进到那动人的环境中，才能体会得到。

北海公园

在二百多万人口的城市中，尤其是在布局谨严，街道引直，建筑物主要都左右对称的北京城中，会有像北海这样一处水阔天空，风景如画的环境，据在城市的心脏地带，实在令人料想不到，使人惊喜。初次走过横亘在北海和中海之间的金鳌玉桥的时候，望见隔水的景物，真像一幅画面，给人的印象尤为深刻。耸立在水心的琼华岛，山巅白塔，林间楼台，受晨光或夕阳的渲染，景象非凡特殊，湖岸石桥上的游人或水面小船，处处也都像在画中。池沼园林是近

北海白塔

代城市的肺腑，藉以调节气候，美化环境，休息精神；北海风景区对全市人民的健康所起的作用是无法衡量的。北海在艺术和历史方面的价值都是很突出的，但更可贵的还是在它今天回到了人民手里，成为人民的公园。

我们重视北海的历史，因为它也就是北京城历史重要的一段。它是今天的北京城的发源地。远在辽代（十一世纪初），琼华岛的地址就是一个著名的台，传说是"萧太后台"；到了金朝（十二世纪中），统治者在这里奢侈地为自己建造郊外离宫：凿大池，改台为岛，移北宋名石筑山，山巅建美丽的大殿。元忽必烈攻破中都，曾住在这里。元建都时，废中都旧城，选择了这离宫地址作为他的新城，大都皇宫的核心，称北海和中海为太液池。元的三个宫分立在两岸，水中前有"瀛洲圆殿"，就是今天的团城，北面有桥通"万岁山"，就是今天的琼华岛。岛立太液池中，气势雄壮，山巅广寒殿居高临下，可以远望西山，俯瞰全城，是忽必烈的主要宫殿，也是全城最突出的重点。明毁元三宫，建造今天的故宫以后，北海和中海的地位便不同了，也不那样重要了。统治者把两海改为游宴的庭园，称做"内苑"。广寒殿废而不用，明万历时坍塌。清初开辟南海，增修许多庭园建筑；北海北岸和东岸都有个别幽静的单位。北海面貌最显著的改变是在一六五一年，琼华岛广寒殿旧址上，建造了今天所见的西藏式白塔。岛正南半山殿堂也改为佛寺，由石阶直升上去，遥对团城。这个景象到今天已保持整整三百年了。

北海布局的艺术手法是继承宫苑创造幻想仙境的传统，所以它以琼华岛仙山楼阁的姿态为主：上面是台殿亭馆；中间有岩洞石室；北面游廊环抱，廊外有白石栏楯，长达三百公尺；中间漪澜堂，上起轩楼为远帆楼,和北岸的五龙亭隔水遥望,互见缥缈,是本着想象的仙山景物而安排的。湖心本植莲花,其间有画舫来去。北岸佛寺之外,还作小西天,又受有佛教画的影响。其他如桥亭堤岸,多少是模拟山水画意。北海的布局是有着丰富的艺术传统的。它的曲折有趣、多变化的景物,也就是它最得游人喜爱的因素。同时更因为它的水面宏阔,林岸较深,尺度大,气魄大,最适合于现代青年假期中的一切活动:划船、滑冰、登高远眺,北海都有最好的条件。

天坛

天坛在北京外城正中线的东边,占地差不多四千亩,围绕着有两重红色围墙。墙内茂密参天的老柏树,远望是一片苍郁的绿荫。由这树林中高高耸出深蓝色伞形的琉璃瓦顶,它是三重檐子的圆形大殿的上部,尖端上闪耀着涂金宝顶。这是祖国一个特殊的建筑物,世界闻名的天坛祈年殿。由南方到北京来的火车,进入北京城后,车上的人都可以从车窗中见到这个景物。它是许多人对北京文物建筑最先的一个印象。

天坛是过去封建主每年祭天和祈祷丰年的地方,封建的愚民政策和迷信的产物;但它也是过去辛勤的劳动人民用血汗和智慧所创造出来的一种特殊美丽的建筑类型,今天有着无比的艺术和历史价值。

天坛的全部建筑分成简单的两组,安置在平舒开朗的环境中,外周用深深的树林围护着。南面一组主要是祭天的大坛,称做"圜

天坛祈年殿

天坛远眺

丘",和一座不大的圆殿,称"皇穹宇"。北面一组就是祈年殿和它的后殿——皇乾殿、东西配殿和前面的祈年门。这两组相距约六百公尺,有一条白石大道相联。两组之外,重要的附属建筑只有向东的"斋宫"一处。外面两周的围墙,在平面上南边一半是方的,北边一半是半圆形的。这是根据古代"天圆地方"的说法而建筑的。

圜丘是祭天的大坛,平面正圆,全部白石砌成;分三层,高约一丈六尺;最上一层直径九丈,中层十五丈,底层二十一丈。每层有石栏杆绕着,三层栏板共合成三百六十块,象征"周天三百六十度"。各层四面都有九步台阶。这座坛全部尺寸和数目都用一、三、五、七、九的"天数"或它们的倍数,是最典型的封建迷信结合的要求。但在这种苛刻条件下,智慧的劳动人民却在造形方面创造出一个艺术杰作。这座洁白如雪、重叠三层的圆坛,周围环绕着玲珑像花边般的石刻栏杆,形体是这样地美丽,它永远是个可珍贵的建筑物,点缀在祖国的地面上。

圜丘北面棂星门外是皇穹宇。这座单檐的小圆殿的作用是存放神位木牌(祭天时"请"到圜丘上面受祭,祭完送回)。最特殊的是它外面周绕的围墙,平面作成圆形,只在南面开门。墙面是精美的磨砖对缝,所以靠墙内任何一点,向墙上低声细语,他人把耳朵靠近其他任何一点,都可以清晰听到。人们都喜欢在这里做这种"声学游戏"。

祈年殿是祈谷的地方,是个圆形大殿,三重蓝色琉璃瓦檐,最上一层上安金顶。殿的建筑用内外两周的柱,每周十二根,里面更立四根"龙井柱"。圆周十二间都安格扇门,没有墙壁,庄严中呈显玲珑。这殿立在三层圆坛上,坛的样式略似圜丘而稍大。

天坛部署的规模是明嘉靖年间制定的。现存建筑中，圜丘和皇穹宇是清乾隆八年（一七四三）所建。祈年殿在清光绪十五年雷火焚毁后，又在第二年（一八九〇）重建。祈年门和皇乾殿是明嘉靖二十四年（一五四五）原物。现在祈年门梁下的明代彩画是罕有的历史遗物。

颐和园

在中国历史中，城市近郊风景特别好的地方，封建主和贵族豪门等总要独霸或强占，然后再加以人工的经营来做他们的"禁苑"或私园。这些著名的御苑、离宫、名园，都是和劳动人民的血汗和智慧分不开的。他们凿了池或筑了山，建造了亭台楼阁，栽植了树木花草，布置了回廊曲径，桥梁水榭，在许许多多巧妙的经营与加工中，才把那些离宫或名园提到了高度艺术的境地。现在，这些可宝贵的祖国文化遗产，都已回到人民手里了。

北京西郊的颐和园，在著名的圆明园被帝国主义侵略军队毁了以后，是中国四千年封建历史里保存到今天的最后的一个大"御苑"。颐和园周围十三华里，园内有山有湖。倚山临湖的建筑单位大小数百，最有名的长廊，东西就长达一千几百尺，共计二百七十三间。

颐和园的湖、山基础，是经过金、元、明三朝所建设的。清朝规模最大的修建开始于乾隆十五年（一七五〇年），当时本名清漪园，山名万寿，湖名昆明。一八六〇年，清漪园和圆明园同遭英法

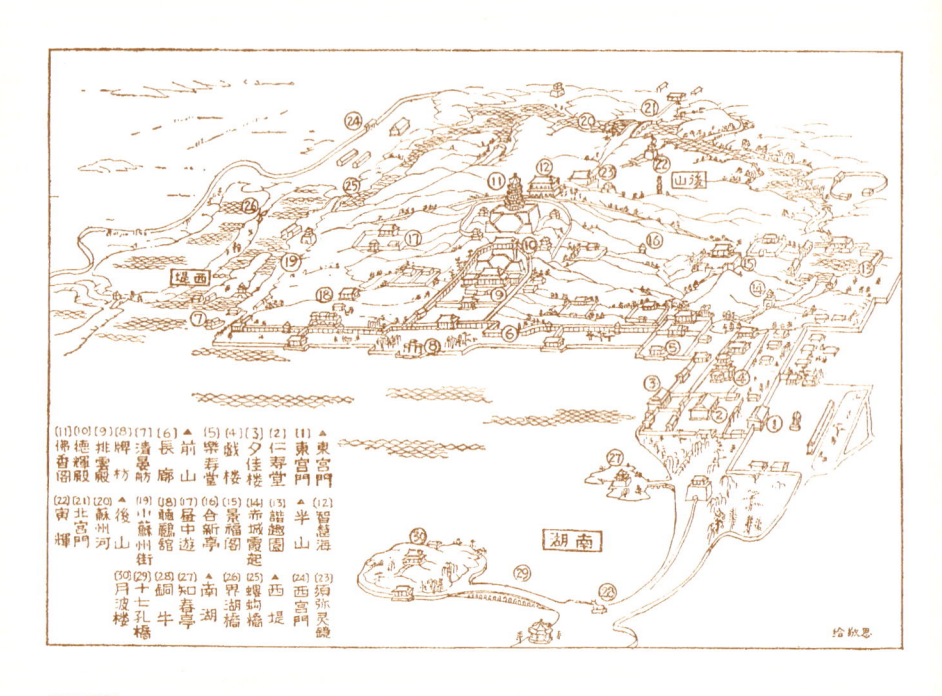

颐和园图

联军毒辣的破坏。前山和西部大半被毁，只有山巅琉璃砖造的建筑和"铜亭"得免。

前山湖岸全部是光绪十四年（一八八八年）所重建。那时西太后那拉氏专政，为自己做寿，竟挪用了海军造船费来修建，改名颐和园。

颐和园规模宏大，布置错杂，我们可以分成后山、前山、东宫门、南湖和西堤等四大部分来了解它的。

第一部后山，是清漪园所遗留下的艺术面貌，精华在万寿山的北坡和坡下的苏州河。东自"赤城霞起"关口起，山势起伏，石路回转，一路在半山经"景福阁"到"智慧海"，再向西到"画中游"。一路沿山下河岸，处处苍松深郁或桃树错落，是初春清明前后游园最好的地方。山下小河（或称后湖）曲折，忽狭忽阔；沿岸摹仿江南风景，故称"苏州街"，河也名"苏州河"。正中北宫门入园后，有大石桥跨苏州河上，向南上坡是"后大庙"旧址，今称"须弥灵境"。这些地方，今天虽已剥落荒凉，但环境幽静，仍是颐和园最可爱的一部。东边"谐趣园"是仿无锡惠山园的风格，当中荷花池，四周有水殿曲廊，极为别致。西面通到前湖的小苏州河，岸上东有"买卖街"，俨如江南小镇（现已不存）。更西的长堤垂柳和六桥是仿杭州西湖六桥建设的。这些都是摹仿江南山水的一个系统的造园手法。

第二部前山湖岸上的布局，主要是排云殿、长廊和石舫。排云殿在南北中轴线上。这一组由临湖一座牌坊起，上到排云殿，再上到佛香阁；倚山建筑，巍然耸起，是前山的重点。佛香阁是八角攒尖顶的多层建筑物，立在高台上，是全山最高的突出点。这一组建筑的左右还有"转轮藏"和"五芳阁"等宗教建筑物。附属于前山部分的还有米山上几处别馆如"景福阁""画中游"等。沿湖的长廊和中线成丁字形；西边长廊尽头处，湖岸转北到小苏州河，傍岸处就是著名的"石舫"，名清宴舫。前山着重庅大、堂皇富丽，和清漪园时代重视江南山水的曲折大不相同；前山的安排，是"仙山蓬岛"的格式，略如北海琼华岛，建筑物倚山层层上去，成一中轴线，以高耸的建筑物为结束。湖岸有石栏和游廊。对面湖心有远岛，以桥相通，也如北海团城。只是岛和岸的距离甚大，通到岛上的十七孔长桥，不在中线，而由东堤伸出，成为远景。

第三部是东宫门入口后的三大组主要建筑物：一是向东的仁寿殿，它是理事的大殿；二是仁寿殿北边的德和园；内中有正殿、两廊和大戏台；三是乐寿堂，在德和园之西。这是那拉氏居住的地方。堂前向南临水有石台石阶，可以由此上下船。这些建筑拥挤繁复，像城内府第，堵塞了入口，向后山和湖岸的合理路线被建筑物阻挡割裂，今天游园的人，多不知有后山，进仁寿殿或德和园之后，更有迷惑在院落中的感觉，直到出了乐寿堂西门，到了长廊，才豁然开朗，见到前面湖山。这一部分的建筑物为全园布局上的最大弱点。

第四部是南湖洲岛和西堤。岛有五处，最大的是月波楼一组，或称龙王庙，有长桥通东堤。其他小岛非船不能达。西堤由北而南成一弧线，分数段，上有六座桥。这些都是湖中的点缀，为北岸的远景。

天宁寺塔

  北京广安门外的天宁寺塔，是北京城内和郊外的寺塔中完整立着的一个最古的建筑纪念物。这个塔是属于一种特殊的类型：平面作八角形，砖筑实心，外表主要分成高座、单层塔身和上面的多层密檐三部分。座是重叠的两组须弥座，每组中间有一道"束腰"，用"间柱"分成格子，每格中刻一浅龛，中有浮雕，上面用一周砖刻斗栱和栏杆，故极富于装饰性。座以上只有一单层的塔身，托在仰翻的大莲瓣上，塔身四正面有栱门，四斜面有窗，还有浮雕力神像等。塔身以上是十三层密密重叠着的瓦檐。第一层檐以上，各檐中间不露塔身，只见斗栱；檐的宽度每层缩小，逐渐向上递减，使塔的轮廓成缓和的弧线。塔顶的"刹"是佛教的象征物，本有"覆钵"和很多层"相轮"，但天宁寺塔上只有宝顶，不是一个刹，而十三层密檐本身却有了相轮的效果。

  这种类型的塔，轮廓甚美，全部稳重而挺拔。层层密檐的支出使檐上的光和檐下的阴影构成一明一暗；重叠而上，和素面塔身起反衬作用，是最引人注意的宜于远望的处理方法。中间塔身略细，约束在檐以下、座以上，特别显得窈窕。座的轮廓也因有伸出和缩紧的部分，更美妙有趣。塔座是塔底部的重点，远望清晰伶俐；近望则见浮雕的花纹、走兽和人物，精致生动，又恰好收到最大的装饰效果。它是砖造建筑艺术中的极可宝贵的处理手法。

  分析和比较祖国各时代各类型的塔，我们知道南北朝和隋的木塔的形状，但实物已不存。唐代遗物主要是砖塔，都是多层方塔，如西安的大雁塔和小雁塔。唐代虽有单层密檐塔，但平面为方形，且无须弥座和斗栱，如嵩山的永泰寺塔。中原山东等省以南，山西省以西，五代以后虽有八角塔，而非密檐，且无斗栱，如开封的"铁塔"。在江南，五代两宋虽有八角塔，却是多层塔身的，且塔身虽砖造，每层都用木造斗栱和木檩托檐，如苏州虎丘塔，罗汉院双塔等。检查天宁寺塔每一细节，我们今天可以确凿地断定它是辽代的实物，清代石碑中说它是"隋塔"是错误的。

这种单层密檐的八角塔只见于河北省和东北。最早有年月可考的都属于辽金时代（十一至十三世纪），如房山云居寺南塔北塔，正定青塔，通州塔，辽阳白塔寺塔等。但明清还有这形制的塔，如北京八里庄塔。从它们分布的地域和时代看来，这类型的塔显然是契丹民族（满族祖先的一支）的劳动人民和当时移居辽区的汉族匠工们所合力创造的伟绩，是他们对于祖国建筑传统的一个重大贡献。天宁寺塔经过这九百多年的考验，仍是一座完整而美丽的纪念性建筑，它是今天北京最珍贵的艺术遗产之一。

北京近郊的三座"金刚宝座塔"
——西直门外五塔寺塔、德胜门外西黄寺塔和香山碧云寺塔

北京西直门外五塔寺的大塔，形式很特殊；它是建立在一个巨大的台子上面，由五座小塔所组成的。佛教术语称这种塔为"金刚宝座塔"。它是摹仿印度佛陀伽蓝的大塔建造的。

金刚宝座塔的图样，是一四一三年（明永乐时代）西番班迪达来中国时带来的。永乐帝朱棣，封班迪达做大国师，建立大正觉

天宁寺塔

寺——即五塔寺——给他住。到了一四七三年（明成化九年）便在寺中仿照了中印度式样，建造了这座金刚宝座塔。清乾隆时代又仿照这个类型，建造了另外两座。一座就是现在德胜门外的西黄寺塔，另一座是香山碧云寺塔。这三座塔虽同属于一个格式，但每座各有很大变化，和中国其他的传统风格结合而成。它们具体地表现出祖国劳动人民灵活运用外来影响的能力，他们有大胆变化、不限制于摹仿的创造精神。在建筑上，这样主动地吸收外国影响和自己民族形式相结合的例子是极值得注意的。同时，介绍北京这三座塔并指出它们的显著的异同，也可以增加游览者对它们的认识和兴趣。

五塔寺在西郊公园北面约二百公尺。它的大台高五丈，上面立五座密檐的方塔，正中一座高十三层，四角每座高十一层。中塔的正南，阶梯出口的地方有一座两层檐的亭子，上层瓦顶是圆的。大台的最底层是个"须弥座"，座之上分五层，每层伸出小檐一周，下雕并列的佛龛，龛和龛之间刻菩萨立像。最上层是女儿墙，也就是大台的栏杆。这些上面都有雕刻，所谓"梵花、梵宝、梵字、梵像"。大台的正门有门洞，门内有阶梯藏在台身里，盘旋上去，通到台上。

这塔全部用汉白石建造，密密地布满雕刻。石里所含铁质经过五百年的氧化，呈现出淡淡的橙黄的颜色，非常温润而美丽。过于繁琐的雕饰本是印度建筑的弱点，中国匠人却创造了自己的适当的处理。他们智慧地结合了祖国的手法特征，努力控制了凹凸深浅的重点。每层利用小檐的伸出和佛龛的深入，做成阴影较强烈的部分，其余全是极浅的浮雕花纹。这样，便纠正了一片杂乱繁缛的感觉。

西黄寺塔，也称做班禅喇嘛净化城塔，建于一七七九年。这座

北京西黄寺班禅喇嘛塔

碧云寺金刚宝座塔

塔的形式和大正觉寺塔一样，也是五座小塔立在一个大台上面。所不同的，在于这五座塔本身的形式。它的中央一塔为西藏式的喇嘛塔（如北海的白塔），而它的四角小塔，却是细高的八角五层的"经幢"；并且在平面上，四小塔的座基突出于大台之外，南面还有一列石阶引至台上。中央塔的各面刻有佛像、草花和凤凰等，雕刻极为细致富丽，四个幢主要一层素面刻经，上面三层刻佛龛与莲瓣。全组呈窈窕玲珑的印象。

碧云寺塔和以上两座又都不同。它的大台共有三层，底下两层是月台，各有台阶上去。最上层做法极像五塔寺塔，刻有数层佛龛，阶梯也藏在台身内。但它上面五座塔之外，南面左右还有两座小喇嘛塔，所以共有七座塔了。

这三处仿中印度式建筑的遗物，都在北京近郊风景区内。同式样的塔，国内只有昆明官渡镇有一座，比五塔寺塔更早了几年。

鼓楼、钟楼和什刹海

北京城在整体布局上，一切都以城中央一条南北中轴线为依据。这条中轴线以永定门为南端起点，经过正阳门、天安门、午门、前三殿、后三殿、神武门、景山、地安门一系列的建筑重点，最北就结束在鼓楼和钟楼那里。北京的钟楼和鼓楼不是东西相对，而是在南北线上，一前、一后的两座高耸的建筑物。北面城墙正中不开城门，所以这条长达八公里的南北中线的北端就终止在钟楼之前。这个伟大气魄的中轴直串城心的布局是我们祖先杰出的创造。鼓楼面

鼓楼和钟楼

向着广阔的地安门大街,地安门是它南面的"对景",钟楼峙立在它的北面,这样三座建筑便合成一组庄严的单位,适当地作为这条中轴线的结束。

鼓楼是一座很大的建筑物,第一层雄厚的砖台,开着三个发券的门洞。上面横列五间重檐的木构殿楼,整体轮廓强调了横亘的体形。钟楼在鼓楼后面不远,是座直立耸起、全部砖石造的建筑物;下层高耸的台,每面只有一个发券门洞。台上钟亭也是每面一个发券的门。全部使人有浑雄坚实的矗立的印象。钟、鼓两楼在对比中,一横一直,形成了和谐美妙的组合。明朝初年智慧的建筑工人,和当时的"打图样"的师父们就这样朴实、大胆地创造了自己市心的立体标志,充满了中华民族特征的不平凡的风格。

钟、鼓楼西面俯瞰什刹海和后海。这两个"海"是和北京历史分不开的。它们和北海、中海、南海是一个系统的五个湖沼。十二世纪中建造"大都"的时候,北海和中海被划入宫苑(那时还没有南海),什刹海和后海留在市区内。当时有一条水道由什刹海经现在的北河沿、南河沿、六国饭店出城通到通州,衔接到运河。江南运到的粮食便在什刹海卸货,那里船帆桅杆十分热闹,它的重要性正相同于我们今天的前门车站。到了明朝,水源发生问题,水运只到东郊,什刹海才丧失了作为交通终点的身份。尤其难得的是它外面始终没有围墙把它同城区阻隔,正合乎近代最理想的市区公园的布局。

海的四周本有十座佛寺,因而得到"什刹"的名称。这十座寺早已荒废。满清末年,这里周围是茶楼、酒馆和杂耍场子等。但湖水逐渐淤塞,虽然夏季里香荷一片,而水质污秽、蚊虫孳生已威胁到人民的健康。解放后人民自己的政府首先疏浚全城水道系统，将什刹海掏深，砌了石岸，使它成为一片清澈的活水，又将西侧小湖改为可容四千人的游泳池。两年来那里已成劳动人民夏天中最喜爱的地点。垂柳倒影，隔岸可遥望钟楼和鼓楼，它已真正地成为首都的风景区。并且这个风景区还正在不断地建设中。

在全市来说，由地安门到钟、鼓楼和什刹海是城北最好的风景区的基础。现在鼓楼上面已是人民的第一文化馆，小海已是游泳池，又紧接北海。这一个美好环境，由钟、鼓楼上远眺更为动人。不但如此，首都的风景区是以湖沼为重点的，水道的连结将成为必要。什刹海若予以发展，将来可能以金水河把它同颐和园的昆明湖结连起来。那样，人们将可以在假日里从什刹海坐着小船经由美丽的西郊，直达颐和园了。

雍和宫

北京城内东北角的雍和宫，是二百十几年来北京最大的一座喇嘛寺院。喇嘛教是蒙藏两族所崇奉的宗教，但这所寺院因为建筑的宏丽和佛像雕刻等的壮观，一向都非常著名，所以游览首都的人们，时常来到这里参观。这一组庄严的大建筑群，是过去中国建筑工人以自己传统的建筑结构技术来适应喇嘛教的需要所创造的一种宗教性的建筑类型，就如同中国工人曾以本国的传统方法和民族特征解决过回教的清真寺或基督教的礼拜堂的需要一样。这寺院的全部是一种符合特殊实际要求的艺术创造，在首都的文物建筑中间，它是不容忽视的一组建筑遗产。

雍和宫曾经是胤禛（清雍正）做王子时的府第。在一七三四年改建为喇嘛寺。

雍和宫的大布局，紧凑而有秩序，全部由南北一条中轴线贯穿着。由最南头的石牌坊起到"琉璃花门"是一条"御道"，——也像一个小广场。两旁十几排向南并列的僧房就是喇嘛们的宿舍。由琉璃花门到雍和门是一个前院，这个前院有古槐的幽荫，南部左右两角立着钟楼和鼓楼，北部左右有两座八角的重檐亭子，更北的正中就是雍和门；雍和门规模很大，才经过修缮油饰。由此北进共有三个大庭院，五座主要大殿阁。第一院正中的主要大殿称做雍和宫，它的前面中线上有碑亭一座和一个雕刻精美的铜香炉，两边配殿围绕到它后面一殿的两旁，规模极为宏壮。

全寺最值得注意的建筑物是第二院中的法轮殿，其次便是它后面的万佛楼。它们的格式都是很特殊的。法轮殿主体是七间大殿，但它的前后又各出五间"抱厦"，使平面成十字形。殿的瓦顶上面突出五个小阁，一个在正脊中间，两个在前坡的左右，两个在后坡的左右。每个小阁的瓦脊中间又立着一座喇嘛塔。由于宗教上的要求，五塔寺金刚宝座塔的型式很巧妙地这样组织到纯粹中国式的殿堂上面，成了中国建筑中一个特殊例子。

万佛楼在法轮殿后面，是两层重檐的大阁。阁内部中间有一尊五丈多高的弥勒佛大像，穿过三层楼井，佛像头部在最上一层的屋顶底下。据说这个像的全部是由一整块檀香木雕成的。更特殊的是万佛楼的左右另有两座两层的阁，从这两阁的上层用斜廊——所谓飞桥——和大阁相联系。这是敦煌唐朝画中所常见的格式，今天还

雍和宫

有这样一座存留着,是很难得的。

雍和宫最北部的绥成殿是七间,左右楼也各是七间,都是两层的楼阁,在我们的最近建设中,我们极需要参考本国传统的楼屋风格,从这一组两层建筑物中,是可以得到许多启示的。

故宫

北京的故宫现在是首都的故宫博物院。故宫建筑的本身就是这博物院中最重要的历史文物。它综合形体上的壮丽、工程上的完美和布局上的庄严秩序,成为世界上一组最优异、最辉煌的建筑纪念物。它是我们祖国多少年来劳动人民智慧和勤劳的结晶,它有无比的历史和艺术价值。全宫由"前朝"和"内廷"两大部分组成;四周有城墙围绕,墙下是一周护城河,城四角有角楼,四面各有一门:正南是午门,门楼壮丽称五凤楼;正北称神武门;东西两门称东华门、西华门,全组统称"紫禁城"。隔河遥望红墙、黄瓦、宫阙、角楼的任何一角都是宏伟秀丽,气象万千。

前朝正中的三大殿是宫中前部的重点,阶陛三层,结构崇伟,为建筑造形的杰作。东侧是文华殿,西侧是武英殿,这两组与太和门东西并列,左右衬托,构成三殿前部的格局。

内廷是封建皇帝和他的家族居住和办公的部分。因为是所谓皇帝起居的地方,所以借重了许多严格部署的格局和外表形式上的处理来强调这独夫的"至高无上"。因此内廷的布局仍是采用左右对称的格式,并且在部署上象征天上星宿等等。例如内廷中间,乾

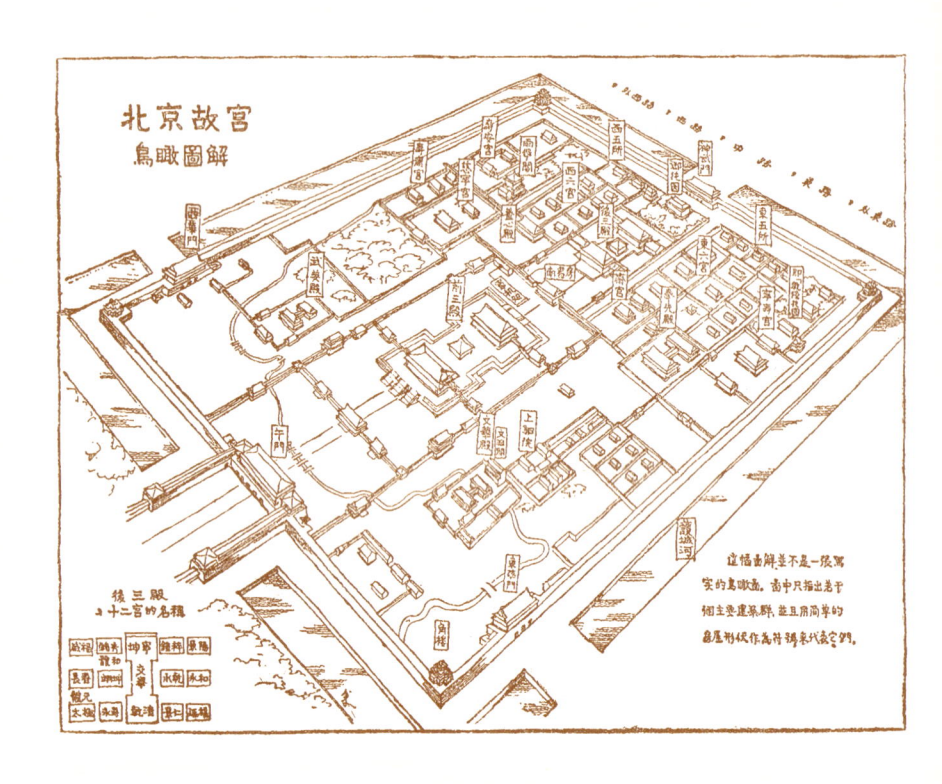

北京故宫鸟瞰图

清、坤宁两宫就是象征天地,中间过殿名交泰,就取"天地交泰"之义。乾清宫前面的东西两门名曰精、月华,象征日月。后面御花园中最北一座大殿——钦安殿,内中还供奉着"玄天上帝"的牌位。故宫博物院称这部分作"中路",它也就是前三殿中轴线的延续,也是全城中轴的一段。

"中路"两旁两条长夹道的东西,各列六个宫,每三个为一路,中间有南北夹道。这十二个宫象征十二星辰。它们后部每面有五个并列的院落,称东五所、西五所,也象征众星拱辰之义。十二宫是内宫眷属"妃嫔""皇子"等的住所和中间的"后三殿"就是紫禁城后半部的核心。现在博物院称东西六宫等为"东路"和"西路",按日轮流开放。西六宫曾经改建,储秀和翊坤两宫之间增建一殿,成了一组。长春和太极之间,也添建一殿,成为一组,格局稍变。东六宫中的延禧,曾参酌西式改建"水晶宫"而未成。

三路之外的建筑是比较不规则的。主要的有两种:一种是在中轴两侧,东西两路的南头,十二宫的面的重要前宫殿。西边是养心殿一组,它正在"外朝"和"内廷"之间偏东的位置上,是封建主实际上日常起居的地方。中轴东边与它约略对称的是斋宫和奉先殿。这两组与乾清宫的关系就相等于文华、武英两殿与太和殿的关系。另一类是核心外围规模较十二宫更大的宫。这些宫是建筑给封建主的母后居住的。每组都有前殿、后寝、周围廊子、配殿、宫门等。西边有慈宁、寿康、寿安等宫。其中夹着一组佛教庙宇雨花阁,规模极大。总称为"外西路"。东边的"外东路"只有直串南北、范围巨大的宁寿宫一组。它本是玄烨(康熙)的母亲所居,后来弘历(乾隆)将政权交给儿子,自己退老住在这里曾增建了许多繁缛巧丽的亭园建筑,所以称为"乾隆花园"。它是故宫后部核心以外最特殊也最奢侈的一个建筑组群,且是清代日趋繁琐的宫廷趣味的代表作。

故宫后部虽然"千门万户",建筑密集,但它们仍是有秩序的布局。中轴之外,东西两侧的建筑物也是以几条南北轴线为依据的。各轴线组成的建筑群以外的街道形成了细长的南北夹道。主要的东一长街和西一长街的南头就是通到外朝的"左内门"和"右内门",它们是内廷和前朝联系的主要交通线。

除去这些"宫"与"殿"之外,紫禁城内还有许多服务单位如上驷院、御膳房和各种库房及值班守卫之处。但威名煊赫的"南书房"和"军机处"等宰相大臣办公的地方,实际上只是乾清门旁边几间廊庑房舍。军机处还不如上驷院里一排马厩!封建帝王残酷地驱役劳动人民为他建造宫殿,养尊处优,享乐排场无所不至,而即使是对待他的军机大臣也仍如奴隶。这类事实可由故宫的建筑和布局反映出来。紫禁城全部建筑也就是最丰富的历史材料。

祖国的建筑传统与当前的建设问题

初刊于一九五二年九月十六日《新观察》第十六期,署名梁思成、林徽因。

　　两年多以前,解放了的中国人民就开始了全国性的建设工作。从那时到今天这短短的期间内,全国人民所建造的房屋面积比以往五千年历史中任何一个三年都多。土地改革后的农村中出现了数以百万计的新农舍;城市中出现了无数的工厂、学校、托儿所、医院、办公楼、工人住宅和市民住宅。通过这样庞大规模的工作,全国的建筑工人、建筑师和工程师都不断地提高了自己的政治觉悟,以最愉快的心情和高度的热情接受了全国人民交给他们的光荣任务——全心全意地进行一切和平建设,为美好的社会主义社会打下基础。

　　过去一世纪以来,我国沿海岸的大城市赤裸裸地反映了半殖民地的可耻的特性。上海是伦敦东头的缩影,青岛和大连的建筑完全反映日耳曼和日本的气氛。官僚地主丧失了民族自尊心,买办们崇拜外国商人在我们的土地上所蛮横地建造的"洋楼",大城市的建筑工人也被迫放弃了自己的传统和艺术,为所谓"洋式建筑"服务。我国原有的建筑不但被鄙视,并且大量地被毁灭,城市原有的完整性,艺术风格上的一致性,被强暴地破坏了。帝国主义的军事、经济、文化的侵略本质,在我们许多城市中的建筑上显著而具体地表现了出来。

建筑本来是有民族特性的，它是民族文化中最重要的表现之一；新中国的建筑必须建筑在民族优良传统的基础上，这已是今天中国大多数建筑师们所承认的原则。凡是参加城市建筑设计的建筑师们都负有三重艰巨任务：他们必须肃清许多城市中过去半殖民地的可耻的丑恶面貌，必须恢复我们建筑上的民族特性，发扬光大祖国高度艺术性的建筑体系，同时又必须吸收外国的，尤其是苏联的先进经验，以满足新民主主义的经济建设和文化建设中众多而繁复的需求，真正地表现毛泽东时代的新中国的精神。

在人类各民族的建筑大家庭中，中华民族的建筑是一个独特的体系。我们祖先采用了一个极其智慧的方法：在一个台基上用木材先树立构架以负荷上部的重量；墙壁只做分隔内外的作用而不必负重，因而门窗的大小和位置都能取得最大的自由，不受限制。这个建筑体系能够适应任何气候，适用于从亚热带到亚寒带的广大地区。这种构架法正符合现代的钢架或钢筋水泥构架的原则，如果中国建筑采用这类现代材料和技术，在大体上是毫不矛盾的。这也是保持中国风格的极有利条件。

我们古代的建筑匠师们积累了世代使用木材的特别经验，创造了在柱头之上用层叠的挑梁，以承托上面横梁，使得屋顶部分出檐深远，瓦坡的轮廓优美。用层叠挑出的木材所构成的每一个组合称做"斗栱"。"斗栱"和它们所承托的庄严的屋顶，都是中国建筑上独有的特征，和欧洲教堂石骨发券结构一样，都是人类在建筑上所达到的高度艺术性的工程。我们古代的匠师们还巧妙地利用保护木材的油漆，大胆地把不同的颜色组成美丽的彩画、图案。不但用在建筑内部，并且用在建筑外部檐下的梁枋上，取得外表上的优异的效果。在屋瓦上,我们也利用有色的琉璃瓦。这种用颜色的艺术是中国建筑体系的一个显著特征。在应用色调和装璜方面,中国匠师表现出极强的控制能力,在建筑上所取得的总效果都表现着适当的富丽而又趋向于简练。另外还有一个特点:在中国建筑中,每一个露在外面的结构部分同时也就是它的装饰部分;那就是说,每一件装饰品都是加了工的结构部分。中国建筑的装饰与结构是完全统一的。天安门就是这一切优点的卓越的典型范例。

在平面布置上,一所房屋是由若干座个别的厅堂廊庑和由它们围绕着而形成的庭院或若干庭院组合而成的。建筑物和它们所围绕而成的庭院是作为一个整体而设计的。在处理空间的艺术上也达到了最高度的成就。

中国的建筑体系至迟在公元前十五世纪已经形成,至迟到汉朝(公元前二〇六年至公元二二〇年)就已经完全成熟。木结构的形式,包括梁柱、斗栱和屋顶,已经被"翻译"到石建筑上去了。中国建筑虽然也采用砖石建造一些重要的工程和纪念性的建筑物,但仍以木结构为主,继续发展它的特长,使它日臻完善,这样成功地赋予纯粹木构建筑以宏大的气魄,是世界各建筑体系中所没有的现象。

这种庄重堂皇的建筑物最卓越显著的范例莫如北京的宫殿,那是所有到过北京的人们所熟悉的。当然,还有各地的许多庙宇衙署也都具有相同的品质。它们都以厅堂、门楼、廊庑以及它们所围绕着的庭院构成一个有机的整体,雄伟壮丽,它们能给人以不易磨灭的印象。这种同样的结构和部署用作住宅时,无论是乡间的农舍或是城市中的宅第,也都可以使其简朴而适合于日常工作和生活的需要。

古代木结构中一些各别罕贵重要的文物是应当在这里提到的。山西省五台山佛光寺的正殿是一座八五七年建造的佛教建筑，至今仍然十分完整（见图一）。河北省蓟县的独乐寺中，立着中国第二古的木建筑。一座以两个正层和一个暗层构成的三层建筑（见图二）也已经屹立了九百六十八年。这三层建筑是围绕着国内最大的一尊泥塑立像建造的。上两层的楼板当中都留出一个"井"，让立像高贯三楼，结构极为工巧。木结构另一个伟大的奇迹是察哈尔应县佛宫寺的木塔（见图三），有五个正层和四个暗层，共九层；由刹尖到地面共高六十六公尺。这个极其大胆的结构表现了我国古代匠师在结构方面和艺术方面无可比拟的成就。再过四年，这座雄伟的建筑就满九百年的高龄了。从这几座千年左右的杰作中，我们不惟可以看到中国木构建筑的纪念性品质和工巧的结构，而且可以得出结论，这种木结构之所以能有这样的持久性，就是因为它的结构方法科学地合乎木材的性能。年龄在七百年以上的木建筑，据建筑史家局部的初步调查，全国还有三十余处。进一步有系统的调查，必然还要找到更多的遗物。可惜这三十余处中已经很少完整的全组，而只是个别的殿堂。成组的如察哈尔大同的善化寺（辽金时代）和山西太原的晋祠（北宋）都是极为罕贵的。北京故宫——包括太庙（文化宫）和社稷坛（中山公园）——全组的布局，虽然时代略晚，但规模之大，保存之完整，更是珍贵无比的。

在砖或石的建筑方面，古代的工程师和建筑师们也发挥了高度的创造性。在陵墓建筑，防御工程，桥梁工程和水利工程上都有伟大的创造。

著名的万里长城起伏蜿蜒在一千三百余公里的山脊上，北京的城墙和巍峨的城门楼是构成北京的整体的一个重要因素。它们不是没有生命的砖石堆，而是浑厚伟大的艺术杰作。在造桥方面，一千三百年前建造的河北省赵县的大石桥是用一个跨度约三七．五〇公尺的券做成的"空撞券桥"（见图四）。像那样在主券上用小券的无比聪明的办法，直到一九一二年才初次被欧洲人采用；而在那样早的年代里，竟有一位名叫李春的匠人给我们留下这样一件伟大壮丽的工程，足以证明在那时候以前，我国智慧的劳动人民的造桥经验，已经是多么丰富了。

今日在全国的土地上最常见的砖石建筑是全国无数的佛塔，其中很多是艺术杰作。河南省嵩山嵩岳寺的砖塔（见图五）是我国佛教建筑中最古的文物，建于公元五二〇年，也是国内现存最古的砖建筑。它只是简单地用砖砌成，只有极少的建筑装饰。只凭它十五层的叠涩檐和柔和的抛物线所形成的秀丽挺拔的轮廓，已足以使它成为最伟大的艺术品。在河北省涿县的双塔上，十一世纪的建筑师却极其巧妙地用砖作表现了木构建筑的形式，外表与略早的佛宫寺木塔几乎完全一样。虽然如此，它们仍充分地表现了砖石结构浑厚的品质。

砖石建筑在华北和西北广泛地被采用着，它们都用筒形券的结构。当以砖石作为殿堂时，则按建筑物纪念性之轻重，适当地用砖石表现木结构的样式。许多所谓"无梁殿"的建筑，如山西太原永祚寺明末（一五九五年）的大雄宝殿（见图六）都属于这一类。

检查我们过去的许多建筑物，我们注意到两种重要事实：一、无论是木结构或砖石结构，无论在各地方有多少不同的变化，中国建筑几千年来都保持着一致的、一贯的、明确的民族特性。二、我们古代的匠师们善于在自己的传统的基础上适当地吸收外来的影响，丰富了自己，但从来没有因此而丧失了自己的民族特性。千余年来分布全国的佛教建筑和回教建筑最清晰地证明了这一点。但是自从帝国主义以武力侵略我国，文化上和平而自然的交流被蛮横的武力所代替以来，情形就不同了。沿海岸和长江上的一些"通商口岸"被侵略者用他们带来的建筑形式生硬地移殖到原来的环境中，对于我国城市的环境风格加以傲慢的鄙视和粗暴的破坏。学校里训练出来新型的知识分子的建筑师竟全部放弃中国建筑的传统，由思想到技术完完全全的摹仿欧美的建筑体系，不折不扣地接受了欧美建筑传统，把它硬搬到祖国来。过去一世纪的中国建筑史正是中国近代被侵略史的另一悲惨的版本！

从满清末年到解放以前，有些建筑师们只为少数地主、官僚、买办建造少数的公馆、洋行、公司，为没落的封建制度和半殖民地的政治经济服务。因为殖民地经济的可怜情况，建筑不但在结构和外表方面产生了许多丑恶类型，而且在材料方面，在平面的部署方面都堕落到最不幸的水平。建筑师们变成为帝国主义的经济、文化侵略服务。同时蔑视自己本国艺术遗产、优秀工匠和成熟而优越的技术传统。此后任何建筑作品都成了最不健康的殖民地文化的最明显的代表，反映着那时期的畸形的政治经济情况。到了解放的前夕，每一个爱国的建筑师越来越充满了痛苦而感到彷徨。

祖国的解放为我们全国的建筑师带来了空前的大转变。我们不但忽然得到了设计成千上万的住宅、工厂、学校、医院、办公楼的机会，我们不但在一两年中所设计的房屋面积就可能超过过去半生所设计的房屋面积的总和乃至若干倍，最主要的是我们知道我们的服务对象不是别人，而是劳动人民。我们是为祖国的和平的社会主义事业而建设，也是为世界的和平建设的一部分而努力。我们集体工作的成果将是这新时代的和平民主精神的表现。我们的工作充满了重要意义，在今天，任何建筑师，无论在经济建设或文化建设中，都是最活跃的一员。我们为这光荣的任务感到兴奋和骄傲。但是我们也因此而感到还应当以更严肃的态度担负起这沉重的责任。

这许多重大的意义，建筑师们不是一下子就认识到的。由于过去的习惯，起初我们只见到因为建造的量的增加使我们得以"一显身手"的许多机会；但很快地一个严重的问题使我们思索了。这么大量的建造之出现将要改变祖国千百个城市的面貌。我们应该用什么材料、什么结构、什么形式来处理呢？这是需要认真的思虑的，是必须有正确领导的，是不能任其自流和盲目发展的。好在在这里，共同纲领的文化教育政策已给了我们一个行动指南。这就是毛主席所提出的新民主主义的文化教育政策。

遵照毛主席在《新民主主义论》中对于新文化的英明正确的分析，中国的新文化是"民族的。它是反对帝国主义压迫，主张中华民族的尊严和独立的。它是我们这个民族的，带有我们的民族特性"。因此新中国的建筑当然也"应有自己的形式，这就是民族形式。民族的形式，新民主主义的内容"。

中国的新建筑必须是"科学的。……主张实事求是，主张客观真理，主张理论与实践一致的"，"……是从古代的旧文化发展而来"的。新中国的建筑师"必须尊重自己的历史，决不能割断历史。……尊重历史的辩证法的发展，而不是颂古非今……不是要引导他们（人民群众）向后看，而是要引导他们向前看"。

这个新建筑"是大众的，因而即是民主的。它应为全民族中百分之九十以上的工农劳苦民众服务。……把提高和普及互相区别又互相联结起来"。

有了这样明确而英明的指示,建筑师们就应当认清方向,满怀信心,大踏步向前迈进。我们必须毫不犹疑地,无所留恋地扬弃那些资本主义的,割断历史的世界主义的各种流派建筑和各流派的反动理论;必须彻底批判"对世界文化遗产的虚无主义态度以及忽视民族艺术遗产的态度"(苏联建筑科学院院长莫尔德维诺夫语)。不可否认的,目前首先急待解决的是广大劳动人民工作和居住所大量需要的房屋的问题;目前所要达到的量是要超过于质的。但是我们相信,普及会与提高"互相联结起来"的。毛主席告诉我们:"随同经济建设高潮的到来,不可避免地将要出现一个文化建设的高潮。"新中国的建筑师们正在为伟大的和平建设努力。我们目前正在为大规模的经济建设贡献出一切力量,但同时也必须准备迎接文化建设的高潮。新的设计必须努力提高水平。研究、理解、爱好过去的本国建筑的热情必须培养起来。在中央文化部的领导下,整理艺术遗产的工作已在每日加强。在中央教育部的领导下,在培养下一代的建筑师的教学方针上,已采用了苏联的先进教学计划,在创造中注重民族传统已是一个首要的重点。

全国人民有理由向建筑师们要求,也有理由相信,在很短的期间内,在全国的一切建筑设计中,新中国的建筑必然要获得巨大的成就,建筑师们的设计标准必然会显著地提高,因为我们会再度找到自己的传统的艺术特征,用最新的技术和材料,发展出光辉的、"为中国人民所喜爱"的、不愧为毛泽东时代的中国的新建筑。那就是新民主主义的,亦即我们"民族的、大众的"建筑。

图一 山西五台山佛光寺正殿（建于公元八五七年）

图二 河北蓟县独乐寺观音阁（建于公元九八四年）

图三 察哈尔应县佛宫寺木塔（建于公元一〇五六年）

图四 河北赵县安济桥大石桥（一千三百年前隋代工匠李春设计建筑）

图六 河南登封县嵩岳寺砖塔（建于公元五二〇年）

图六 山西太原永祚寺大雄宝殿（建于一五九五年）

初刊于一九五三年一月一日《中学生》一月号,署名"北京市人民政府都市计划委员会委员林徽因"。此文与一九五二年刊载于《新观察》的同名作品内容有异。

我们的首都——北京

北京,一提起这个城的名字,就会使十数亿人感到兴奋。北京跟莫斯科一样,是照耀着人类进步的一道光芒,一座为和平,为人类美好的将来而奋斗的坚强堡垒。

北京是东方第一座历史名城。春秋战国时代,这里就是燕国的都城,一直到唐朝,都是中国北方的政治、经济、军事的中心。那时叫做"幽州"。辽

正阳门前雄伟的箭楼

的"南京",金的"中都",也就在这个地方。元朝在这儿建筑了新城——"大都"。明清两朝,在新城的基础上,今天我们所见的北京,就是这样一步一步发展起来的。

北京的雄伟和美丽是说不尽的。

我们先看街道的布局:南北贯串城中央的,是一条中轴,从正南的永定门起,穿过正阳门,天安门广场,故宫,一直到故宫正北

北海琼华岛上的藏式白塔（建于一六五一年）

的鼓楼。左右还有两条纵的主要干道，由宣武门和崇文门经过东、西单牌楼，东、西四牌楼，直到城北；故宫前面，有两条横的主要干道，一条是东西长安街，一条是东西交民巷；故宫后面也有两条横干道，一条是景山前大街，一条是地安门东西的大路，其他的街巷都是从这四条干道分支出去的平行的胡同。像这样气象雄伟，秩序井然的，按照计划建筑起来的城市，在古代建筑史上，是很少见的。

至于各种建筑物的配置，形象更是动人。四面雄峙着的城楼、箭楼；中间金子般光耀的琉璃瓦宫殿，浮在绿色的树海中。故宫西边是三个连续的湖沼——三海，沿岸都是庭园建筑。还有一处处的坛庙，寺观，牌楼，高塔，真是美不胜收。我们站在金鳌玉栋桥上，瞭望平静如镜的北海和它中间的琼华岛；隔着御沟河，遥望紫

紫禁城上的角楼，前面是护城河

禁城黄瓦嶙峋的角楼，或在黄昏时分，从什刹海的西岸看鼓楼上的斜阳，就会被它那种庄严辉煌的景象吸引住了。

　　北京是历代灿烂文化的代表，是中国劳动人民无限智慧的结晶。今天，我们有新生力量的人民，将一面继承民族艺术的传统，一面吸收苏联先进的经验，使北京建设得更加庄严，更加美丽。

　　一九五一年冬天，在北京市各界人民代表会议上，首都的都市计划委员会做了一个初步报告。这报告中指出，明天的北京的轮廓，大体是这样的：

　　现在北京城区有六十二平方公里，明天的北京将要逐步扩大到四百五十平方公里，比现在大七倍。人口可能增加到四五百万。建设的计划，以有重大政治意义的天安门广场为中心。广场面积要扩大一倍，中心耸立着毛主席题字的"为国牺牲人民英雄纪念碑"。

广场周围是和天安门的门楼相配合的，壮丽的行政大厦，所有的建筑物都是富有中国传统风格的多层楼阁。正阳门以南，建造中央企业管理机构。横贯广场的林荫大道，将由东郊开始，直达门头沟。它不但是一条交通大道，而且将成为连续不断的带形的公园。

东南郊是工业区，绿色围护的现代工厂，就要在这个区内建设起来。华北多西北风，工厂设在东南郊，煤烟就会向东南散去，不会笼罩在市区的上空。这个区域附近，是设备周全的工人住宅区，除了住房，还有合作社、托儿所、文娱场所和医疗站。

风景美丽的西北郊是文教区。科学院，各个大学，许多专科学校和研究机关，都要很好地安排在这个区域内。所有的建筑物都是有组织的，表现出艺术的一致性。全区将成为一个全国学术研究的中心。

更西一点的地带是风景区，原来就有许多大寺院和名胜古迹，将来还要建筑起无数的疗养院、休养所，供给劳动人民享用。

邻近这些区域的空地上，都将和工业区附近一样，建立起许多安静而方便的住宅区，每区都有足够为居民们服务的合作社、托儿所、小学校、医院、文化宫和剧院等设备。

北京还要造富丽堂皇的铁路客车站，位置可能在广安门外，永定门外和东郊几个地方。东郊、丰台和石景山，还要有规模宏大的货车站，北京和各地间的旅客来往和货物运输，便可以得到充分的方便。

最含革命性的计划是对北京河湖系统的改造。我们还要恢复北京和天津之间运河的作用。城墙周围的护城河也要加宽加深，河的两岸都用花岗岩砌成堤岸；等永定河上游的官厅水库完成后，那里

一个建筑工作者所拟的明日的北京市区中一条街道的景象

的水就可以引到运河和护城河里来。小型汽船便可以由天津直驶到正阳门，由护城河可以划船到北海，由北海也可以划船出城，沿着西郊美丽的长河，直达颐和园。这一带简直就成了水上公园了。城内城外美丽的宫殿、庙观、寺塔、园林和所有名胜古迹，也都要组织到整体计划中来，成为人民文娱、休养、学习地方，它们将像珍珠一样镶嵌在明日花园般的城市之中，发出无可比拟的光辉。

这次来中国的苏联文化代表团里有一位同志，曾经提醒我们说："你们习惯于你们自己的东西，你们可能不常常觉察到你们的国家是多么伟大而丰富的。你们的建设的迅速，也正像一位魔术家一样是令人惊异的。"

真的，我们首都美丽的远景，是必会像魔术一样很迅速地出现在我们面前的。它将随同我们国家经济建设的进展而加速实现。

初刊于一九五四年十二月《建筑学报》第二期,署名梁思成、林徽因、莫宗江。

中国建筑发展的历史阶段

建筑是随着整个社会的发展而发展的。它和社会的经济结构、政治制度、思想意识与习俗风尚的发展有着密不可分的联系。经济的繁荣或衰落,对外战争或文化交流,和敌人入侵等都会给当时建筑留下痕迹。因此我们不能脱离这一切,孤立地去研究建筑本身的发展演化;那样我们将无法了解建筑发展的真实内容,不能得出任何正确的结论。

中国建筑也是如此。它随着各个时代政治、经济的发展,也就是随着不同时代的生产力和生产关系,产生了不同的特点,但是同时还反映出这特点所产生的当时的社会思想意识,占统治地位的世界观。生产力的发展直接影响到建筑的工程技术,但建筑艺术却是直接受到当时思想意识的影响,只是间接地受到生产力和生产关系的影响的。

现在我们试将中国四千年历史中建筑的发展分成为若干主要阶段,将各个阶段中最有代表性的现存实物和文史资料中的重要建筑与建筑活动的叙述加以分析,说明它们的特点,并从它们和整个社会发展状况相联系的观点上来了解观察这些特点:看它们是怎样被各个不同时代的劳动人民创造出来,解决了当时实际生活所提出来的什么样的复杂问题；在满足当时使用者的物质的和精神的许多不同的要求时，曾经创造过些什么进步传统，累积了些什么样的工程技术方面的经验，和取得了什么样的造形艺术方面的成就。

这些阶段彼此并不是没有联系的。相反的，它们都是互相衔接不可分割的；虽是许多环节，却组成了一根整的链条。每一时代新的发展都离不开以前时期建筑技术和材料使用方面积累的经验，逃不掉传统艺术风格的影响。而这些经验和传统乃是新技术、新风格产生的必要基础。

各时代因生产力的发展，影响到社会生活的变化；而这些变化又都一定要向建筑提出一些新的问题、新的要求。这些社会生活的变化，一大部分是属于上层建筑的意识形态的。因此这些新问题、新要求也有一大部分是属于思想意识的，不完全属于物质基础的。为了解决这些新问题，满足这些新要求，便必须尝试某些新的表现方法，渗入到原来已习惯的方法中，创造出某些新的艺术体形、新的艺术内容，产生出新的艺术风格；并且同时还不得不扬弃某些不再合用的作风和技术。这样，在前一时期原是十分普遍的建筑特点，在内容和形式上便都有了或多或少的改变，后一时期的建筑特点就开始萌芽。这就是建筑的传统与革新的必定的过程。

在相当一个时期之内，最普遍的、已发展成熟且代表着数量较大、为当时主要类型的建筑物的风格特征的，我们把它们概括地归纳在一个历史阶段之内。因此这个阶段中，前后期的实物必然是承上启下，有独特变化的一些范例。我们现在很不成熟地暂将几千年的中国建筑大略分成如下七个阶段，为的是能和大家将来做更细致的商榷和研究。

第一阶段——从远古到殷
（公元前一一二二年以前）

考古学家在河北省房山县周口店龙骨山发现的"北京人"遗址供给我们中国建筑史上最早的实物资料。它说明四五十万年前，华北平原上使用极粗的石器，已知用火的猿人解决居住问题的"建筑"是天然石灰岩洞穴。

在周口店猿人洞的山顶上又发现有约十万年前的人骨化石、石器和骨器。考古家称这时期的文化为"山顶洞文化"。这时遗留的兽骨、鱼骨，证明这时的人过的是渔猎生活。遗物中有骨针，证明他们已有简单的缝纫；人骨化石旁散有染红的石珠，显然他们已有爱美装饰的观念。

天然洞穴之外，还有人工挖掘的窨穴，许多是上小下大的"袋形穴"。这些大约是公元前三千年的遗迹。在华北黄土区削壁上也有掘进土壁的水平的洞。

中国境内一向居住着文化系统不同、祖先世系不同的各种族。他们各在所居住的土地上，和自然界作斗争，发展自己的文化，也互相有冲突，互相影响，以至于融合。在地下遗物中留着不少痕迹。在河南渑池县仰韶村发现有较细的石器、石制农具、石制纺轮、石镞和彩色陶器等遗物的遗址。这些遗物证明居住在这里的人的生活情况是畜牧业和最原始的农业逐渐代替了渔猎，因而开始定居，并有了手工业。和它同系的文化散布在广大的中国西北地区，总称做"仰韶文化"。当时的人居住过的遗址多半在河谷里，大约为了取水方便，又可以利用岸边高地掘洞穴。在山西夏县遗址中所见,他们的住处是挖一长方形土坑,四面有壁,像小屋,屋屋相连,很像村落。仰韶文化是中国先民所创造的重要文化之一,考古家推断为黄帝族的文化,比羌、夷、苗、黎等族有更高的成就,距今约有四五千年。这时期不但有较细致的石制、骨制器物,而且纹饰复杂,色彩美丽,有犬、羊和人的形纹画在陶器上。遗迹中有许多地穴,虽然推测穴上也可能有树枝茅草构成的覆盖部分,但因木质实物丝毫无存,无法断定。

古代文献给我们最早的纪录资料是春秋时人提到的尧、舜时期的房子:尧的"堂高三尺,茅茨土阶"。现在我们所已得到的最早的建筑实物是河南安阳殷时代的宫殿或家庙遗址:底下有高出地面的一个土台,上有排列的石础和烧剩的木柱的残炭。大体上它们是符合于"堂高三尺"的说法的。但由于殷墟遗址上地穴仍然很多,一般人民居住的主要仍是穴居和半穴居方法,有茅茨和高出地面的土台的,可能是阶级社会开始时的产物,在尧时还没有出现。殷墟夯土台以下所发见比殷文化更早的穴居,它们是两两相套的圆形穴,状如葫芦,也像古代象形字里的"宫"(宫)字,穴内墙面已用白灰涂抹。

阶级社会开始于夏。夏的第一代禹是原始灌溉的发明者,又因同黎族、苗族战争胜利,把俘虏做奴隶,用于生产,是生产力大大跃进的时代。

生产力的提高开始影响到生产关系。禹的儿子启承继父亲做首长,开始了世袭制度。历史上称这一世系的统治者做夏朝,是中国历史上第一个朝代。由这个时期起才开始破坏了原始公社制度,产生了阶级社会;社会中贵与贱,贫与富逐渐分化,向着奴隶制度国家发展。

夏的文化就是考古学家所称的黑陶或龙山文化，分布地区很广（河南、山东和江南都有遗物发现），农业知识和手工艺的水平高于仰韶文化。但夏时常迁都，主要遗址尚待发掘。传说夏有城郭叫做"邑"。财产私有才有了保卫的必要；有了奴隶的劳动，城池一类的大土方建筑也成了可能。在山东龙山镇城子崖发现一处有版筑城墙的遗址，墙高约六公尺，厚约十公尺，南北长四百五十公尺，东西三百九十公尺，工程坚固，但是否夏的实例，我们还不能得出结论。夏启袭位以后，召集各部落酋长在"钧台"大会，宣告自己继位。因为夷族不满意，启迁到汾浍流域的大夏，建都称做"安邑"。这两个作为地名的"台"和"邑"，和这类型的建筑物可能是有关系的。高出地面的和围起来的建筑物似乎都是在阶级社会形成的初期出现的。

夏启传到著名暴君桀是四百多年长的时间，纺织业和陶器物都很发达，已用骨占卜，后半期也有铜的遗物。文化又有若干进展。奴隶主的残酷统治招致了灭亡。夏桀是被殷的祖先商汤所灭。

商是在东方的部落，在灭夏以前已有十几代，文化已有相当发展，农业知识比夏更高，手工业也更进步，并且已利用奴隶生产，增加货物的制造。和建筑技术有密切关系的造车技术也传说是汤的祖先相土和王亥等所发明的。尤其是王亥曾驾着牛车在部落间做买卖交易货物，这个事实和后代的殷民驾车经营商业的习惯有关。

商汤传了十代，迁都五次，到盘庚才迁移到现在河南安阳县的小屯村。这地方就是考古学家曾作科学发掘研究的殷墟遗址所在。内中有供我们参考的中国最早的地面建筑物的基址残迹。盘庚以后传到被周武王灭掉的纣，商朝文化又经过六百余年的发展。

在阶级剥削的基础上，商朝的文化比夏朝更有显著的进步。中国古代文化，包括文学、音乐、艺术、医药、天文、历法、历史等科学，在商朝都奠定了初基，建筑也不是例外。

殷墟遗址的发掘给了我们一些关于殷代建筑的知识。遗址是一些土台，大致按东西和南北的方向排列着，每单位是长方形的，长面向前。发掘所见有夯土台基，柱下有础石，且用铜楯垫在柱下，间架分明，和后代建筑相同。因有东西向的和南北向的基址，可见平面上已有"院"的雏形。大建筑物之前还有距离相等的三座作为大门的建筑。韩非子所说的尧"堂高三尺，茅茨土阶"倒很像是描写殷代的宫殿或家庙的建筑。至于《史记》所说"南距朝歌，北据邯郸及沙丘，皆为离宫别馆"，形状如何，已不可见。殷亡后，封在朝鲜的殷贵族箕子来朝周王，路过殷墟，有"感宫室毁坏生禾黍"的话。我们知道这些建筑在周灭殷时就全部被焚毁了。考古学家断定殷墟所发掘的基址是"家庙"。这些基址的周围有许多坑穴，埋着大量的兽骨——祭祀时所杀的祭牛，乃至象、鹿等骨骼，也有埋着人骨的。另外经过发掘的是一些大型墓葬，内部用巨木横叠结构作墓室，规模庞大，不但殉葬器物数量大，珍品多，还杀了大量俘虏殉葬。这些资料所反映的情况是殷统治者残酷地对待奴隶，迷信鬼神，隆重地祭祀祖先，积聚珍品器物，驱使有专门技术的工奴为统治者制造铜器、玉器、陶器、骨器、纺织等和进行房屋建造。遗址中还有制造各种器物的工场。

第二阶段——西周到春秋·战国

（公元前一一二二年至前二四七年）

周是注重农业生产而兴旺起来的小部落，对耕作的奴隶比较仁慈。周文王的祖父太王的时代，被戎狄所迫，不愿战争，率领一批人民迁到岐山下（陕西岐山县），许多其他地方的人民来依附他，人口增多。太王在周原上筑城郭家屋，让人居住，分给小块土地去开垦，和耕种者之间建立了一种新的关系。从此就开始了封建制度的萌芽，也成立了粗具规模的小国。

在我国最古的文学作品《诗经》里有一篇关于周初建筑的歌颂和描写，使我们知道，周初开始的新政治制度的建筑和殷末遗址中迷信鬼神，残酷对待奴隶的建筑，内容上是极不相同的。诗里先提到的是生活更美好，人民对这次建造有很高的情绪，例如说周祖先过去都是穴居的，"未有家室"，而迁到岐下时便先量了田亩，划出区域，找来管工程的"司空"和管理工役的"司徒"，带了木版、绳子和版筑用的工具来建造房子。他们打着鼓，兴奋地筑起许多堵用土夯筑的墙壁。接着又说先建了顶部舒展如翼的宗庙，"作庙翼翼"，然后又立起很高的"皋门"，和整齐的"应门"，然后筑集会用的"大社"的土台或广场。虽然当时的具体形象我们不得而知，可注意的是这时建筑已不是单纯解决实用的而是有代表政治制度思想内容的作用的；并且在写这章诗的年代，已意识到人们对自己所创造的建筑物的艺术形象所起的效果是感觉愉快而骄傲的。

周文王反对殷统治的残暴、贪财、侈奢、酗酒和嬉游无度，荒废耕地。他自己所行的是裕民政策，他的制度建立在首领奉行"代天保民"，后代称为行"仁政"的思想上。事实上，这就是征收较有节制的租税，不强迫残暴的劳役，让农家有些积蓄，发生力耕的兴趣，提高生产。关于这种政治情况的时代的建筑物，一定还很简单朴实，如《诗经》所载周文王著名的灵囿，囿中有灵台和灵沼。古代的囿是保留着有飞禽走兽供君王游猎的树林区；内中的台和沼，就是供狩猎时瞭望的建筑，和养禽鸟的池沼。这种供古代统治者以射猎集会、聚众游宴的台，或开始于更远古利用天然的土丘而发展的，到了春秋战国，诸侯强盛的时候，才成为和宫室同样重要的台榭建筑。再发展而成为秦汉皇宫苑囿中一种主要建筑物，侈丽崇峻的台殿楼观，积渐成为中国建筑中"亭台楼阁"的传统。

《诗经》中有一篇以文王灵台为题材，描写人民为他筑台时的踊跃情形以反映政治良好的气象的诗。足见封建初期征用劳动力还有限，劳动人民和统治者在利益上还没有大的矛盾，对于大建筑物的兴建，人民是有一定的热情和兴趣的。这正是周制度比商进步的证据。但是无可疑问的，这时周的工艺还简陋，远不如代代有专门技术奴隶进行制造奢侈器物的商和殷。殷统治下的氏族百工，分工很细，有大量奴隶。周公灭殷时，分殷民六族给鲁，七族给卫，内中就有九种专工。殷的铜器和刻玉，不但在技术上达到高度发展，在艺术造形和纹样图案方面也到了精致无比的程度。周占有了殷的百工后，文化艺术才飞跃地向前发展了。

西周之初，曾建造过三次城，一次比一次规模大，反映出它的发展，且每次内容也都反映出当时政治经济的情况的特点。第一次是他们农业发展到渭水流域，在沣水西边，文王建丰邑。第二次是武王建镐京，不但在沣水东边，而且由称"邑"到称"京"，在规模上必然是有区别的。第三次是周公在洛阳建王城,后来称东京。这次的营建是政治军事的措施。周灭东边的强国殷,俘虏了殷的贵族(大小奴隶主们),降为庶民;他们不服,周称他们做"顽民",成了周政治上一个问题。为了防止叛乱,能控制这些"顽民",周公选了洛阳,筑了成周,把他们迁到那里生产,并驻兵以便镇压。因此在成周之西三十余里,建造了中国最古的有规划的极方正的王城。这种王城的规模制度,便成了中国历代封建都市的范本。

一向威胁西周安全的是戎狄,反映在建筑上就有烽火台这种军事建筑物,它是战国时各国长城的先声。

到现在为止,我们对遗址从未作过科学发掘的西周建筑,没有一点具体实物资料。号称周文王陵的大坟墓也有待于考古家发掘证实;过去有所谓文王丰宫的瓦当是极可怀疑的遗物。

周的政治制度,虽说是封建制度的萌芽,但是在建筑物上显然表现出当时是利用大量奴隶俘虏进行建造的,如高台、土城、陵墓都是需要大量劳动力的、有大量土方的工程,而主要的劳动力的来源是俘虏的奴隶。

西周被戎狄攻入,迁到洛阳称东周以后到春秋战国,王室衰微,诸侯各在自己势力范围内有最大权威,成立独立的大小国家。他们不严格遵守领主所有制:原来领主封得的土地可以自由买卖,产生了新兴的地主阶级。又因开始使用铁器,不但农业生产提高,并且大大影响到手工业和商业的发展。诸侯国的商业比周王国更发达。各处出现了大小都邑,如齐的临淄,赵的邯郸,郑的郑邑,卫的卫邑,和晋的绛,后来还有秦的咸阳和楚的寿春等等。这些城邑,都是人口增多,成了大商业中心。临淄的人口增到了七万户。手工业者由奴隶的身份转变为自由职业的匠人，还有自己的"肆"，坐在肆中生产并营业。巧匠是很被推崇的人物，尤其是木匠和造车的，都留下闻名到后代的匠师，如鲁的公输班，和轮匠扁这样的人物。

春秋战国时代，不但生产力和生产关系都起了变化，各国文化也因同非华族的民族不断战争和合并，推动了很蓬勃的发展。东方齐、鲁、卫早在商殷的基础上加了夷族的贡献，发展了华夏文化；最先使用铁器就是夷族。南方又有楚越开发长江流域的文化，吸收苗蛮的成就；如蚕业和漆器的卓越成就，不可能没有苗民的贡献。西方的秦在戎狄中称霸，开国千里，又经营巴蜀，一跃而成为诸侯国中最先进的国家。晋楚中间的小国郑，商业极端发达，用自己的经济特点维持在大国间自己一定的势力。近来新郑出土的铜器证明它的手工业也有自己极优秀的创造。这时北方的燕开始壮大，筑长城防东胡，发展中国北面的文化。韩、赵、魏三家分晋，各自独立发展，仍然都是强国。这样分布在全中国多民族的文化发展，后来归并成了七国，是统一中国的秦汉的雄厚基础，其中秦楚的贡献最大。

在建筑上，这时期最重要的是为农业所最需要的"邑"的组织形式：如有"十室之邑"，和"千室之邑"等这种不同的单位。大都邑有时也称国，国有城池之设，外有乡民所需要的"郭"；内有商业所需要的"市"；卿士们所住的"里"；手工业生产者所需要的"肆"；诸侯的宫室、宗庙、路寝；招待各国使者的"馆"；王侯宴会作乐的"台榭陂池"，以及统治者的陵墓。人民所创造的财富愈大，技术愈精，艺术愈高，统治者愈会设法占有一切最高成就为他们的权利，乃至于不合理的享乐服务。宫室和台榭等等在这个时代，很自然地开始有雕琢加工的处理出现。晋灵公"厚敛以雕墙，从台上弹人，而观其避丸"，文献就给了我们这样一个例子。

今天我们所能见的建筑实物只有基址坟墓。大陵也还没有系统地发掘，小墓过于简单，绝不能代表当时地面建筑所达到的造形或技艺的水平。从墓中出土的文物来看，战国时工艺实达到惊人的程度。东周诸侯各国器物都精工细作，造形变化生动活泼，如金银镶错的器物，工料和技艺都可称绝品。新郑的铜器，飞禽立雕手法鲜明；楚文物中木雕刻、漆器、琉璃珠等都是工艺中登峰造极的。当时有多少这样工艺用到建筑上，我们无法推测。它们之间必然有一定程度的联系则可以断言。

文献上"美宫室，高台榭"的记载很多。鲁庄公"丹桓宫之楹而刻其桷"；赵文子自营居室，"斫其椽而砻之"，是建筑上加工的证据。晋平公"铜鞮之宫数里"。吴王夫差的宫里"次有台榭陂池"，建筑规模是很大的。由余见了秦穆公的"宫室积聚"，曾说："使鬼为之则劳神矣！使人为之亦苦民矣！"这两句话正说出了工程技巧令人吃惊，而归根到底一切是人民血汗和智慧的意思。我们可以推测当时建筑规模、艺术加工，绝不会和当时其他手工艺完全不相称的。

在发掘方面，我们只有邯郸赵丛台和易县燕下都的不完整基址。这些基址证明当时诸侯确是纷纷"高台榭以明得志"。最具体的形象仅有战国猎壶上浮雕的一座建筑物。建筑物约略形状已近似汉画中所常见的。虽然表现技术是古拙的，所表现的结构部分却很明确，显然是写实的。根据它，我们确能知道战国寻常木结构房屋的大体。

没有西周到春秋战国这样一个多民族发展时期蓬勃的创造为基础，两汉灿烂的文化是不可能的。

第三阶段——秦·汉·三国
（公元前二四七年至二四六年）

秦逐渐吞并六国，建立空前的封建极权皇朝，建筑也相应地发展到空前的规模。

秦的都城咸阳原是战国时七国之一的王城规模。秦每攻灭一个国家，就在咸阳的北面仿建这个国家的宫室。到秦统一六国，战国时期各国建筑方面的创造经验也就都随而集中到咸阳。战国以来各国高台榭、美宫室的各种风格在秦统一全国的过程中，发展出集珍式的咸阳宫室。这些宫殿又被"复道"和"周阁"连结起来，组合成复杂连续的组群，在总的数量以及艺术的内容上是远超出六国宫室之上。

公元前二二一年，全国统一之后，形成了新的政治经济形势。咸阳从前秦所建的王宫已经不能适应新情况的要求；到公元前二一二年开始兴建历史上著名的"阿房宫"。这座空前宏伟的宫是以全国统一的政治中心的规模建造的，位置在咸阳南面的渭水南岸。主要的"前殿"建在雄伟的高台上；根据记载是东西五百步，南北五十丈，上面可以坐万人，台下可以竖立高五丈的大旗；周回都有阁道；殿前有"驰道"，直达南山，并加筑南山的山顶，作为殿前的门阙；殿后加"复道"，跨过渭水与咸阳相连。这种带山跨河，长到几十里的布置手法以及咸阳附近二百里内建造了二百七十多处宫观和大量连属的复道的纪录，可以看到秦代建筑惊人的规模。

极其夸张的宫室建筑之外，秦代建筑雄大的规模也表现在世界驰名的长城上。秦代的长城是西起临洮，东到辽东，藉战国各国旧有的长城为基础，用三十万士兵囚犯筑成的跨山越野蜿蜒数千里的军事工程。与长城相当的还兴筑了贯通全国重要城市的军用"驰道"，也是非常惊人的措施。

这些完全不顾民力的庞大建设工程，一方面表现了秦代惨酷的军事统治，另一方面也说明了战国以来生产力的发展，在得到统一之后发挥出的力量；整个秦代的建筑在新的经济基础上的发展是远超越了以前各时代，开创了新的统一的封建王朝的规模。

秦代的宏伟建筑仍是以木材结构配合极大的夯土高台建成的。这些庞大的工役一部分由内战时代俘虏担任，另一部分是征召来的人民在暴力强迫下进行的。秦以胜利者的淫威，在不顾民力的大兴工役中，横征暴敛，使人民流离死亡，更加深了阶级矛盾，促成了中国第一次大规模的农民起义。人民血汗和智慧所创造的咸阳壮丽的宫室只被人民认作残暴统治的象征。项羽领兵纵火全部烧毁它们以泄愤是可以理解的。但从此每次在易朝换代的争夺中，人民的艺术财富，累积在统治者的宫中纪念性建筑组群里的，都不能避免遭到残酷的破坏。

秦代的建筑现在仅能从阿房宫遗址和骊山秦始皇陵庞大的土方工程上看到当时的规模。秦始皇陵内部原有豪华的建筑和陈设也遭到项羽入关时劫掠破坏。但这部分秦代人民的创造残余部分，无疑的还埋藏在地下，等待考古科学家加以发掘整理。

西汉是秦末的农民斗争产生的封建统一王朝。这次起义所表现人民的力量，使汉初的统治者采用简化刑法和减轻剥削的政策，使人民得到休息，恢复了生产。

汉初的建筑是在战争没有结束时进行的。重要的建筑是在咸阳附近利用秦的离宫故基为基础修建的长乐宫。这座宫周围二十里，是一座具有高台大殿和许多附属殿屋的宫城。

接着建造的未央宫是西汉首创的一座宫。它的周围是二十八里，主持规划的是萧何，技术方面负责的是军匠出身的阳城延。刘邦曾因见到这座建筑的奢侈华丽而发怒。萧何说他主张建造未央宫的理由是"天子以四海为家，非壮丽无以重威"。这说明他认识到统治者可以使他的建筑作为巩固他的政权的一种工具；认识到建筑艺术所可能有的政治作用。这个看法对以后历代每次建立王朝时对于都城和宫室等艺术规模的重视起了很大的影响。

未央宫的前殿是以龙首山作殿基，使这座大殿不必使用大量的土方工程，就很自然地高耸出附近的建筑之上。这是高台建筑创造性的处理，目的在避免秦代那样使用大量人力进行土方工程的经验。

长乐、未央两宫都在秦咸阳附近，都是独立完整成组的规模。后建的未央宫是据龙首山决定的位置，两宫东西之间虽距离很近，但不是很整齐并列的。到公元前一八七年筑长安城时，南面包括两宫在内，北面因发展到渭水岸边，因此汉长安城的平面图形南北都不是整齐的直线。但这座壮丽大城的城内是规划成方正整齐的坊里，贯以平直宽阔的街道组成的，它的规模也发展到周围六十五里。

汉初的政策使农业得到急速的发展，到武帝时七十年间的和平时期，国家积累了大量的财富。随着经济的繁荣，西汉这时的国力和文化都超出附近国家。当时北方游牧的匈奴是最强悍的敌对民族，屡次侵入北方边境；中国甘肃以西的少数民族分成三十六国，都附属于匈奴。汉武帝想削弱匈奴，派张骞出使西域了解各国情况，并企图掌握与西方商业交通的干路。汉代因向西的发展而与优秀的古代小亚细亚和印度的文化接触，随着疆域的扩张和民族斗争的胜利，突破了以前局限的世界地理知识，形成大国的气派和自信。汉武帝时是早期封建社会的高峰，这时期的建筑，除增建已有的宫室之外，又新建了许多豪侈的建筑，其中如长安的建章宫和云阳的甘泉宫都是极其宏阔壮丽的庞大的建筑群。

建章宫在长安城西附郭，前殿更高于未央，宫内的建筑被称为"千门万户"，所连属的囿范围数十里；宫内开掘人工的太液池，并垒土作山，池中的渐台高二十余丈。高建筑如神明台、井干楼各高五十丈。神明台上有九室，又立起承露盘高二十丈，直径大有七围。井干楼是积叠横木构成的复杂木构建筑。中国最早的高层建筑在这时候产生了。

长安东南的上林苑周围三百余里，其中离宫七十多座，能容千骑万乘。

西汉的宫室园囿很多是就秦代所筑的高基崇台作基础的，一般建筑规模并不小于秦代。由于生产关系比秦代进步，整个国家在蓬勃发展中，因此许多游乐性质的建筑在工料上又超过了秦代。这个时期的建筑，是随着整个社会的发展而又向前迈进了一步。

西汉农业的发展走向自由兼并。随着土地集中，阶级分化，到西汉末引起的农民起义，又再次在混战中焚毁了长安的宫室。

东汉是倚靠地主阶级的官僚政权统治人民的，国家的财力比较分散，都城洛阳的宫室规模不及长安，但在规划上更发展了整齐的坊里制度，都城的部署比长安更整齐了。

这时期的建筑，是王侯、外戚、宦官的宅第非常兴盛，如桓帝时大将军梁冀大建宅第，其妻孙盛也对街兴建，互相争胜。建筑是连房洞户，台阁相通，互相临望。柱壁雕镂，窗用绮疏青琐，木料加以铜和漆，图画仙灵云气；又广开苑囿，垒土筑山；飞梁石磴，凌跨水道，布置成自然形势的深林绝涧。豪侈的建筑之外，宅第中的园林建筑也非常讲究。这些宅第的建筑记载超过了宫室，正反映着东汉社会的具体情况。

东汉洛阳的建筑也在末年的军阀战争中被董卓焚毁了。

这时期中可能是由于与西方交通的影响，用石材建造坟墓前纪念性建筑的风气逐渐兴盛。现在还留下少数坟墓前的石阙和石祠，其中如西康雅安的高颐阙，山东嘉祥的武氏石阙和石室都是比较著名的遗物。在雅安的高颐阙选用的式样和浮刻上是充分地应用了当时的木建筑形式。在这些比例谨严的石刻遗物上可以看到一些具体的汉代建筑艺术形象。

考古学家发现的明器中有许多陶制的建筑模型和画像砖，使我们具体地看到汉代建筑的形象，由殿宇、堂屋、楼阁、台榭、庭院、门阙、城楼、桥梁到仓廪、厩厕等等。还有每次发掘所发现的汉代工艺美术品，其中如丝织、漆器、铜器之中，都有极其精美的作品，与汉代辉煌的物质文化发展情况相符合。而汉代建筑的精华则不是现存这些砖石坟墓的建筑或明器上所表现的所能代表的。在对大规模的遗址还没有作科学发掘工作的目前，我们仅能认识到汉代建筑的一些片断而已。

三国分裂的时期中，曹魏所据的中原地区有比较优越的人力和物质条件，建筑的规模也比较大。这时期中最突出的成就是曹操经营的邺城。从这座都城的文献记载上可以看到简单明确的分区规划和中轴对称的布局是发展到比东汉的洛阳更高的水平上。邺城的规划中如皇宫位置在城内中轴的北部，使皇宫面临城内纵横相交的主要干道；居民的坊里布置在城内南部；左右干道的交点布置成坊市的中心等先进的方式，都是隋唐长安的先型。

南方比较边远的地区，经吴和蜀两国的经营，经济文化都得到一定的发展。从考古学家发现的一些片断资料看到整个三国时期大致仍是汉代工程技术与艺术风格的继续，并没有显著的变化。

第四阶段———晋·南北朝·隋
（公元二六五年至六一八年）

六朝的建筑是衔接中国历史上两个伟大文化时期——汉代与唐代——的桥梁，也是这两时期建筑不同风格急剧转变的关键。它是由汉以来旧的、原有的生活习惯、思想意识和新的社会因素，精神上和物质上剧烈的新要求由矛盾到统一过程中的产物。产生这新转变的社会背景主要有三个因素：一是北方鲜卑、羌等胡族占据中原——所谓"五胡乱华"在中国政治经济和文化上所起的各种复杂的变化。二是汉族的统治阶级士族豪门带了大量有先进技术的劳动人民大举南渡，促进了南方经济和文化的发展。三是在晋以前就传入的佛教这时在中国普遍的传播和盛行，全国上下的宗教热忱成了建筑艺术的动力。新的民族的渗入，新的宗教思想上的要求，和随同佛教由西域进来的各种新的艺术影响，如中亚、北印度、波斯和希腊的各种艺术和各种作风，不但影响了当时中国艺术的风尚手法，并且还发展了许多新的，前所未有的建筑类型及其附属的工艺美术。刻佛像的摩崖石窟，有佛殿、经堂的寺院组群，多层的木造的和砖石造的佛塔，以及应用到世俗建筑上去的建筑雕刻，如陵墓前石柱和石兽和建筑上装饰纹样等，就都是这时期创造性的发展。

寺院组群和高耸的塔在中国城市和山林胜景中的出现划时代地改变了中国地方的面貌。千余年来大小城市，名山胜景，其形象很少没有被一座寺院或一座塔的侧影所丰富了的。南北朝就是这种建筑物的创始时期。当时宗教艺术是带有很大群众性的。它们不同于宫廷艺术为少数人所独占，而是人人得以观赏的精神食粮，因此在人民中间推动了极大的创造性。

北魏统治者是鲜卑族，尊崇佛教的最早的表现方法之一是在有悬崖处开凿石窟寺。在第五世纪后半叶中，开凿了大同云冈大石窟寺。最初或有西域僧人参加，由刻像到花纹都带着浓重的西域或印度手法风格。但由石刻上看当时的建筑，显然完全是中国的结构体系，只是在装饰部分吸取了外来的新式样。北魏迁都到洛阳，又在洛阳开造龙门石窟。龙门石窟中不但建筑是原来中国体系的，就是雕刻佛像等等，也有强烈的汉代传统风格。表现的手法很明显是在汉朝刻石的基础上发展起来的。在敦煌石窟壁画上所见也证明在木构建筑方面，当时澎湃的外来的艺术影响并没有改变中国原有的结构方法和分配的规律。佛教建筑只是将中国原有的结构加以创造性的应用和发展来解决新问题。最明显的例子就是塔和佛殿。

当时的塔基本上是汉代的"重楼",也就是多层的小楼阁,顶上加以佛教的象征物——即有"覆钵"和"相轮"等称做"刹"的部分。这原是个缩小的印度墓塔(中国译音称做"窣堵坡"或"塔婆")。当时匠人只将它和多层的小楼相结合,作为象征物放在顶部。至于寺院里的佛殿,和其他非宗教的中国庭院殿堂的构造根本就没有分别。为了内容的需要,革新的部分只在殿堂内部的布置和寺院组群上的分配。

这时期最富有创造性而杰出的建筑物应提到嵩山嵩岳寺砖塔。在造型上,它是中国建筑第一次,也是唯一的一次试用十二角形的平面来代替印度窣堵坡的圆形平面,用高高的基座和一段塔身来代表"窣堵坡"的基座和"覆钵"(半球形的塔身),上面十五层密密的中国式出檐代表着"窣堵坡"顶上的"刹"。不但这是一个空前创作,而且在中国的建筑中,也是第一个砖造的高度达到近乎四十公尺的高层建筑,它标志着在砖石结构的工程技术上飞跃的向前跨进了一大步。

南北朝最通常的木塔现在国内已没有实物存在了。北魏杨衒之在《洛阳伽蓝记》中详尽地叙述了塔寺林立的洛阳城。一个城中,竟有大小一千余个寺庙组群和几十座高耸的佛塔。那景象是我们今天难以想象的。木塔中最突出的是永宁寺的胡太后塔:四角九层,每层有绘彩的柱子,金色的斗栱,朱红金钉的门扇,刹上有"宝瓶"和三十层金盘。全塔架木为之,连刹高"一千尺",在"百里之外"已可看见。它在城市的艺术造型上无疑地是起着巨大作用的高耸建筑物。即使高度的数字是被夸大了或有错误,但它在木结构工程上的高度成就是无可置疑的。这种木塔的描写,和日本今天还保存着若干飞鸟时代（隋）的实物在许多地方极为相近。云冈石窟中雕刻的范本和这木构塔的描写基本上也是一致的。

当隋统一中国之前，南朝"金粉地"的建康，许多侈丽的宫殿，毁了又建，建了又毁，说明南朝更迭五个朝代，统治者内部政治局势的动荡不定。但统治阶级总是不断地驱使劳动人民为他们兴建豪华的宫殿的。在艺术方面，虽在政治腐败的情况下，智慧的巧匠们仍获得很大的成就。统治者还掠夺人民以自己的热情投在宗教建筑上的艺术作品去充实他们华丽的宫苑。齐的宫殿本来已到"穷极绮丽"的程度，如"遍饰以金壁，窗间尽画神仙，……椽桷之端悉垂铃佩，……又凿金为莲花以帖地"等等，他们还嫌不足，又"剔取诸寺佛刹殿藻井、仙人、骑兽以充足之"。从今天所仅存的建筑附属艺术实物看来，如南京齐、梁陵墓前面，劲强有力，富于创造性的石柱和石兽等，当时南朝在木构建筑上也不可能没有解决新问题的许多革新和创造。

到了隋统一全国后，宫廷就占有南北最优秀的工艺匠人。杨广（隋炀帝）的大兴土木，建东京洛阳，营西苑时期，就有迹象证明在建筑上摹仿了南朝的一些宫苑布局，南方的艺匠在其中也起了很大作用。凿运河通江南，建造大量华丽有楼殿的大船时，更利用了江南木工，尤其是造船方面的一切成就。在此之前，杨坚（文帝）曾诏天下诸州各立舍利塔，这种塔大约都是木造的，今虽不存，但可想见这必然刺激了当时全国各地方普遍的创造。

在石造建筑方面，北魏、北周、北齐都有大胆的创造，最丰富的是各个著名的石窟寺的附属部分。也就是在这时期一位天才石匠李春给我们留下了可称世界性艺术工程遗产的河北赵县的大石桥。

中国建筑艺术经过这样一段新鲜活泼的路程,便为历史上文艺最辉煌的唐代准备了优越的条件。

第五阶段——唐·五代·辽
（公元六一八年至一一二五年）

这个阶段的建筑艺术是以南北朝在宗教建筑方面和统一全国的隋代在城市建设方面所取得的成就为基础的。初唐建设雄宏魁伟的气魄和中唐雅致成熟的时代风格是比南北朝或隋代的宗教艺术更向前迈进了一大步的。唐将外来许多新因素汉化了,将陌生的非中国的成分和典雅庄严对称的中国格局相结合,为中国的封建社会生活服务。如须弥座、莲瓣、柱础、砖塔、塔檐瓦饰、栏杆之类都改进成更接近于中国人民所习惯的风格。在砖塔式样上也经过一些成熟的变化;中国第一座八角塔就在这时期初次出现。唐建筑制度、技术手法和艺术作风的特点开始于初唐,盛于中唐前后,在中央政权削弱的晚唐和藩镇割据的五代时期仍在全国有经济条件的地区,风行颇长一个时期,而没有突出的改变。

唐政治经济的特点是唐初李渊父子统一了隋末暴政所引起的混战中的中国而保留了隋政治、经济、文物制度中的一些优点;在李世民在位的二十几年中,确使人民获得休养生息的机会。当时政治良好,而同时对外战争胜利,鼓励胡族汉人杂居,不断和西域各民族有文化和商业的交流。农业生产提高,商业交通又特别发展,海路可直通波斯。社会经济从此一直向上发展了百余年。基础稳定的唐代中央专制集权的封建社会恢复了西汉的盛况，全国文学艺术便随着有了高度的发展。唐代在建筑上一切成就也就是中国封建社会的文学艺术到达一个特殊全盛时代的产物。唐中央政权的腐朽削弱开始于内部分裂，终于在和藩镇的矛盾和农民的反抗中灭亡。但是工商业在很大程度内未受中央政权强弱的影响。宗教建筑活动也普遍于民间，并不限于中央皇室的建造。

当隋初统一南北建国时期计划了后来成为唐长安的大兴城时，有意识地要表现"皇王之邑"。因此建造的是都城、皇城、宫城、正朝、府寺、百司、公卿邸第、民坊、街市等等——明明白白的是封建政权的秩序所需要的首都建设。它所反映的是统一封建专制国家机器的一个重要方面。也就是当时的统治阶级所制定的所谓文物制度的一种。唐初继承了这样一个首都。最主要的修建就是改大兴殿为太极殿，左右添了钟楼、鼓楼，使耸起的形象更能表现中央政权的庄严。再次就是另建一个雄伟的皇宫组群。新建的大明宫在一条南北中线上立了一系列的大殿，每殿是一组群，前面有门，最南面是丹凤门和含元殿。大殿就立在龙首山的东趾上，"殿陛高于平地四十余尺"，左右有"砌道盘上，谓之龙尾道"。殿左右有两阁，阁殿之间用"飞廊"相接。这样的形象魁伟、气魄雄宏的规模，是过去汉未央宫开国气概的传统。不过在建造上显然是以汉兴以来八百年里所取得的一切更优秀的成就来完成的。但在宗教建筑方面，初唐承继了隋代的创建，并不鼓励新建造。这方面显然不是当时主要的活动。

代表初唐以后到中叶的建筑活动的有两个方面：宫廷权贵为了宴游享乐所建的侈丽宫苑建筑和邸第，和宗教建筑活动。在这两个方面高度艺术性的各种创造都是当时熟练的工匠和对宗教投以自己的幻想和热忱的劳动人民集体智慧的结晶。代表前一种的，可以举宫廷最优秀的艺匠为唐玄宗在骊山建筑的华清宫，这样著名的艺术组群，据记载是"骊山上下，益置汤井为池，台殿环列山谷"，并且一切是"制作宏丽"，"雕镂巧妙"，"殆非人功"的艺术创造。有名的长安风景区的曲江上宫苑也在这时期开始了建筑。至于当时权贵和公主们所竞起的宅第则是"以侈丽相高，拟于宫掖，而精巧过之"。这样的事实说明当时建筑工程技术和艺术上最高成就已不被宫廷所独占，而是开始在有钱有势的阶层里普遍起来了。

唐代的皇室因为姓李，所以尊崇道教，因为道教奉李耳为始祖。然而佛教的势力毕竟深入到广大民间，今天存留的唐代建筑，除极少数摩崖造像外，全部都是佛教的。其中较早的，全是砖塔。

唐朝的砖塔大致可分为四个类型：（一）"重楼式"塔，如西安慈恩寺的大雁塔和兴教寺的玄奘塔等。它们的形式像层层叠起的四方形重楼，外表用砖砌成木结构的柱、枋、斗栱等形象。这两座塔都建于七世纪后半和八世纪初年。它们是砖造佛塔中最早砌出木构形式的范例。（二）"密檐式"塔，如西安荐福寺的小雁塔，河南嵩山永泰寺塔和云南大理崇圣寺的千寻塔等。这个类型都在较高的塔身上出十几层的密檐，一般没有木结构形式的表面处理。以上两个类型平面都是正方形的，全塔是一个封顶的"砖筒"，内部用木楼板和木楼梯。（三）八角形单层塔，嵩山会善寺净藏禅师塔是这类型的孤例。它是五代以后最通常的八角塔的萌芽。（四）群塔，山东历城九塔寺塔，在一个八角形塔座上建九个小塔，是明代以后常见的金刚宝座塔的先驱。自从嵩山嵩岳寺塔建成到玄奘塔出现的一百五十年间，没有任何其他砖塔存留到今天，更证明嵩岳寺塔是一次伟大的尝试。而唐代在数量上众多和类型上丰富的砖塔则说明造砖和用砖的技术在唐代是大大地发展了一步。

宗教建筑方面一次特殊的活动是武则天夺得政权后，在洛阳驱役数万人建造奇异的"明堂""天堂""天枢"等。这些建筑物不是属于佛教的，但是创造性地吸取了佛教艺术的手法，为这个特殊政权所要表现的宗教思想而服务的。"明堂"称做"万象神宫"，内有"辟雍之像"，建筑物高到二百九十四尺，方三百尺，一共三层。"下层法四时；中层法十二辰，上为圆盖，九龙捧之；最上层法二十四气，亦有圆盖。以木为瓦，夹纻漆之，上施铁凤高一丈，饰以黄金。"在结构方面是很大胆的，当中用巨木，"上下通贯、栭、栌、撑、橝，藉以为本"。"天堂"高五级，是比明堂更高的建筑，内放"夹纻"大像（夹纻是用麻布披泥胎上加漆，干了以后去掉泥胎成空心的器物的做法）。"天枢"是高百余尺的八角铜柱，径大十二尺，下为铁山，周七十尺，立在端门外。这些创造，虽然都是极特殊的，但显然有它们的技术基础和艺术上的良好条件的。佛教建造的有在龙门崖上凿造的巨大石像，和窟外的奉先寺（寺的木构部分已不存，但这组巨像是唐代雕刻得以保存到今天的最可珍贵的实物之一）。

自七世纪末叶以后到八世纪中叶，建造寺院的风气才大盛。原因是当时社会的需要。八世纪中叶侈奢无度的中央政权遇到藩镇的叛变，长安被安禄山攻破，皇帝出走四川。唐中央政权从此盛极而衰，此后和地方长期战争，七八十年中，人民受尽内战的灾害搜刮之苦，超度苦难的思想普遍起来。在宫廷方面，软弱的封建主，遇有变乱，也急求佛法保佑，建寺用费庞大，还拆了宫殿旧料来充数。宫廷特别纵容僧尼，京城内外良田多被僧寺占有。在五台山造金阁寺，全用涂金的铜瓦，施工用料的程度也可见一斑。到了九世纪初叶，皇帝迎佛骨到京师，在宫中留三日，送各寺院里轮流供奉，王公士民敬礼布施，达到举国若狂的地步。宦官权臣和豪富施钱造寺院或佛殿、塔幢以求福的数目愈来愈多，为避重税求寺院庇荫的人民数目也愈来愈大。九世纪中叶宗教势力和政权间的矛盾便造成会昌五年（公元八四五）的"灭法"。当时下诏毁掉官立佛寺四千六百余区，私立寺院四万余区，归俗僧尼二十六万五百人，财货田产入官，取寺屋材料修葺公廨，铜像钟磬改铸钱币。这些事实说明人民的财富和心血，在封建社会的矛盾中，不是受到不合理的浪费，就是受到残酷的破坏，卓越的艺术遗产得以保存到今天的真是不到万一！

唐代有高度艺术的、崇峻而宏丽的宗教建筑大组群的完整面貌，今天已无法从实物上见到。对于建筑结构和装饰的形象，我们只有在敦煌石窟寺壁上，许多以很写实的殿宇楼阁为背景的佛教画里，可以得到较真实的印象。敦煌著名的壁画《五台山图》中描绘了九十座寺院组群的位置，其中之一"大佛光之寺"，就是今天还存在五台山豆村镇的大佛光寺。更可宝贵的事实是寺内大殿竟是幸存到今天的一座唐代原物。我们从这座在会昌灭法后又建造起来的实物上，可以具体地见到唐代建筑艺术风格手法，和它们所曾到达的多方面的成就。这座建筑遗产对于后代是有无法衡量的价值的。

总的说来，唐代在建筑方面的成就，首先是城市作有计划的布局，规模宏大，不但如长安、洛阳城，并且普遍及于全国的州县，是全世界历史上所未有的。其次就是个别建筑组群在造形上是以艺术形态来完成的整体；雄宏壮丽的形象与华美细致的细节、雕塑、绘画和自然环境都密切地有机地联系着。以世界各时代的建筑艺术所到达的程度来衡量，这时期的中国建筑也到达了艺术上卓越的水平。当然，无论是长安的宫廷建筑物还是各处名山胜地的宗教建筑物，还是一般城市中民用建筑物，都是和唐初期全国生产力的提高，和以后商业经济的繁荣，工艺技术的进步，西域文化的交流等等分不开的。但一个主要的方面还是当时宗教所促进的创造有全民性的意义。劳动人民投入自己的热情、理想和希望，在他们所创造的宗教艺术上：无论是雕刻、佛像或花纹；作大幅壁画，或装饰彩画；建造大寺，高塔或小龛，或是代表超度人类过苦海的桥，当时人民都发挥了他们最杰出最蓬勃的创造力量。

中唐以后，中央政权和藩镇争夺的内战使黄河流域遭受破坏，经济中心转移到江淮流域。唐亡之后，统治中原的政权，在五十余年中，前后更换了五次，称做五代。其他藩镇各自成立了独立政权的称做十国。中原经济力衰弱，无法恢复。建筑发展没有可能。掌握政权者对于已破坏的长安完全放弃，修葺洛阳也缺乏力量。偶有兴建，匠人只是遵随唐木工规制，无所创造。山西平遥镇国寺大殿是五代木构建筑的罕贵的孤例。五代建筑在北方可说是唐的尾声。

十国在南方的情况则完全不同；个别政权不受战争拖累，又解除了对唐中央的负担，数十年中，经济得到新的发展而繁荣起来。建筑在吴越和南唐，就由于地理环境和新的社会因素，发展了自己的新风格。如南京栖霞寺塔以八角形平面出现，在造形方面和在雕刻装饰方面都有较唐朝更秀丽的新手法，在很大程度上是后来北宋建筑风格的先声。

辽是中国东北边境吸取并承继了唐文化的契丹族的政权。在关外发展成熟，进占关内河北和山西北部，所谓燕云十六州，包括幽州（今天的北京）在内。辽是一个独立的区域政权，不是一个朝代，在时间上大部虽和北宋同时，但在文化上是不折不扣的唐边疆文化。在进关以前，替辽建设城市和建筑寺庙的是唐代的汉族移民，和汾、并、幽、蓟的熟练工匠。他们是以唐的规制手法为契丹族的特殊政权、宗教信仰和生活习惯服务的。结果在实践中创造了某一些属于辽的特殊风格和传统。后来这种风格又继续影响关内在辽境以内的建筑——北京天宁寺辽砖塔就是辽独创作风的典型例子，而木构建筑如著名的蓟县独乐寺观音阁和应县佛宫寺木塔却带着更多的唐风，而后者则是中国木造佛塔的最后一个实例。

基本上，唐、五代和辽的建筑是同属于一个风格的不同发展时期。关于这一阶段的中国建筑，更应该提到的是它对朝鲜、日本建筑重大的影响。研究日本和朝鲜建筑者不能不理解中国的隋唐建筑，就如同研究欧洲建筑者不能不理解古希腊和罗马建筑一样。不但如此，这时期的中国建筑也影响到越南、缅甸和新疆边境。并且唐和萨珊波斯的文化交流，并不亚于和印度及锡兰的。唐朝是中国建筑最辉煌的一大阶段。

第六阶段——两宋到金·元

（公元九六〇年至一三六七年）

这个大阶段以五代末的北周以武力得到淮南江北的经济力量，在汴梁的建设为序幕；北宋统一了南北是它的发展和全盛时期；南宋是北宋的成就脱离了原来政治经济基础，在江南的条件下的延续与转变；金和元都是在外族统治下宋的风格特点在北方和新的社会因素相结合的产物。

宋代建筑是在唐代已取得的辉煌成就的基础上发展起来的。但宋代建筑的特点与唐代的有着极大区别。

要理解宋建筑类型、手法风格和思想内容，我们必须理解宋代政治经济情况以下几个方面：（一）赵匡胤没有经过战争便取得了政权。五代末朝后周在汴梁因疏浚了运河和江淮通航所发展的工商业继续发展；中原农业生产或得到恢复，或更为提高。居于水陆交通要道的汴梁人口密集，是当时的政治中心兼商业中心。赵炅（太宗）以占领江淮门户的优越条件，进而征服了五代末期南方经济繁荣的独立小政权如南唐、吴越、后蜀，统一了中国，不但在经济上得到生产力较高的南方的供应，在文化上也吸取了南方所发展的一切文学艺术的成就，内中也包括建筑上的成就。（二）因内部矛盾，宋代军权集中于皇帝一人手中。无所事事，成为庞大消费阶层的军队全力防内，对外却软弱无能，在北方以屈辱性的条约和辽媾和，在西方则屡次受西夏侵扰。统治者抱有苟安思想，只顾眼前享乐生活。建设的规模，建筑物的性质、气魄，和唐代开国时期，和晚唐信奉宗教的热烈情况都不相同。（三）建立了庞大的官僚机构，这个巨大的寄生阶层，和大小地主商贾血肉相连，官僚们利用统治地位从事商业活动。在封建社会中滋长的"资本主义成分"的力量引起社会深刻的变化。全国中小消费阶层的扩大促进了这时期手工业生产的特殊繁荣。国内出现了手工艺市镇和较大的商业中心城市（特别突出的如京都汴梁、成都、兴元〈汉中〉和杭州等）。城市中某些为工商业服务的新建筑类型，如密集的市楼、邸店、廊屋等的产生，都是这时期城市生活的要求所促成的。又因商业流动人口的需要，取消了都城"夜禁"的限制，在东京出现了夜市和各种公共娱乐场所，如看戏的瓦子和豪华的酒楼，以后很普遍。（四）手工业的发展进入工场的组织形式，内部很细的分工使产品的质量和工艺美术水平普遍地提高。宋代瓷器、织锦、印刷、制纸等工业都超过了过去时代的水平。这一切细致精巧的倾向也影响了当时的建筑材料和细致加工的风格。

宋建筑的整体风格，初期的河北正定龙[隆]兴寺大阁残部所表现，仍保持魁伟的唐风。但作为首都和文化中心的汴梁是介于南北两种不同建筑风格中间，很快地同时受到五代南方的秀丽和唐代北方壮硕风格的影响，或多或少地已是南北作风的结合。山西太原晋祠圣母庙一组是这一作风的范例，虽然在地理上与汴梁有相当的距离。注重重楼飞阁较繁复的塑型，受到宫中不甚宽敞地址的限制，平面组合开始错落多变化；宫廷中藏书的秘阁就是这种创造性的新型楼阁。它的结构是由南方吴越来的杰出的木工喻皓所设计，更说明了它成就的来源。公元一〇〇〇年（真宗）以后，宫廷不断建筑侈丽的道观楼阁，最著名的如玉清昭应宫，苏州人丁谓领导工役，夜以继日施工了七年建成。每日用工多到三四万人，所用材料是从全国汇集而来的名产。瓦用绿色琉璃；彩画用精制颜料绘成织锦图案，加金色装饰。这个建筑构图是按画家刘文通所作画稿布置的。其中的七贤阁的设计也是在高台上更加"飞阁"，被当时认为全国最壮观的建筑物。

汴梁宫廷建筑的华丽倾向和因宫中代代兴建，缺乏建筑地址，平面布置上不得不用更紧凑的四合围拢方式或两旁用侧翼的楼和主楼相联，或前后以柱廊相联的格式。这些显然普遍地影响了宋一代权贵私人第宅和富豪商贾城市中建筑的风格。

原来是商业城市改建为首都的汴梁，其规模和先有计划的"皇王之邑"的长安相去甚远，宫前既无宏大行政衙署区域，也无民坊门禁制度。除宫城外，前部中轴大路两旁，和横穿京城的汴河两岸，以及宫旁横街上，多半是商业性质建筑所组成的。人口密集之后，土地使用率加大，更促进了多层市楼的发展。因此豪华的店屋酒楼也常以重楼飞阁的姿态出现；例如《东京梦华录》中所描写的"三楼相高，五楼相向，各有飞阁栏槛，明暗相通"的酒店矾楼就最为典型。发展到了北宋末赵佶（徽宗）一代，连年奢侈营建，不但汴梁宫苑寺观"殿阁临水，云屋边簃"，层楼的组群占重要位置，它们还发展到全国繁华之地，有好风景的区域。虽然实物都不存在，今天我们还能从许多极写实的宋画中见到它们大略的风格形象。它们主要特征是歇山顶也可以用在向前向后的部分，上面屋脊可以十字相交，原来屋顶侧面的山花现在也可以向前，因此楼阁嶙嶒，在形象上丰富了许多。宋画中最重要的如《黄鹤楼图》《滕王阁图》及《清明上河图》等等，都是研究宋建筑的珍贵材料。日本镰仓时代的建筑受到我们这一时期建筑很大的影响，而他们实物保存得很好,也是极好的参考材料。总之,在城市经济繁荣的基础上所发展出来的,有高度实用价值,形象优美,立面有多样变化组合的楼阁是宋代在中国建筑发展中一个重大贡献。

其次如建筑进一步分工,充分利用各种手工业生产的成就到建筑上,如砖石建筑上用标准化琉璃瓦和面砖,并用了陶瓷业模制压花技术的成就,到今天我们还可以从开封琉璃铁塔这样难得的实物上见到。木构建筑上出现了木雕装饰方面的雕作和镟作。彩画方面采用了纺织的成就,用华丽的绫锦纹图案。因为造纸业的发展,门窗上可大量糊纸,出现了可以开关的毬文格子门和窗等等。这些细致的改进不但改变了当时建筑面貌,且对于后代建筑有普遍影响。

因为宋代曾采用匠人木经编成中国唯一的一本建筑术书《营造法式》,纪录了各种建筑构件相互间关系及比例,以及斗栱砍削加工做法和彩画的一般则例,对后代官匠在技术上和艺术上有一定的影响。

南宋退到江南,建都临安(杭州),把统治阶级的生活习惯、思想意识,都带到新的土壤上培植起来,建筑风格也不在例外。但是在严重地受着侵略威胁的局面下和萎缩的经济基础上,南宋的宫廷建筑的内容性质改变了,全国性规模的建筑更不可能了。南宋重修的城市寺观起初仍极为奢华,结构逐渐纤弱造作,手法也改变了。这时期的重要贡献是建筑和自然山水花木相结合的庭园建筑在艺术上的成就。宫廷在临安造园的风气影响到苏州和太湖区的私家花园,一直延续到后代明、清的名园。

金的统治阶级是文化落后于汉族的女真族。金的建设意识上反映着摹仿北宋制度的企图。从事创造的是汉族人民,在工艺技术上是依据他们自己的传统的。而当时北方一部分却是辽区域作风占重要位置。因此宋辽混合掺杂的手法的发展是它的特点之一。有一些金代建筑实物在结构比例上完全和辽一致，常常使鉴别者误为辽的建筑。另有一些又较近宋代形制，如正定龙[隆]兴寺的摩尼殿和五台山佛光寺的文殊殿，一向都被认为是宋的遗物。第三种则是以不成熟的手法，有时形式地摹仿北宋颓废的繁琐的形象，有时又作很大胆的新组合，前者如大同善化寺三圣殿，后者如正定广慧寺华塔，都是很突出的。像华塔那样的形式，可以说是一种紧凑的群塔，是一种富于想象力的创造。

金人改建了辽的南京（今天北京城西南广安门内外一带），扩大了城址，称做中都。这次的兴建是金海陵王特命工匠监官摹仿北宋首都汴梁而布置的。因此中都吸取了宋的城市宫城格局的一切成就，保存了北宋宫前广场部署的优良传统。中都宫前的御河石桥，两侧的千步廊也就是元大都的蓝本。明清两代继续沿用这种布局；今天北京的天安门前和午门、端门前壮丽的广场，就是由这个传统发展而来的。

元代的蒙古游牧民族，用极强悍的骑兵，侵入邻近的国家，在短短的几十年中，建立了横跨欧亚两洲历史上空前庞大的帝国。

在元代统治中国的九十多年中，蒙古族采用了残酷的武力镇压手段，破坏着中国原来的农业基础，在残酷的民族斗争中，全国的经济空前地衰落了；因此元代一般的地方建筑也是空前地粗糙简陋的。这时期统治阶级的建筑是劫掳各先进民族的工匠建造的，因此有一些部分带有其他民族的风格，大体是继承了金和南宋后期细致纤丽的风格。

元代的京城大都（现北京）是蒙古族摧毁了金的中都之后创建的。这座在宽阔的平原上新创的城市，在平面上表现着整齐的几何图形观念；城的平面接近正方形，以高大的鼓楼安置在全城的几何中点上。皇宫的位置是在城内南面的中轴线上。这是参照周礼"面朝背市，左祖右社"的思想，综合金代中都所沿袭的宋汴京的规划，依照当时蒙古族的需要而创建的。这种以高大的鼓楼作全城中心的方式，现在在北方的一些中小城市中仍可以看到它的影响。

元大都的宫殿建筑是以豪华精致的中国木构式样为主。一般宫殿建筑组群的主殿是采用工字形平面，前殿是集会和行政的殿堂，用廊连接的后部就是寝殿。殿内的布置，是用贵重的毛皮或丝织品作壁幛，完全掩蔽了内部的墙壁和木构。这种的布置与汉族宫廷内分作前朝和后宫的方式不同，内部的处理仍旧保留着游牧民族毡帐生活的习惯。

元代宫殿的木构建筑方面进一步发展了琉璃，从宋代的褐、绿两种色彩发展成黄、绿、蓝、青、白各色，普遍地应用到宫殿和离宫上，更丰富了屋顶的色彩。

元代上都（内蒙古多伦附近）主要宫殿的遗址是砖石结构的建筑，这可能是西方工匠建造的。此外像大都宫中的"畏吾儿殿"应是维吾尔族的式样，还有相当多的"盝顶殿"和"棕毛殿"，也都是元以前中国传统所没有的其他民族风格。

元代的统治阶级以吐蕃（西藏）的喇嘛教作为国教，吐蕃的建筑和艺术在元代流传到华北一带，出现了很多西藏风格的喇嘛塔。矗立在北京的妙应寺白塔就是这时期最宏伟的遗物。从著名的居庸关过街塔残存的基座上和石雕刻纹样手法上也可以看到当时西藏艺术风格盛行的情况。

都城以外的建筑仍是汉族工匠建造的，继续保持着传统的中国风格。其中一种类型可能是地方的统治阶层兴建的，比较细致精巧，但带有显著的公式化倾向，工料也比较整齐；典型的代表例如正定的关帝庙，定兴的慈云阁。另一种是施工非常粗糙，木料贫乏到用天然的弯曲原木作主要的构架，其中的结构是煞费苦心拼凑成的。现存的这类建筑大多是当地人民信仰的祠庙或地方性的公共建筑。例如河北正定的阳和楼，曲阳北岳庙的德宁殿，安平的圣姑庙或山西赵城的广胜寺。这后一种在困难的物质条件限制下表现了比较多的设计意匠。它们正是这段艰苦的时期中人民生活的反映，鲜明地刻画出元代一般建筑艺术衰落的情况。

第七阶段——明·清两朝和民国时期
（公元一三六八年至一九一一年至一九四九年）

在这五百八十余年中，中国历史上发生了巨大的转变。（一）在汉族农民起义，摧毁并驱逐了蒙古族统治阶级以后，朱元璋建立了明朝，恢复了汉族的统治，恢复了久经破坏的经济。但自朱棣以后，宦官掌握朝政二百余年，统治阶级昏庸腐朽达到极点。（二）满族兴起，入关灭明，统治中国二百六十余年；阶级压迫与民族压迫合而为一。（三）西方新兴的资本主义的商人和传教士，由十六世纪末开始来到中国，逐步导致十九世纪中的鸦片战争和中国的半殖民地化。（四）人民革命经过一百零九年的英勇斗争，推翻了满清皇朝，驱逐了帝国主义侵略者，肃清了封建统治阶级，建立了人民民主的中华人民共和国。

朱元璋以农民出身，看到异族压迫下农村破产的情形，亲身参加了民族解放战争，知道农业生产是恢复经济、巩固政权的基本所在，所以建立了均田、农贷等制度，解放了异族压迫，恢复了封建的生产关系，使经济很快恢复。在建国之初，他已占有江淮全国最富庶的地区，国库充实起来，使他得以建设他的首都南京，作为巩固政权的工具之一。

明朝建立以后不久，官式建筑很快就在布局、结构和造形上出现了与前一阶段区别显著的转变。在一切建置中都表现了民族复兴和封建帝国中央集权的强烈力量。首都南京的营建，征发全国工匠二十余万人，其中许多是从蒙古半奴隶式的羁束下解放出来的北方世代的匠户。除了建造宫殿衙署之外，他特别强调恢复汉族文化和中国传统的礼仪；例如天子郊祀的坛庙和身后的陵寝，都以雄伟的气魄和庄严的姿态建置起来。

朱棣（成祖）迁都北京，在元大都城的基础上，重新建设宫殿、坛庙，都遵南京制度，而规模比南京更大。今天北京的故宫大体就是明初的建置。虽然大部分殿堂已是清代重建的，明朝原物还保存若干完整的组群和个别的主要殿宇。社稷坛（今中山公园）、太庙（今劳动人民文化宫）和天坛，都是明代首创的宏丽的大组群；其中尤其是天坛在规模、气魄、总体布置和艺术造形上更是卓越的杰作。虽然祈年殿在光绪十五年曾被落雷焚毁，次年又照原样重修；皇穹宇一组则是明代最精美的原物，并且是明手法的典型。昌平县天寿山麓的长陵（朱棣墓），以庙宇的组群同陵墓本身的地面建筑物结合，再在陵前布置长达八公里的神道，这一切又与天寿山的自然环境结合为一整体。气魄之大，意匠之高，全国其他建筑组群很少能和它相比的。

明初两京的两次大建设将南北的高手匠工作了两次大规模调配，使南方北方建筑和工艺的特长都得以发挥出来，汇合为一，创造出明代的特殊风格。西南的巨大楠木，大量在北京使用。这样的建筑所反映的正是民族复兴的统一封建大帝国的雄伟气概。

自从朱棣把宦官干涉朝政的恶劣传统培植起来以后，宦官成了明朝二百余年统治权的掌握者。在建筑方面，这事实反映在一切皇家的营建方面。每一座明朝"敕建"的庙宇，都有监修或重修的太监的碑志，不然就在梁下、匾上留名。至于明代宫中八次大火灾（小火灾不计），史家认为是宦官故意放火，以便重建时贪污中饱的。更不用说，宦官为了回避宦官禁置私产的法律规定，多借建庙的名义，修建寺院，附置庭园、"僧舍"，作为自己休养享乐之用。如北京的智化寺（王振建）、碧云寺（魏忠贤建），就是其中突出的例子。明末魏忠贤的生祠在全国竟达五六百所，更是宦官政治的具体的物质表现。

明代官匠制度增加了熟练技术工人，大大地促进手工艺技术的水平。明代建筑使用大量楠木和质地优良的砖，工精料美，丝毫不苟。在建筑工程方面，榫卯准确，基础坚实，彩画精美，也是它的特色。琉璃瓦和琉璃面砖到了明朝也得到了极大的发展。太庙内墙前的琉璃花门上细部如陶制彩画额枋就精美无比。除北京许多琉璃牌坊和琉璃花门外，许多地方还出现了琉璃宝塔，其中如南京的报国寺七宝琉璃塔（太平天国战争中毁）和山西赵城广胜寺飞虹塔，都说明了在这方面当时普遍的成就。

在明中叶的初期,由印度传入"金刚宝座式"塔,在一个大塔座上建造五座乃至七座的群塔。北京真觉寺(五塔寺)塔是这类型的最卓越的典型。这个塔型之传入使中国建筑的类型更丰富起来。在清代,这类型又得到一定的发展。

在"党祸"的斗争中退隐的地主官僚和行商致富的大贾,则多在家乡营造家祠或私园以逃避现实世界。明末私家园林得到极大发展,今天江南许多精致幽静的私园,如苏州的拙政园,就是当时林园的卓越一例,也是当时社会情况下的产物。最近在安徽歙县发现许多私家的第宅,厅堂用巨大楠木柱,规模宏大。可见当时商业发展,民间的财富可观。

明中叶以后,一方面由于工艺发展,砖陶窑业取得了极大的进步,一方面由于国内农民起义和东北新兴的满洲族的军事威胁,许多府县都大量用砖甃砌城堡。这方面最杰出的实例就是北京城和万里长城。这两个城虽然各在不同的地方和不同的地形上建造起来,但都以它们雄健简朴的庞大躯体各自表现了卓越的艺术效果。

明代砖陶业之进步所产生的另一类型就是砖造发券的殿堂,如各地的"无梁殿",乃至北京的大明门(今中华门)一类的砖券建筑就是其中的实例。这些建筑一般都用砖石琉璃做出木结构的样式。

明朝末年,随同欧洲资本家之寻找东方市场,西洋传教士到了中国,带来了西洋的自然科学、各种艺术和建筑,这对于后来的中国建筑也有一定的影响。

满清以一个文化比较落后的民族入主中国。由于他们入关以前已有相当长的期间吸收汉族的先进文化，入关时又大量利用汉奸，战争不太猛烈，许多城市和建筑没有受到过甚的破坏；例如北京这样辉煌的首都和宫殿苑园，就是相当完整地被满洲统治者承继了的。故宫之中，主要建筑仅太和殿和武英殿一组受到破坏。清朝初期尚未完全征服全中国，所以像康熙年间重建太和殿，就放弃了官式用料的惯例，不用楠木而改用东北松木建造，在材料的使用上，反映了当时的军事政治局势，南方产木区还在不断反抗。

满清统治者承继了明朝统治者的全部财产，包括统治和压迫人民的整套"文物制度"。为了适应当时情况，在康熙、雍正、乾隆三朝进行了各种制度和法律之制订。在这些制度之中也包括了《工部工程做法则例》七十二卷。这虽是一部约束性的书，将清代的官造建筑在制度和样式上固定下来，但是它对于今天清代建筑的研究却是一部可贵的技术书。这书对于当时的匠师虽然有极大的约束性，但掌握在劳动人民手中的建筑技术和艺术的创造性是封建制度所约束不住的。在"工程做法"的限制下，劳动人民仍然取得无穷辉煌的变化。

史家认为满清皇朝闭关自守是封建经济停滞时代，一般地说，这也在建筑上反映出来。但在这整个停滞的时代里，它仍有它一定限度内经济比较发展的高峰和低潮。清朝建筑的高峰和一定的创造性主要表现在乾隆时代，那是满清二百六十余年间的"太平盛世"。弘历几度南巡，带来江南风格；大举营建圆明园，热河行宫，修清漪园（颐和园），在故宫内增建宁寿宫（乾隆花园），给许多艺匠名师以创造的机会。各园都有工艺精绝的建筑细部。尤其值得注意的是这时代的宫廷大量吸收了江南的民间建筑风格来建造园苑。乾隆以后，清代的建筑就比较消沉下来。即使如清末重修颐和园，也只是高潮以后一个波浪而已。

鸦片战争开始了中国的半殖民地化时代，赓续了一百零九年。在这一个世纪中，中国的经济完全依附于帝国主义资本主义，中国社会中产生了官僚资本家和买办阶级。帝国主义的外国资本家把欧洲资本主义城市的阶级对立和自由主义的混乱状态移植到中国城市中来；中国的官僚买办则大盖"洋房"，以表达他们的崇洋思想，更助长了这混乱状态。侵略者是无视被侵略者的民族和文化的，中国建筑和它的传统受到了鄙视和摧残。中国知识分子建筑师之出现，在初期更助长了这趋势。"五四"以后很短的一个时期曾作过恢复中国传统和新的工程技术相结合的尝试，但在反动政府的破碎支离殖民地性质的统治下和经济基础上没有得到，也不可能得到发展；反是宣传帝国主义的世界主义的各种建筑理论和流派逐渐盛行起来。以"革命"姿态出现于欧洲的这个反动的艺术理论猖狂地攻击欧洲古典建筑传统，在美国繁殖起来，迷惑了许许多多欧美建筑师，以"符合现代要求"为名，到处建造光秃秃的玻璃方盒子式建筑。中国的建筑界也曾堕入这个漩涡中。

中国历史中这一个波动剧烈的世纪，也反映在我们的建筑上。

总的说来，这个时期的洋房、玻璃方盒子似乎给我们带来新的工程技术，有许多房子是可以满足一定的物质需要的。但是，建筑是一个社会生活中最高度综合性的艺术。作为能满足物质和精神双重要求的建筑物来衡量这些洋式和半洋式建筑，它们是没有艺术上价值的，而且应受到批判。无可讳言的，这一百年中蔑视祖国传统，割断历史，硬搬进来的西洋各国资本主义国家的建筑形式对于祖国建筑是摧残而不是发展。历史上封建的建筑物虽已不能适应我们今天生活的新要求，但它们的优良传统，艺术造形上的成就却仍是我们新创造的最可宝贵的源泉。而殖民地建筑在精神上则起过摧毁民族自信心的作用，阻碍了我们自己建筑的发展；在物质上曾是破坏摧毁我们可珍贵的建筑遗产的凶猛势力。它们仅有的一点实用性，在今天面向社会主义生活的面前，也已经很不够了。

结　论

　　回顾我们几千年来建筑的发展，我们看见了每一个大阶段在不同的政治、经济条件下，在新的技术、材料的进步和发明的条件下，历代的匠师都不断地有所发明，有所创造。肯定的是：各代的匠师都能运用自己的传统，加以革新，创造新的类型，来解决生活和思想意识中所提出的不相同的新问题。由于这种新的创造，每代都推动着中国的建筑不断地向前发展，取得光辉的成就。每当新的技术、新的材料出现时，古代匠师们也都能灵活自如地掌握这些新的技术和材料，使它们服从于艺术造形的要求，创造出革新的而又是从传统上发展出来的手法和风格。在这一点上，建筑历史上卓越的实例是值得我们学习的。

　　中国建筑的新阶段已经开始了。新的社会给新中国的建筑师提出了崭新的任务。我们新中国的建筑是为生产服务，为劳动人民服务的。建筑必须满足人民不断增长的物质和文化的需要。劳动人民得到了适用，愉快而合乎卫生的工作和居住，游息的环境，就可提高生产的量和质，就可帮助国家的社会主义改造。我们还要求新中国的建筑，作为一种艺术，必须发挥鼓舞人民前进的作用。建筑已成为全民的任务，成为国家总路线的执行中的必要工具了。

过去的匠师在当时的社会、材料、技术的局限性下尚且能为自己时代社会的需要，灵活地运用遗产，解决各式各样的问题。今天的中国所给予建筑师的条件是远远超过过去任何一个时代的。我们有中国共产党和中央人民政府的英明正确的领导，有全国人民的支持，有马克思列宁主义、毛泽东思想的思想武器，有苏联社会主义建设的先进范本，有最现代化的技术科学和材料，有无比丰富的遗产和传统。在这样优越的条件下，我们有信心创造出超越过去任何时代的建筑。

作者校对后记

在编纂建筑史的学习过程中，我们不断地发现我们对伟大祖国建筑艺术遗产的研究还有待提高；由于受到理论水平的限制，距全面的、正确的认识总还有一段距离。例如对于我们所掌握的各历史时期的资料，还不能作出很好的分析，从科学的观点指出各时代劳动人民在创造上的成就。有时因为对当时的社会思想意识与它的物质基础之间的关系，认识也比较模糊，没有能更好地举出反映当时的社会内容的典型性建筑物的艺术形象和它们的特征，更深刻地指出它们在祖国建筑发展中有积极进步的意义方面和相反地只有消极保守，局限了创造和发明的方面等等。此稿付印以后，我们在继续学习中，经过多次讨论，觉得这稿子应加以提高的地方很多。但是已在排印中，已不可能作大量修改，只好在下一篇《中国建筑各时代实物举例》一文的分析中来弥补或纠正本文中没有足够认识的和不明确的地方。

我们这篇稿子是不成熟的，希望读者——特别是建筑师们和史学家们——帮助我们，指出我们的错误，予以纠正。

一九五四年十二月八日

建筑

美术

林徽因为《晨报五周年纪念增刊号》设计的封面

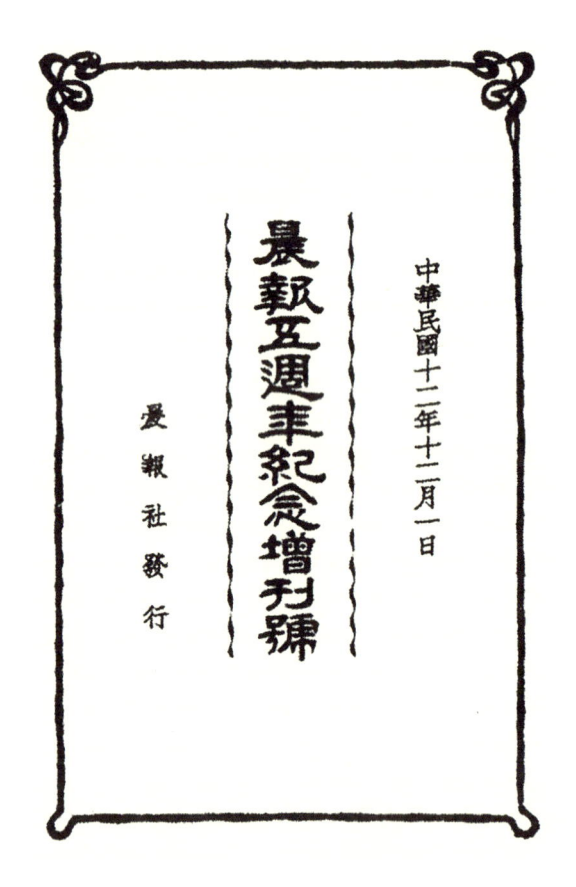

《晨报五周年纪念增刊号》(一九二三年十二月一日,林徽因设计封面,并在该刊发表译作《夜莺与玫瑰——奥司克魏尔德神话》)

林徽因为《晨报五周年增刊》
设计的封面

《晨报五周年增刊》(一九二四年,林徽因设计封面)

林徽因设计的
圣诞节卡片

一九二六年,林徽因为宾夕法尼亚大学美术系设计的圣诞卡。她采用了马赛克镶嵌画的风格。图中为东方三博士手持礼盒,盒上文字为 painting(绘画)、sculpture(雕塑)和 architecture(建筑),寓意造型艺术三姐妹

林徽因设计的舞台布景

一九二七年,林徽因在耶鲁大学学习期间设计的舞台布景照

林徽因水彩画作

林徽因水彩画作《故乡》(之一)

林徽因水彩画作《故乡》(之二)

林徽因设计的东北大学校徽

一九二九年，林徽因为东北大学设计的校徽

林徽因为沈从文小说《巫神之爱》所作插图

一九三一年，林徽因为沈从文小说《巫神之爱》所作插图《祈福》

初刊于一九三一年八月二日《北平晨报》"剧刊"副刊第三十二期，署名林徽音。

设计和幕后困难问题

自从小剧院公演《软体动物》以来，剧刊上关于排演这剧的文章已有好几篇，一个没有看到这场公演的人读到这些文章，所得的印象是：（一）赵元任先生的译本大成功；（二）公演的总成绩极好，大受欢迎；（三）演员表演成绩极优，观众异常满意；（四）设计或是布景不满人望，受了指摘；（五）设计和幕后有许多困难处，所以布景（根据批评人）"凑合敷衍"一点，（根据批评人）"处处很将就些"了。

公平说，凡做一桩事没有不遇困难的。我们几乎可以说：事的本身就是种种困难的综合，而我们所以用以对付，解决这些困难的，便是"方法""技巧"，和"艺术创作"。排演一场戏，和做一切别的事情一样，定有许多困难的，对待这困难，而完成这个戏的排演，便是演戏者的目的。排演一个规模极大的营业性质的戏，和排演一个"爱美""小剧院公演"的戏，都有它的不同的困难。各有各的困难，所以各有各的对待方法，技巧和艺术。可是无论规模大小的戏，它们的目标，（有一个至少）是相同的。这目标，不说是"要观众看了满意"，因为这话说出来许要惹祸的，多少艺术家是讲究表达他的最高理想，不肯讲迎合观众的话。所以换过来说，这目标，是要表达他的理想到最高程度为止，尽心竭力来解决，对待，凡因这演剧所发生的种种困难，到最圆满的程度为止，然后拿出来贡献给观众评阅鉴赏，这话许不会错的。

观众的评判是对着排演者拿出来的成绩下的，排演中间所经过的困难苦处，他们是看不见的，也便不原谅的（除非明显的限制阻碍如地点和剧团之大小贫富）。一方面，凡去看"爱美"剧社或"小剧院"等组织演剧的人，不该期待极周全奢丽的设计，张罗，不用说的。一方面，演者无论是多少，经费多窘的，小团体，小剧院，也不该以为幕后有种种困难苦处，便是充分理由，可以"处处将就""敷衍"的。并且除非有不得已的地方，决不要向观众要求原谅或同情。道理是：成绩上既有了失败，要求原谅和同情定不会有补助于这已有失败点的成绩的。假如演戏演到一半台上倒下一面布景，如果倒的原因是极意外的不幸，那么自然要向观众声明的，如果那是某助手那一天起晚了没有买到钉子只用了绳子，而这绳子又不甚结实的话，这幕后的困难便不成立。讲到幕后，那是无论那一个幕后都是困难到万分的，拿一方戏台来作种种人生缩影的背景，不管这个戏台比那一个大多少，设备好多少，那也不过百步五十步之比，问题是一样会有的。用几个人来管许多零零碎碎的物件，一会儿搬上一会儿搬下，一定是麻烦的。

余上沅先生在他《软体动物》的舞台设计一篇文章和陈治策先生幕后里都重复提到他们最大的苦处"借"的问题。设计人件件东西不够，要到各处"借"，是件苦痛事情！那是不可否认的，但是谈到"布景艺术是个'借'的艺术"，这个恐怕不止中国现在如此，或者他们小剧院这次如此，实在可以说到处都是如此，不过程度有些高下罢了。所谓"道具"虽然有许多阔绰的剧院常常自制，而租（即花费的借），买，借的时候却要占多数。试想戏剧是人生的缩影；时代，地点，种族，社会阶级之种种不同，那有一个戏剧有偌大宝库里面万物尽有的储起来待用？那一个戏剧愿意如此浪费，每次演戏用的特别东西都去购制起来堆着？结果是每次所用"道具"凡是可以租借的便当然租去。租与借的分别是很少的，在精力方面，一样是去物色，商量，接洽等麻烦。除却有几个大城有专"租道具"的地方，恐怕世界上那一个地方演戏，后台设计布景的人都少不了要跑腿到硬化或软化了的，我记在耶鲁大学戏院的时候我帮布景，一幕美国中部一个老式家庭的客厅，有一个"三角架"，我和另一个朋友足足走了三天足迹遍纽海芬全城，走问每家木器铺的老板，但是每次他都笑了半天说现在那里还有地方找这样一件东西！（虽然在中国"三角架"——英文原名"What-not"——还是一件极通行的东西。）耶鲁是个经济特别宽裕的剧院，每次演的戏也都是些人生缩影，并不神奇古怪，可是那一次布景，我们少了跑腿去东求西借的。戏院主任贝克老头儿，每次公演完戏登台对观众来了一个绝妙要求；便是要东西，东西中最需要的？鞋！因为外国鞋的式样最易更改戏的时代，又常常是十年前五十年前这种不够古代的古装，零碎的服饰道具真难死人了。这个小节妙在如果全对了，观众里几乎没有人注意到的，可是你一错，那就有了热闹了！所以我以为小剧院诸位朋友不应该太心焦，以为"借"东西是你们特有的痛苦。

陈治策先生又讲到另几种苦处，但是归纳起来似乎都在东西不齐全和"乱七八糟"，还有时间似乎欠点从容。戏台设计在戏剧艺术中占极重要的地位的,导演人之次,权威最大的便是"设计图稿"。排演规矩,为简单许多纠纷图样一经审定(导演人和设计人磋商之后),便是绝对标准。各方面(指配光,服装,道具,着色,构造,各组)在可能范围内要绝对服从的。那么所有困难设计师得比别人先知道,顺着事势,在经费舞台以及各种的限制内,设计可以实现的,最圆满布置法,关于形式色彩等等,尤宜先拟就计划,以备实行布景时按序进行的。陈先生所讲的幕后细节中,所给我的印象是他们并没有计划,只是将要的东西的部位定出,临时"杂凑"借来填入,不知道事实是否如此?这印象尤其是陈先生提到"白布单子"一节。

台上的色彩不管经济状况如何,我认为绝对可以弄到调和有美术价值的。沙发软到什么地位,我们怕要限于金钱和事势,颜色则容易得多了,弄到调和不该是办不到的。我对于"白布单"并不单是因为它像协和病房,却是因此我对于他们台上的色调发生很大疑心。照例台上不用白色东西的除非极特别原因故意用它。因为白色过显,会"跳出来打在你眼上"(说句外国土话),所以台上的白色实际上全是"茶色",微微的带点蜜黄色的,有时简直就是放在茶里泡一会儿拿来用。(也许他们已经如此办了,恕我没有看这戏只能根据剧刊上文章。)绘画也是本这原则,全画忌唐突的白色,尤其是在背景里,并且这白单子是要很接近白太太的东西,它一定会无形中扰乱观众对于白太太聚精会神的注意,所以不止在美术上欠调和,并且与表演大有妨碍。

话已经说太多,实在正经问题没有讨论起一点只好留之将来,有机会和小剧院诸位细细面谈。他们幕后和设计最大困难我认为还是协和礼堂的戏台太浅不适用,我自己在那里吃过一次大苦,所以非常之表同情。还有一节便是配光问题,可是这次他们没提起我又没看到戏,现在也不必提了。关于戏台一节,以建筑师的眼光看来既盖个礼堂可以容二三百人的何在乎省掉那几尺的地面和材料,只用一个讲台,我诚实的希望将来一切学校凡修礼堂的不要在这一点上节省起来,而多多的给后台一点布景的机会,让"爱美"的学生团体或别人租用礼堂演戏的痛痛快快。

再余上沅先生文章(七月十二日)上提到"台左,有法国式的玻璃窗通花园像不像玻璃,是不是法国式"他们"不敢担保",像不像玻璃我不在场不敢说,据一个到场的朋友说他没有注意到。是不是"法国式"问题,我却敢作担保,因为建筑上所谓"法国窗"(或译"法国式窗")是指玻璃框到地的"门"而言(法国最多),那一天台上的"窗"的确是"门",可以通到"花园"的,所以我敢担保它是个"法国窗"。玻璃不玻璃问题,后来陈治策先生倒提到"糊上玻璃纸开窗时胡拉胡拉响","玻璃纸"是什么我不知道,不过玻璃窗不用玻璃,或铁丝纱而又不响的有很多很经济的法子,倒可以试用的。

其余的都留到后来和小剧院诸位面谈吧。

又据赵元任夫人说第二次又公演时,布景已较前圆满多多,布景诸位先生受观众评议后如此虚心,卖力气,精神可佩,我为小剧院高兴。

林徽因为《学文》月刊设计的封面

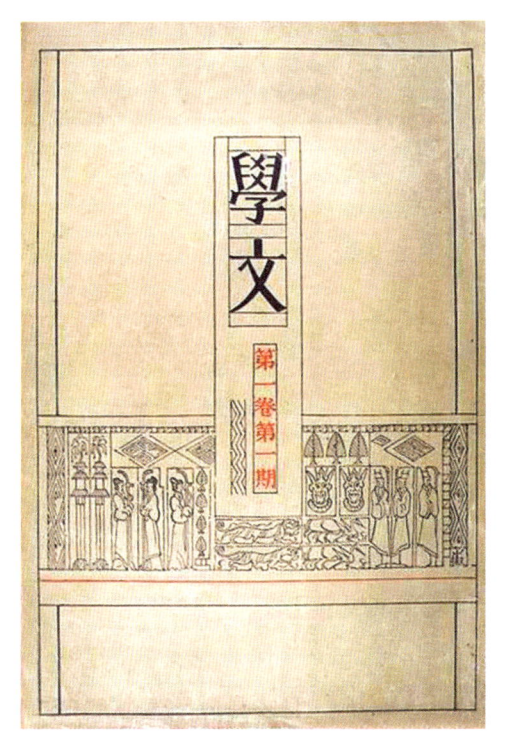

《学文》月刊（一九三四年第一卷第一期，林徽因设计封面，并在该刊发表诗歌《你是人间的四月天——一句爱的赞颂》和小说《九十九度中》）

林徽因、梁思成为《大公报》"小公园"
副刊设计的报头

《大公报》"小公园"副刊（一九三五年七月，林徽因、
梁思成为其设计报头图案）

关于《大公报》"小公园"
副刊报头图案的说明

> 刊于一九三五年七月三十一日《大公报》"小公园"一七五一号《关于图案》中，系林徽因致《大公报》"小公园"副刊编辑书信的节选。

  现在图案是画好了，十之七八是思成的手笔，在选材及布局上，我们轮流草稿讨论。说来惭愧，小小一张东西我们竟然做了三天才算成功。好在趣味还好，并且是汉刻，纯粹中国创造艺术的最高造诣，用来对于创作前途有点吉利。

林徽因设计的舞台布景

一九三五年，林徽因为曹禺改编自莫里哀《悭吝人》的话剧《财狂》所做的舞台美术设计

林徽因为《文学杂志》设计的封面

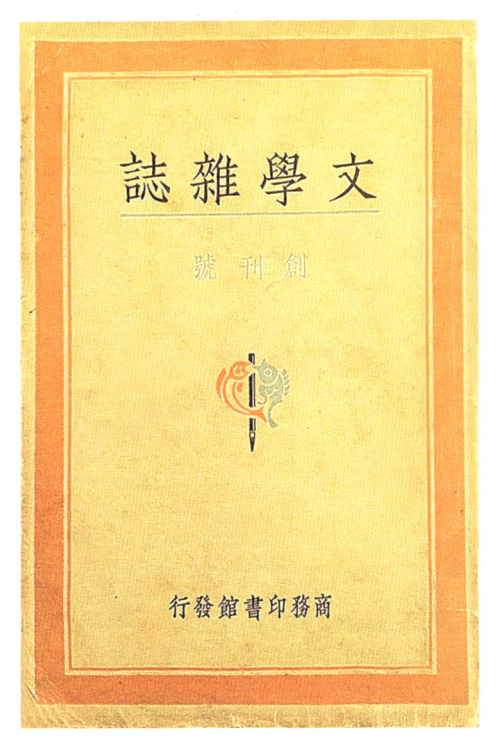

《文学杂志》(一九三七年五月第一卷第一期,林徽因设计封面,并在该刊发表剧作《梅真同他们》)

林徽因绘梁再冰肖像

一九四〇年儿童节,林徽因为女儿梁再冰所绘肖像

拟制国徽图案说明

据中央档案馆所存原件刊印。

拟制国徽图案以一个璧（或瑗）为主体：以国名、五星、齿轮、嘉禾为主要题材；以红绶穿瑗的结衬托而成图案的整体。也可以说，上部的璧及璧上的文字，中心的金星齿轮，组织略成汉镜的样式，旁用嘉禾环抱，下面以红色组绶穿瑗为结束。颜色用金、玉、红三色。

璧是我国古代最隆重的礼品。《周礼》："以苍璧礼天。"《说文》："瑗，大孔璧也。"这个璧是大孔的，所以也可以说是一个瑗。《荀子·大略篇》说"召人以瑗"，瑗召全国人民，象征统一。璧或瑗都是玉制的，玉性温和，象征和平。璧上浅雕卷草花纹为地，是采用唐代卷草的样式。国名字体用汉八分书，金色。

大小五颗金星是采用国旗上的五星，金色齿轮代表工，金色嘉禾代表农。这三种母题都是中国传统艺术里所未有的。不过汉镜中有（齿）形的弧纹，与齿纹略似，所以作为齿轮，用在相同的地位上。汉镜中心常有四瓣的钮，本图案则作成五角的大星；汉镜上常用小粒的"乳"，小五角星也是"乳"的变形。全部作成镜形，以象征光明。嘉禾抱着璧的两侧，缀以红绶。红色象征革命。红绶穿过小瑗的孔成一个结，象征革命人民的大团结。红绶和绶结所采用的褶皱样式是南北朝造象上所常见的风格，不是西洋系统的缎带结之类。设计人在本图案里尽量地采用了中国数千年艺术的传统，以表现我们的民族文化；同时努力将象征新民主主义中国政权的新母题配合，求其由古代传统的基础上发展出新的图案；颜色仅用金、玉、红三色；目的在求其形成一个庄严重典雅而不浮夸不艳俗的图案，以表示中国新旧文化之继续与调和，是否差强达到这目的，是要请求指示批评的。

这个图案无论用彩色，单色，或做成浮雕，都是适用的。

这只是一幅草图，若蒙核准采纳，当即绘成放大的准确详细的正式彩色图、墨线详图和一个浮雕模型呈阅。

集体设计

林徽因　雕饰学教授，做中国建筑的研究

莫宗江　雕饰学教授，做中国建筑的研究

参加技术意见者

邓以蛰　中国美术史教授

王　逊　工艺史教授

高　庄　雕塑教授

梁思成　中国雕塑史教授，做中国建筑的研究

一九四九年十月二十三日

林徽因等设计的中华人民共和国国徽方案

一九四九年十月，林徽因等设计的中华人民共和国国徽方案

一九五〇年六月十七日，清华大学营建系提交的中华人民共和国国徽方案

中华人民共和国国徽

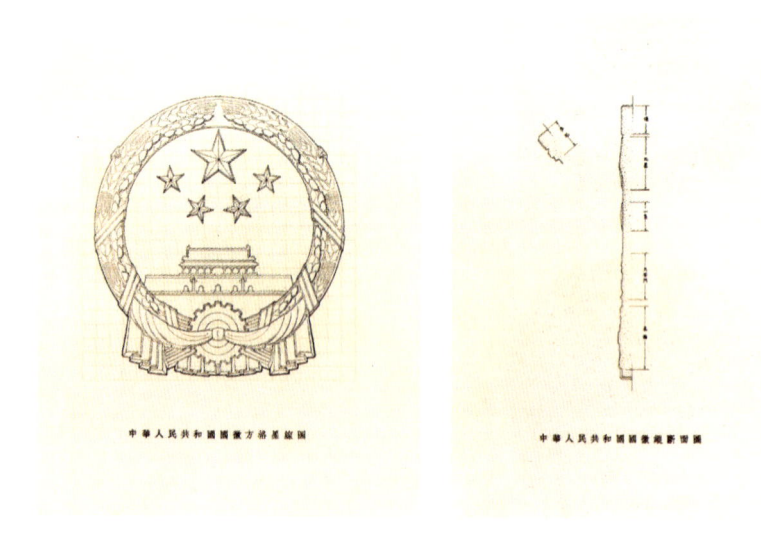

中华人民共和国国徽图案方格墨线图及纵断面图

林徽因、梁思成保存的中华人民共和国国徽设计图样

> 初刊于一九五一年八月十三日北京《光明日报》，系清华大学营建系于一九五一年五月十九日在北京特种工艺专业会议上报告的摘要。原署名"清华大学营建系"，据清华大学楼庆西教授考订，著者为林徽因。

景泰蓝新图样设计工作一年总结

一　我们如何接受了新图样设计工作

北京特种工艺（包括景泰蓝，烧瓷，雕漆，挑补花，地毯，象牙玉石雕刻，绒绢纸花，料器等十余种行业）在过去一向是受压迫行业的艺术。在经济上先是仰赖封建阶级的"恩赐"，后来则呻吟在中间商人，买办和帝国主义"洋商"的剥削下，勉强维持。作为一种艺术活动，它们也是被压迫的、受尽屈辱的。这主要表现在图样方面的循规蹈矩，师守成法，偏向无原则的繁琐工巧。——工匠师傅们虽然尽了最大努力制作出一些高度精致工细的作品，但是他们没有能够发挥出他们真正的创造力。

北京特种工艺风格繁琐呆板的原因是北京特种工艺在满清时代是用来装点少数封建贵族的生活的，是为了迎合日趋没落的封建贵族的堕落思想和感情来制作的。在帝国主义侵入中国以后，北京特种工艺被帝国主义的殖民者喜爱。他们把中国看作不文明，稀奇古怪。他们也就把北京特种工艺当作不文明和稀奇古怪的代表，并且更进一步鼓励往稀奇古怪的方向发展。这样也就使北京特种手工艺更脱离了人民和我国原有的健康传统,主要地变成了外销商品。

仰赖外销,经济上的不能自主是随着北京特种工艺的堕落的宫廷风格而来的,而又成为北京特种工艺品质低落的原因。

这种情况到北京解放以后开始有了本质上的变化。在去年六月公营北京特种工艺公司成立以后,这个变化已经非常具体了。去年下半年抗美援朝运动开始了,更针对美帝的封锁,展开了对美帝的经济斗争,直到今天,北京特种工艺在各级政府的领导下,尤其在北京特种工艺公司的具体领导下,已经完全走上了自主地发展的道路。

新图样设计的目的,是为了配合全面地争取自主地发展的工作。所以新图样设计工作的中心任务就是同封建主义的,帝国主义的,买办的残余影响,不良作风进行斗争。

去年六月,北京特种工艺公司初成立时,同清华大学营建系服务部研讨了新图样设计和改良图案的问题。清华同人也愿意把过去曾进行过的景泰蓝新图样设计的尝试性的工作,变成一件正式的有组织有计划的工作,所以便接受了公司的委托。在过去这一年的工作中,我们深深体验到,如果没有北京特种工艺公司的领导,不同公司领导的其他方面的工作,尤其是经济上的翻身运动结合起来,新图样设计的展开是不可能的;不同全国整个政治形势,经济形势的发展配合起来,新图样设计工作的展开更是不可能的。

二 我们如何进行新图样设计工作

我们的设计总的方向是为了产生新中国的新的人民工艺而努力。

这个新的人民工艺必须是民族的，科学的，大众的。

所谓民族的就是要表现出我们民族风格的伟大丰富的内容。旧日景泰蓝中有模仿日本七宝烧的。例如装饰杂花的萝葡瓶，花纹胎形和色彩都是日本作风。这是我们坚决反对的。我们还反对，例如象牙雕刻中的半裸体美人，或林黛玉式的病美人，那是低级的庸俗的。我们还反对一向因袭保守满清末年西太后时代的繁琐杂乱，病弱无力的古怪作风。因为那不是我们民族传统中好的一部分，那不是我们的优良传统。我们要求承继优良的传统，而且不只是承继，我们还要求发展出新的民族工艺。它们必须是民族的，而更重要的是它们必须是今天的。

所谓科学的至少包括两点：（1）新图样的设计必须从技术和材料出发。设计一定要充分利用技术和材料上的特长方便，一定要避重就轻，使一定的技术和材料在它的限制之内充分发挥它的长处回避了它的短处。这样才能使设计出来的东西可以省工省料。（2）设计的东西要合于使用，便于使用，并且牢固耐久。反对过去有闲者嗜好的单纯小摆设。

所谓大众的就是我们必须照顾到大众的购买力。从简化图案和尽量利用制造时避重就轻的办法，求其省工省料。当然，工厂中能同时改进技术和改善经营方式，使减低成本那就更好了。设计小件的器皿也是适应大众购买力的一种办法。此外，工艺品有实用价值时，购买的兴趣也可以提高的。大众化另一个主要的问题是如何适应群众的喜好。这个问题也就是如何向群众学习，了解群众的爱好习惯的问题。设计不能完全从个人出发，但是也不能成为群众的尾巴，例如七宝烧作风的景泰蓝和象牙雕刻的半裸体美人等即使有销路也是错误的。

以上所说是我们工作总的方向。概括的说便是我们设计的目标,是产生好看,好用,省工,省料的工艺品。

我们实际工作时就是基于这些原则,从以下三方面进行景泰蓝的设计的。

一、我们对于景泰蓝的制作技术和釉料性质本来一无所知。我们的设计过程就成为我们的学习过程。过去指导我们最多的是作坊中一些老师傅们。现在公司正式成立了实验工厂使我们有了更好的学习机会。一些有关技术和材料的初步的基本的常识我们已经摸着了一点门路。

二、为了适于实用,为了适应一般市场购买力,我们尽量设计小件而有用的东西。但是景泰蓝因材料的限制,实用的范围较狭。铜胎不宜于装水,甚至作为可能被溅上水的器物也不合适。所以花瓶,饮食用具都是不可能尝试的。结果我们所设计的大都是台灯和烟具。但是我们也发现有一种很简单的东西在使用上是变化多端的,就是有盖的小罐和小盒。罐盒之类可以用来装纽扣,针线,邮票,糖果,首饰等等,是一种能够适应多种不同场合不同生活的方便的容器。我们时时刻刻在思索着扩大景泰蓝的使用范围。将来在制作技术上,在原料获得改善时,这个问题当比较容易解决。至于在目前,客观事实既然限制着我们,那么在一定的客观限制之下尽量觅取解决问题的方法正是设计者的主要任务之一。

最近我们也曾设计了几件装饰性的大件东西。那是为了公司参加各地展览会,以便有效的介绍北京特种工艺。此外更因为我们时常有国际性的友谊馈赠,也需要一些比较庄重富丽的大件。所以今春以来,我们偏重于设计一尺左右的大件。

三、关于新图样设计中最使朋友们关心的问题便是花纹图样,美的表现的处理问题。在这一问题上我们必须说明七点:

1. 新图样设计并不是单纯设计花纹。——一件好看的东西,除了花纹好看以外,还要形体好看,颜色好看,而且要三者配合得好看。新图样设计必须同时包括这三个因素,要把三个因素联系在一起考虑才能进行设计。新图样设计必须同时包括这三个因素,要把三个因素联系在一起考虑才能进行设计。新图样设计决不是仅只拟出了一种新颖的花纹。花纹不是一个虚空的花纹,它必须附着在一定的形体上,和这个形体有不可分的有机关系。它必须具有一定的色彩光泽。色彩光泽是花纹的具体的形象上的内容。我们要求三者:花纹,形体,颜色的统一的效果。所以把同一花纹随意变换它的颜色,或者随意搬家,从瓶子上搬到碟子上,而不经过慎重的考虑,都是不妥当的。

2. 花纹形体和颜色统一的一致的效果。——我们要求一件器物,一眼望过去就产生单纯的完整的明朗的印象。与单纯完整明朗的效果相反的便是我们在前面所说过的满清末年以来的旧作风。旧作风的景泰蓝,形体是病态的软弱无力的,甚至畸形的,稀奇古怪的。花纹是繁琐的零碎的,颜色是五颜六色的,杂乱无章的。三者在一起既不统一,也不完整,而是互相扰乱。

3. 新图样设计中花纹是最次要的考虑——我们的设计在形体的决定上选择一些健康、挺拔、有生气、有气概的形体。颜色方面时常利用显明的对比色或近似的接近色。花纹只是界划颜色,分布颜色,陪衬着形体,呼应着形体,加强形体的装饰性的手段。所以我们的设计往往是以形体为第一位的,首要的、有决定性的因素加以考虑的，其次是颜色，最后才是花纹。

4.新图样设计反对花纹的繁琐零碎，并不笼统的反对丝工的精细。——对于旧作风的景泰蓝，有人往往只注意到花纹的繁琐零碎，而赞美其精致工细。这是片面的看法。精致工细，单纯从技术上看，我们工匠师傅的技艺水平是达到了惊人的高度。但是作得细致并不等于好看，就如涂脂抹粉，描眉勾鬓的并不一定就是美人。一件非常丑怪的东西也可以作得非常细致。而且往往过分的装扮恰恰就变成了丑怪。盲目的追求精致工细是没有意义的，而且是一种浪费。而且这正是过去封建统治者扼杀我们创造力，压迫我们，窒息我们的发展的手段。以无限制的浪费人工材料为美的标准是腐朽的残暴的封建主义的特征之一。

我们并不一般的，笼统的反对作工的讲究，尤其是丝工的讲究。而且相反，我们要求，绝对要求作工的准确，认真，严格，一丝不苟。我们反对产生繁琐零碎效果的精致工细，并不是主张偷工减料的粗糙马虎。

过去的景泰蓝，例如大家一向推崇的乾隆时代的景泰蓝，是只宜于近看的，因为唯有拿在手中仔细端详才能看出丝工的精细。但在配色上，不调和的居绝大一部分。丝工的精细是景泰蓝唯一可以值得欣赏的。但是今天，虽然我们也要求新的景泰蓝仍是可以近看的，近看仍可以欣赏其作工的严谨准确，但是丝工的严谨准确不必是细碎繁琐。而同时，更重要的是必须也宜于远看。不必拿在手中，远远摆在桌上就非常触目，引人注意。这样就必须要把它产生单纯完整明朗的印象，如前面第二点所说的。

5.在我们的设计中，若单纯花纹来说，我们曾尽量利用古代花纹图案的精华，把古代工艺家的杰作作为我们组织花纹的借鉴。在选择了一种古代花纹的时候，我们先进行分析研究，总结出它的规律。根据它特有的规律，例如虚实相间的规律，疏密对比的规律，曲线重复应用的规律等，然后把它重新组织到一个新的形体上去，给它一个新的安排。通过今天景泰蓝的新材料与新技术，让古代工艺的优美成就重新再出现一次。大家看了今天的景泰蓝还能联想到，认识到我们的老祖先的创造力的杰出的智慧。这不是单纯的仿古，因为它们是重新组织过了，并且充分发挥着景泰蓝材料和技术的特有性能。

在景泰蓝的新图样设计中，我们是作着各式各样的试验。最初我们主要的借鉴于古代铜器花纹。因为我们对于景泰蓝最初只认识到它的庄重端丽，风格上和铜器相似。经过一年来的试验，我们发现景泰蓝的表现能力很强。它可以表现出很多种其他的材料所能表现出的风格。景泰蓝能产生古玉的温润的半透明的效果，也能够有宋瓷的自然活泼，锦缎的富丽，甚至京剧的面谱也给我们以启发。我们曾利用过建筑彩画的手法，战国金银错的手法，唐宋以来乌木或黑漆镶嵌的手法。尤其今春，敦煌文物展览开幕以来，敦煌艺术宝库的丰富内容更供给我们大批材料。结合着这个展览，结合着爱国主义教育，同时为了推动借鉴古人以创造新艺术的运动，我们吸收敦煌图案来设计了景泰蓝，并且也试验带画烧瓷，使烧瓷也表现活泼生动的新风格。

6. 因为我们的试验是各工各样的，所以设计出来的东西的风格也是各式各样的。尽管还不够多，而已经有了变化过多的感觉。然而这正是我们的目的。我们的目的就是多样和变化，以尝试着开辟新的道路。我们要求新，然而不离开传统的基础。我们需要从传统出发，然而我们不作死板的抄袭和机械的模仿。完全的新创或完全是机械的抄袭模仿都不能解决今天新工艺的问题。

7.景泰蓝的新图样设计到今天还说不上有什么成绩，但是已经起了一些作用。

在消极方面，新图样的出现消灭了许多顾虑。例如顾虑没有人要，顾虑会增加成本等，现在大体上已经不存在了。

在积极方面，第一，起了教育作用，有人认为中国花纹只有龙和凤。有一位眼光狭隘的领导干部在北京特种工艺公司参观，竟认为新图样的景泰蓝不是中国花纹。那么，这些景泰蓝，恰可以扩大一部分人的眼界，进行了爱国主义的教育。第二，新图样的景泰蓝已经带动了工厂作坊中的工匠师傅。他们不仅要求供给新图样，在仿制新图样，而且也在创造新图样。这个现象是值得欢迎的，掌握了技术的师傅们积极起来为景泰蓝的新生命而努力，制作和设计的密切结合是中国工艺的优良传统，也是将来新工艺发展的必然的途径。

三　我们工作的检讨

我们工作的方针和经过大致如上所说。这些方针中间也许还存在着许多问题，甚至可能有不正确的地方。同时我们所设计出来的东西还存着许多缺点。失败的，考虑得不够成熟的，违反我们自己所提出的方针原则的，都有一些例子。（中略）我们诚恳的希望大家多提意见，帮助我们改进。并且今后大家一齐团结在北京特种工艺公司周围，共同为开展新图样设计工作而奋斗，为发展新中国的新的人民工艺而奋斗。

林徽因设计和参与设计的景泰蓝作品

林徽因设计的景泰蓝小钵

林徽因设计的景泰蓝花瓶和小钵

林徽因指导莫宗江设计的景泰蓝烟灰缸

林徽因指导莫宗江设计的景泰蓝盘

林徽因指导常沙娜设计的景泰蓝卷草纹灯

林徽因指导常沙娜设计的景泰蓝卷草纹罐

林徽因指导常沙娜设计的景泰蓝盘

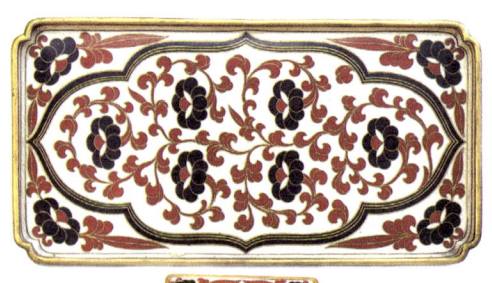

林徽因指导常沙娜设计的景泰蓝烟具

初刊于一九五二年十月十五日《新观察》第十一期；著名林徽因。

和平礼物

在北京举行的亚洲及太平洋区域和平会议的繁重而又细致的筹备工作中，活跃着一个小小部分，那就是在准备着中国人民献给和平代表们的礼物，作为代表们回国以后的纪念品。

经过艺术工作者们热烈的讨论、设计和选择，决定了四大种类礼物：

第一类是专为这次会议而设计的特别的纪念物两种：一是华丽而轻柔的丝质彩印头巾；一是充满节日气氛的刺绣和"平金"的女子坎肩。这两种礼物都有象征和平的图案；都是以飞翔的和平白鸽为主题；图案富于东方格调，色彩鲜明，极为别致。

第二类是道地的中国手工艺品，是出产在北京的几种特种手工艺品，如景泰蓝、镶嵌漆器、"花丝"银饰物、细工绝技的象牙刻字和挑花手绢等。

还有两类：一是各种精印画册；一是文学创作中的名著。画册包括年画集、民间剪纸窗花、敦煌古代壁画的复制画册和老画家与新画家的创作选集等。文学名著包括获得斯大林奖金的三部荣誉作品。

这些礼物中每一件都渗透和充满着中国人民对和平的真挚的愿

望。由巨大丰富的画册，到小巧玲珑的银丝的和平鸽子胸针，到必须用放大镜照着看的象牙米粒雕刻的毕加索的和平鸽子，和鸽子四周的四国文字的"和平"字样，无一不是一种和平的呼声。这呼声似乎在说："和平代表们珍重，珍重，纪念着你们这次团结争取和平的光荣会议，继续奋斗吧。不要忘记正在和平建设、拯救亚洲和世界和平的中国人民。看，我们辛勤劳动的一双双的手是永远愿为和平美好的生活服务的。不论我们是用笔墨写出的，颜色画出的，刀子刻出的，针线绣出的，或是用各种工艺材料制造的，它们都说明一个愿望：我们需要和平。代表们，把我们五亿人民保卫和平的意志传达给亚洲及太平洋各岸的你们祖国里的人民吧。"

我们选定了北京的手工艺品作为礼品的一部，也是有原因的。中国工艺的卓越的"工夫"，在世界上古今著名，但这还不是我们选择它的主要原因。我们选择它是因为解放以后，我们新图案设计的兴起，代表了我们新社会在艺术方面一股新生的力量。它在工艺方面正是剔除封建糟粕、恢复民族传统的一支文化生力军。这些似乎平凡的工艺品，每件都确是既代表我们的艺术传统，又代表我们蓬勃气象的创作。我们有很好的理由拿它们来送给为和平而奋斗的代表们。

这些礼品中的景泰蓝图案，有出自汉代刻玉纹样，有出自敦煌北魏藻井和隋唐边饰图案，也有出自宋锦草纹，明清彩磁的。但这些都是经过融会贯通，要求达到体型和图案的统一性的。在体型方面，我们着重轮廓线的柔和优美和实用方面相结合，如台灯，如小圆盒都是经过用心处理的。在色彩方面，我们要对比活泼而设色调和，要取得华贵而安静的总效果，向敦煌传统看齐的。这些都是一反过去封建没落时期的繁琐、堆砌、不健康的工艺作风的。所以这些也说明了我们是努力发扬祖国艺术的幸福人民。我们渴望的就是和平的世界。

在景泰蓝制作期间，工人同志们的生产态度更说明了这问题。当他们知道了他们所承担的工作跟和平有关时，他们的情绪是那么高涨，他们以高度的热诚来对待他们手中那一系列繁重的掐丝、点蓝和打磨的工作。过去"慢工出细活"的思想，完全被"找窍门"的热情所代替。他们不断地缩短制作过程，又自动地加班和缩短午后的休息时间，提早完成了任务。在瑞华等五个独立作坊中，由于工人们工作的积极和认真，使珐琅质地特别匀净，图案的线纹和颜色都非常准确。工人们说：我们的生活一天比一天美满，我们要保证我们的和平幸福生活，承制和平礼品是我们最光荣的任务。当和平宾馆的工人们在一层楼一层楼地建筑上去的时候，这边景泰蓝的工人们也正在一个盒子、一个烟碟上点着珐琅或脚蹬转轮，目不转睛地打磨着台灯座，心里也只有一个念头："是的，我们要过和平的日子。"这些美丽的纪念品，无论它们是银丝胸针，还是螺钿漆盒；上面是安静的莲花，还是飞舞的鸽子；它们都是在这种酷爱和平的情绪下完成的。它们是"不简单"的；这些中国劳动人民所积累的智慧的结晶，今天为全世界人民光明的目的——和平而服务了。

礼品中还应该特别详细介绍的是丝质彩印头巾的图案和刺绣坎肩的制作过程。

头巾的图案本身，就有重要的历史意义。这个彩色图案是由敦煌千佛洞内，北魏时代天花上取来应用的。我们对它的内容只加以简单的变革，将内心主题改为和平鸽子后，它就完全适合于我们这次的特殊用途了。有意义的是：它上面的花纹就是一千多年前，亚洲几个民族在文化艺术上和平交流的记录；两周北魏的"忍冬叶"草纹就是古代西域伊兰语系民族送给我们的——来自中亚细亚的影响。中间的大莲花是我们邻邦印度民族在艺术图案上宝贵的赠礼。莲瓣花纹今天在我国的雕刻图案中已极普遍地应用着，我们的亚洲国家的代表们一定都会认出它们的来历的。这些花样里还有来自更遥远的希腊的，它们是通过波斯（伊朗）和印度的健驮罗而来到我国的。

这个图案在颜色上比如土黄、石绿、赭红和浅灰蓝等美妙的配合，也是受过许多外来影响之后，才在中国生根的。以这个图案作为保卫亚洲和世界和平的纪念物是再巧妙、再适当没有的。三位女青年工作同志赶完了这个细致的图样之后，兴奋得说不出话来。她们曾愉快地做过许多临摹工作，但这次向着这样光荣的目的赶任务，使她们感到像做了和平战士一样的骄傲。

在刺绣坎肩制作过程中，由镶边到配色都是工人和艺术工作者集体创造的记录。永合成衣铺内，两位女工同志和四位男工同志，都是热情高涨地用尽一切力量，为和平礼品工作。他们用套裁方法，节省下材料，增产了八件成品。在二十天的工作中，他们每天都是由早晨七点工作至夜深十二点。只有一次因为等衣料，工作中断过两小时。参加这次工作的刺绣业工作者共有十七家独立生产户，原来每日十小时的工作都增至十四至十六小时，共完成了二百十六只鸽子。绣工和金线平金都做得非常整齐。这一百零八件坎肩因不同绣边，不同颜色的处理，每一件都不同而又都够得上称为一件优秀的艺术品。三年来我们欢庆节日正要求有像这一类美丽服装的点缀，青年男女披上金绣彩边的坎肩会特别显出东方民族的色彩。但更有意思的是，世界上许多国家的男女都用绣花坎肩，如西班牙、匈牙利与罗马尼亚等；此外在我国的西南与西北，男子们也常穿革制背心，上面也有图案。

和平战士们，请接受这份小小的和平礼品吧，这是中国劳动人民送给你们的一点小小的纪念品。

林徽因参与设计的丝头巾

林徽因指导常沙娜、钱美华、孙君莲设计的丝头巾

林徽因为人民英雄纪念碑设计的雕饰刻样

一九五三年,林徽因为人民英雄纪念碑碑座设计的雕饰刻样。林去世后,梁思成将其嵌在她的墓碑上

人民英雄纪念碑装饰部位示意图

人民英雄纪念碑装饰部位示意图

中国各时代的几何纹

常用的、作为当时主要纹样的背景的，是那些种，它们之间的发展关系。

各时代的主要纹样

殷周

1. 饕餮（高浮雕，背景衬有浅雕纹）

即各种图案化了的兽脸的正面。两眉双眼相向，中隔脊梁，鼻以下至口上部为止的图案通称"饕餮"。最早为虎，亦有为牛的眼作，眼珠圆，唇口部如虎口。

注：后代用到门环及器物、耳环上，普遍沿用数千年中间曾与西方过来的西罗马狮子混合。

2. 有角兽头（圆雕）

用于突出之耳环上部或顶盖上或匜口上。此种兽如虎，如犀牛，如鹿时居多，是混合野兽的规律。这种图案是自然形体的最精简的概念形象，更接近象形字。宜注意这种特征。古代上是将各种兽的共同特征抓住而将各部的随意加以混合，并不求其特殊化。后来发展为螭首的同它有关系。

3. 禽鱼相对类

上文所谓较为窄之饰样产生出两禽相对的纹样（底纹如掐丝，规律如写字）。

关于《中国建筑彩画图案》的意见

> 据原稿刊印。初刊于一九九〇年四月百花文艺出版社出版的《林徽因文集·建筑卷》。

......* 幸存的书信底稿前佚。

（三）纹样的尺度粗细的分配因为在缩尺的图样中没有按原来比例缩减，而随了毛笔的粗细描出，全梁彩画"构图"的完整性，常常受到很大的损失。

（四）青绿的变调和各彩色在应用上改动的结果，在全梁彩色组合上，把主要的对比搅乱了。例如将那天你社留给我的那张印好的彩画样子和清宫中太和门中梁上彩画（庚子年日军侵入北京时由东京帝国大学建筑专家所测绘的一图）正是同一规格，详细核对，比着一起看时，就很明显。原来的构图是以较黯青绿为两端箍头藻头的主调来衬托第一条梁中段，以朱为地，以彩色"吉祥草"为纹样的枋心，和第二条梁靠近枋心的左右梁，红地吉祥草的两段藻头。两层梁架上就只点出三块红色的主题，当中再隔开一道长而细的红色垫板，全梁青绿和朱的对比就清清楚楚明明白白，一点也不乱。

从花纹比例上看，纹样细微像丝织品上的纹路，不是和这次所印的那样粗，在效果上有极不同的表现，细密如锦的感觉（触觉）非常美，青绿调更是安静调。和它们是中国颜料的特色，当中白线路带蜜黄调,不跳也细得更多,箍头两旁纹样更像少数民族的花边,在尺度上、比例上都细微如织纹。而这次刘同志等所画真是"五彩缤纷",有人说是"八仙过海各显其能",颜色上宾主不分,聒噪喧腾,一片热闹而不知所云。

写到这里,接到来信,将稿件看过一遍(另复),知道贵编辑的为难,要在序文中强调优点。而我在此正分析其没落"走样"的现象。不得已,已在抄搞中作了一点很轻微的,但是负责的修正。语气上和实事求是的问题,讨论上好像是应该如此的,盼望可以通过。* 以下为书信底稿的异文。

从花纹比例上看,纹样细致如丝织品上纹路,产生细密如锦的感觉,非常安静;不像这次所印的那样粗圆,大线路被金和白搅得热闹嘈杂异常的效果。绿线两色调和相处,它们都是中国的矿质颜料的色调,不黯也不跳,白色略带蜜黄,不太宽也不突出。在另外一张彩画上看到箍头两旁所用的(图样)纹样和刘同志等所画的效果上也大不相同,它们是细密的如少数民族的边锦织纹。大约是在比例上被艺人们放大了,所以效果那样不同。总而言之,我曾留下的那一张的确是"走了样的",和玺椀花结带与太和门中梁上一样格式的彩画图案。因为上述各种的差异结果变成五彩缤纷,宾主不分,有人说是"八仙过海,各显其能",聒噪喧腾,一片热闹而不知所云。从艺术效果上说确是失败的"走样"的例子。

写到这里接到来信,将稿件看过一遍,知道你们编辑的为难,要在序文中强调强调优点。而我却在此正做分析,指出"走样"的现象。□□我已在抄稿中接受提出优点的原则下,作了一点很轻微的,但是负责的修正。语气上绝不能一味夸张这些清代彩画的变体，在实事求是的讨论□□□严正一点，盼望修正可以通过。

林徽因

3-1：弃花结带纹，朱地藻头

3-2：绿地龙纹枋

3-3：弃花结带纹，朱地藻头

3-4：(黯调) 青绿箍头 (石青有宝石蓝的效果)

3-5：(一般白色都不突出)

3-6：朱柱

3-7：注：颜色铅笔色调完全不对 *以上标号文字林徽因写在普通纸上。

初刊于一九五五年人民美术出版社出版的《中国建筑彩画图案》，著名林徽因。

《中国建筑彩画图案》序

在高大的建筑物上施以鲜明的色彩，取得豪华富丽的效果，是中国古代建筑的重要特征之一，也是建筑艺术加工方面特别卓越的成就之一。彩画图案在开始时是比较单纯的。最初是为了实用，为了适应木结构上防腐防蠹的实际需要，普遍地用矿物原料的丹或朱，以及黑漆桐油等涂料敷饰在木结构上；后来逐渐和美术上的要求统一起来，变得复杂丰富，成为中国建筑装饰艺术中特有的一种方法。例如在建筑物外部涂饰了丹、朱、赭、黑等色的檐柱的上部，横的结构如阑额枋檩上，以及斗栱椽头等主要位置在瓦檐下的部分，画上彩色的装饰图案，巧妙地使建筑物增加了色彩丰富的感觉，和黄、丹或白垩刷粉的墙面，白色的石基、台阶以及栏楯等物起着互相衬托的作用；又如彩画多以靛青翠绿的图案为主，用贴金的线纹，彩色互间的花朵点缀其间，使建筑物受光面最大的豪华的丹朱或严肃的深赭等，得到掩映在不直接受光的檐下的青、绿、金的调节和装饰；再如在大建筑物的整体以内，和它的附属建筑物之间，也利用色彩构成红绿相间或是金朱交错的效果（如朱栏碧柱、碧瓦丹楹或朱门金钉之类），使整个建筑组群看起来辉煌闪烁，藉此形成更优美的风格，唤起活泼明朗的韵律感。特别是这种多色的建筑体形和优美的自然景物相结合的时候，就更加显示了建筑物美丽如画的优点，而这种优点，是和彩画装饰的作用分不开的。

在中国体系的建筑艺术中，对于建筑物细致地使用多样彩色加工的装饰技术，主要有两种：一种是"琉璃瓦作"发明之后，应用各种琉璃构件和花饰的形制；另一种就是有更悠久历史的彩画制度。

中国建筑上应用彩画开始于什么年代呢？

在木结构外部刷上丹红的颜色，早在春秋时代就开始了；鲁庄公"丹桓宫之楹，而刻其桷"，是见于古书上关于鲁国的记载的。还有臧文仲"山节藻棁"之说，素来解释为讲究华美建筑在房屋构件上加上装饰彩画的意思。从楚墓出土文物上的精致纹饰看来，春秋时代建筑木构上已经有一些装饰图案，这是很可能的。至于秦汉在建筑内外都应用华丽的装饰点缀，在文献中就有很多的记述了。《西京杂记》中提到"华榱璧珰"之类，还说："椽桷皆绘龙蛇萦绕其间"和"柱壁皆画云气花卉，山灵鬼怪"。从汉墓汉砖上所见到一些纹饰来推测，上述的龙纹和云纹都是可以得到证实的（见文后《战国至汉彩画图案源流示例图》）。此外记载上所提到的另一个方面应该特别注意的，就是绫锦织纹图案应用到建筑装饰上的历史。例如秦始皇咸阳宫"木衣绨绣，土被朱紫"之说，又如汉代宫殿中有"以椒涂壁，被以文绣"的例子。《汉书·贾谊传》里又说："美者黼绣是古天子之服，今富人大贾嘉会召客者以被墙。"在柱上壁上悬挂丝织品，和在墙壁梁柱上涂饰彩色图画，以满足建筑内部华美的要求，本来是很自然的。这两种方法在发展中合而为一时，彩画自然就会采用绫锦的花纹，作为图案的一部分。在汉砖上、（见文后《战国至汉彩画图案源流示例图》）敦煌石窟中唐代边饰上（见文后《敦煌唐代锦纹边饰举例》）和宋《营造法式》书中，菱形锦纹图案都极常见，到了明清的梁枋彩画上，绫锦织纹更成为极重要的题材了。

南北朝佛教流行中国之时，各处开凿石窟寺，普遍受到西域佛教艺术的影响，当时的艺人匠师，不但大量地吸收外来艺术为宗教内容服务，同时还大胆地将中国原有艺术和外来的艺术相融合，加以应用。在雕刻绘塑的纹饰方面，这时产生了许多新的图案，如卷草花纹（见文后《敦煌北魏至宋卷草花纹举例》）、莲瓣、宝珠和曲水万字等等，就都是其中最重要的。

综合秦、汉、南北朝、隋、唐的传统，直到后代，在彩画制度方面，云气、龙凤、绫锦织纹，卷草花卉和万字、宝珠等，就始终都是"彩画作"中最主要和最典型的图案。至于设色方法，南北朝以后也结合了外来艺术的优点。《建康实录》中曾说，南朝梁时一乘寺的门上有据说是名画家张僧繇手笔的"凹凸花"，并说："其花乃天竺遗法，朱及青绿所成，远望眼晕如凹凸，近视即平，世咸异之。"宋代所规定的彩画方法，每色分深浅，并且浅的一面加白粉，深的再压墨，所谓"退晕"的处理，可能就是这种画法的发展。

我们今天所能见到的实物，最早的有乐浪郡墓中彩饰；其次就是甘肃敦煌莫高窟和甘肃天水麦积山石窟中北魏、隋、唐的洞顶、洞壁上的花纹边饰（见文后《敦煌唐代锦纹边饰举例》《敦煌北魏至宋卷草花纹举例》）；再次就是四川成都两座五代陵墓中的建筑彩画（见《五代至明彩画图案示例图》）。现存完整的建筑正面全部和内部梁枋的彩画实例，有敦煌莫高窟宋太平兴国五年（公元九八〇年）的窟廊（见《五代至明彩画图案示例图》）。辽金元的彩画见于辽宁义县奉国寺，山西应县佛宫守木塔，河北安平圣姑庙等处。

宋代《营造法式》*宋李明仲（李诫）《营造法式》宋版原书至今尚未发现全本，明永乐间的抄本中图案经过修描，已极不准确，商务印书馆重刊本又加改动，更难凭信；所以宋代彩画花纹究竟如何，还有待今后的考证。中所总结的彩画方法，主要有六种：一、五彩遍装（见《五代至明彩画图案示例图》）；二、碾玉装；三、青绿叠晕棱间装；四、解绿装；五、丹粉刷饰；六、杂间装。工作过程又分为四个程序：一、衬地；二、衬色；三、细色；四、贴金。此外还有"叠晕"和"剔填"的着色方法。应用于彩画中的纹饰有"华纹""琐纹""云纹""飞仙""飞禽"及"走兽"等几种。"华纹"又分为"九品"，包括"卷草"花纹在内，"琐纹"即"锦纹"，分有六品。

明代的彩画实物，有北京东城智化寺如来殿的彩画，据建筑家过去的调查报告，说是："彩画之底甚薄，各材刨削平整，故无披麻捉灰的必要。梁枋以青绿为地，颇雅素，青色之次为绿色，两色反复间杂，一如宋、清常则；其间点缀朱金，鲜艳醒目，集中在一二处，占面积极小，不以金色作机械普遍之描画，且无一处利用白色为界线，乃其优美之主因。（见文后《五代至明彩画图案示例图》）"调查中又谈到智化寺梁枋彩画的特点，如枋心长为梁枋全长的四分之一，而不是清代的三分之一；旋花作狭长形而非整圆，虽然也是用一整二破的格式。又说枋心的两端尖头不用直线，"尚存古代萍藻波纹之习"。

明代彩画，其它如北京安定门内文丞相祠檐枋，故宫迎瑞门及永康左门琉璃门上的额枋等，过去都曾经有专家测绘过。虽然这些彩画构图规律和智化寺同属一类，但各梁上旋花本身和花心、花瓣的处理，都不相同，且旋花大小和线纹布局的疏密，每处也各不相同。花纹区划有细而紧的和叶瓣大而爽朗的两种，产生极不同的效果。全部构图创造性很强，极尽自由变化的能事（见文后《明式彩画举例》）。

清代的彩画，继承了过去的传统（见文后《清式彩画中旋子的形成过程》），在取材上和制作方法上有了新的变化，使传统的建筑彩画得到一定的提高和发展。从北京各处宫殿、庙宇、庭园遗留下来制作严谨的许多材料来看，它的特点是复杂绚烂，金碧辉煌，形成一种炫目的光彩，使建筑装饰艺术达到一个新的高峰。某些主要类型的彩画，如"和玺彩画"和"旋子彩画"等，都是规格化了的彩画装饰构图（见文后《清式旋子彩画部分名称及不同长度的藻头的处理方式》《清式和玺彩画在不同长度梁坊上的构图方法》），这样，在装饰任何梁枋时就便于保持一定的技术水平，也便于施工；并使徒工易于掌握技术。但是，由于这种规格化十分严格地制定了构图上的分划和组合，便不免限制了彩画艺人的创造能力。虽然细节花纹可以作若干变化，但这种过分标准化的构图规定是有它的缺点的。在研究清式的建筑彩画方面，对于"和玺彩画""旋子彩画"以及庭园建筑上的"苏式彩画"，过去已经作了不少努力，进行过整理和研究，本书的材料，便是继续这种研究工作所作的较为系统的整理；但是，应该提出的是：清代的彩画图案是建筑装饰中很丰富的一项遗产，并不限于上面三类彩画的规制。现存清初实物中，还有不少材料有待于今后进一步的发掘和整理，特别是北京故宫保和殿的大梁，乾隆花园佛日楼的外檐，午门楼上的梁架等清代早期的彩画，都不属于上述的三大类，便值得注意（见文后《故宫清初彩画举例》）。因此，这种整理工作仅是一个开始，一方面，为今后的整理工作提供了材料；一方面，许多工作还等待继续进行。

本书是由北京文物整理委员会聘请北京彩画界老艺人刘醒民同志等负责绘制的，他们以长期的实践经验，按照清代乾隆时期以后流行的三大类彩画规制所允许的自由变化，把熟练的花纹作不同的错综，组合成许多种的新样式。细部花纹包括了清代建筑彩画图案的各种典型主题，如夔龙、夔凤、卷草、西番莲、升龙、坐龙，及各种云纹、草纹，保存了丰富的清代彩画图案中可宝贵的材料。有些花纹组织得十分繁密匀称，尤其难得。但在色彩上，因为受到近代常用颜料的限制，色度强烈，有一些和所预期的效果不相符，如刺激性过大或白粉量太多之处。也有些在同一处额枋上纹饰过于繁复，在总体上表现一致性不强的缺点。

总之，这一部彩画图案，给建筑界提出了学习资料，但在实际应用时，必须分析它的构图、布局、用色、设计和纹饰线路的特点，结合具体的用途，变化应用；并且需要在原有的基础上，从现实生活的需要出发，逐渐创作出新的彩画图案。因此，务必避免抄袭或是把它生硬地搬用到新的建筑物上，不然便会局限了艺术的思想性和创造性。本集彩画中每种图案，可说都是来自历史上很早的时期，如云气、龙纹、卷草、番莲等，在长久的创作实践中都曾经过不断的变化、不断的发展；美术界和建筑界应当深刻地体会彩画艺术的传统，根据这种优良的传统，进一步地灵活应用，变化提高，这就是我们的创作任务。这本集子正是在这方面给我们提供了珍贵的与必要的参考。

林徽因

附记：

我国建筑家林徽因先生为《中国建筑彩画图案》的清式彩画（由前北京文物整理委员会编、人民美术出版社出版）所写的序文，是她在一九五四年抱病写成的。文中系统地叙述了我国建筑彩画艺术的源流和演变，并且做了分析、比较和研究，说明了以往彩画艺术在发展过程中的优点和缺点。当时前北京文物整理委员会已经开始着手整理明式建筑彩画，准备编辑出版；林徽因先生热心支持这一工作，并且准备为明式彩画撰写一篇序文，但她不幸于一九五五年逝世。现在为了便于读者了解我国彩画艺术的传统和明式彩画的特点，特将《中国建筑彩画图案》清式彩画的序文转载在本书的卷首，以供参考。

中国古典艺术出版社编辑室

附图 一 五代至明彩画图案示例图

四川成都五代王建墓内部券面彩画

甘肃敦煌莫高窟北宋初窟廊彩画

北宋末"营造法式"彩画制度

北京智化寺明代万佛阁梁下彩画

二　战国至汉彩画图案源流示意图

战国铜镜图案

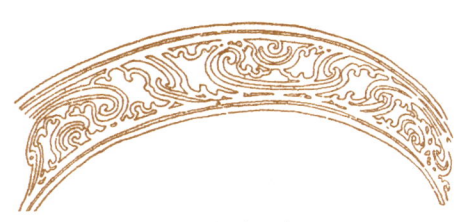

双漆耳杯图案

汉石阙浮雕朱雀

汉空心砖图案

战国铜镜图案

战国铜镜图案

汉朱雀纹瓦当

汉白虎纹瓦当

三　敦煌唐代锦纹边饰举例

四　敦煌北魏至宋卷草花纹举例

北　魏

晚　唐

晚　唐

宋

西　夏

五　明式彩画举例

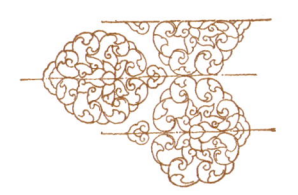

明式藻头旋瓣花的位置

旋花半朵转入梁底

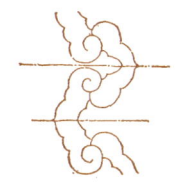

"一整二破"之间的加入部分，是清式"加二路"的前身。

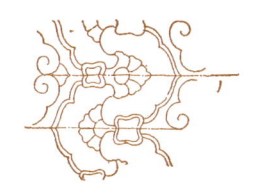

清式"勾丝咬"的前身

故宫迎瑞门（琉璃门）

故宫永康左门（琉璃门）

北京文天祥祠额枋彩画
藻头加长的处理方法之一

北京智化寺如来殿木梁彩画
藻头加长的处理方式之二

六　清式旋子彩画部分名称
及不同长度的藻头的处理方式

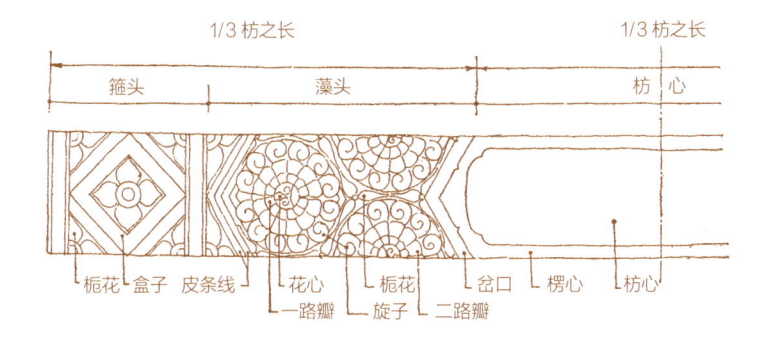

"一整二破"

加一路

加二路

加"勾丝咬"

加"喜相逢"

以"一整二破"为基础的藻头的处理方式

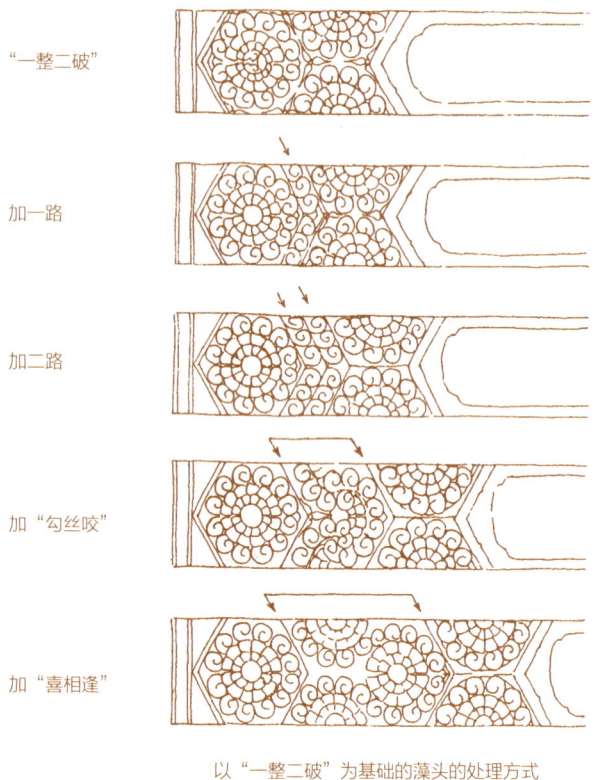

七　清式和玺彩画
　　在不同长度梁枋上的构图方法

八　清式彩画中旋子的形成过程

明代琉璃所用的花心图案　　　　清代的旋子

清式彩画中旋子的形成过程

唐代　　唐代　　宋代　　宋代

明代　　　　　清代

九　故宫清初彩画举例

保和殿大梁底面，朱地青绿椀华结带藻头，青地金龙包袱

景阳宫大梁及随梁枋，锦纹藻头，锦纹搭袱

佛日楼檐檩，锦地四入团窠藻头，龙枋心

上：午门梁的底面。　下：午门梁的侧面，均为朱地青绿椀花结带

（附图一　莫宗江绘　　附图二至九　梁思成绘）

据原稿刊印。本文系作者未完成稿,初刊于二〇〇五年十月四川文艺出版社出版的《林徽因文存》。

敦煌边饰初步研究

中国佛教初期的艺术是划时代的产品,分了在此以前的,和在此以后的中国艺术作风,它显然是吸收了许多外来的所谓西域的种种艺术上新鲜因素,却又更显然地是承前启后一脉贯通,表现着中国素来所独有的,出类拔萃的艺术特质。所以研究中国艺术史里一个重要关键就在了解外来的佛教传入后的作品。(中国的无名英雄的匠师们为了这宗教的活动,所努力的各种艺术创造,在题材,技术和风格的几个方面掌握着什么基本的民族的传统;融合了什么样崭新的因素;引起了什么样的变革和发展了什么样艺术程度的新创造。)

佛教既是经由西域许多繁杂民族的传播而输入的原发源于印度的宗教思想,它所带来的宗教艺术的题材大部都不是中国原有所曾有的。但是表现这宗教的艺术形式,风格,工具与手法,使在传达内容的任务中可达到激动情感的效果的,在来到中国以后必不可能同在印度或在西域时完全相同。佛教初入之时中国的佛教信徒在艺术表现上都倚赖什么呢?是完全靠异国许多不同民族的僧侣艺匠,依了他们的民族生活状况,工具条件和情调所创出的佛教的雕塑,绘画,建筑,文字经典和附属于这一切艺术的装饰图案,输入到中国来替中国人民表现传播宗教热诚和思想吗？一定不是的。那么是由中国人民匠工们接受各种民族传播进来的异国艺术的一切表现和作风，无条件的或盲目呆板的来摹仿吗？还是由教义内容到表现方法，到艺术型类与作风，都是通过了自己民族的情感和理解，物质条件，习惯要求和传统的技术基础来吸收溶化许多种类的外来养料，逐步的创造出自己宗教热诚所要求的艺术呢？这问题的答案便是中国艺术史中重要的一页。

国内在敦煌之外在雕刻方面和在建筑方面，我们已能证实，为了佛教，中国创造出自己的佛教艺术。以雕刻为例，佛教初期的创造，见于各个著名的摩崖石窟和造像上，如云冈，龙门，天龙山，南北响堂山，济南千佛山，神通寺以及许多南北朝造像，都充分证明了，为了佛教热诚，我们在石刻方面的手艺匠工确实都经过最奇刻的考验，通过自己所能掌握的技巧手法和作风来处理各种崭新的宗教题材，而创造出无比可爱、天真、纯朴、洒脱雄劲的摩崖大像，佛龛，窟寺，浮雕，各种大小的造像雕刻和许多杰出的边饰图案，无论是在主体风格，细部花纹，阳刻雕形和阴纹线条方面手法的掌握，变化与创造，都确确实实的保存了在汉石刻上已充分发达的旧有优良传统，配合了佛教题材的新情况，吸收到由西域进来的许多新鲜影响，而丰富了自己。南北朝与隋唐之初的作品每一件都有力地证明我们在适应新的要求和吸取新的养料的过程中最主要的是没有失掉主动立场而能迅速发展起来，且发展得非常璨烂，智慧地运用旧基础，从没有作不加变革的模仿；一方面创造性极强，另一方面丰富而更巩固了中国原有优良的传统。

但在有色彩的绘画艺术方面，一向总为了缺乏实物资料，不能确凿的研讨许多技术上问题。无论是关于处理写实人物或幻想神像，组织画面，背景或图案花纹，或是着色渲染，勾描轮廓的技术，我们都没有足够研究的资料可以分合较比进行详尽的讨论过。我们知道只有从敦煌丰富的画壁中才能有这条件。它们是那样的丰富，有那样多不同年代的作品，敦煌在地理上又是那样的接近输入佛教的西域，同许多不同民族有过长期密切的交流，所以只有分析理解敦煌画壁的手法作风，在画题，布局，配色和笔触诸方面的表现，观察它们不自觉的和自觉的变化和异同，才真能帮助我们认识中国绘画源流中一个大时代。确实明白当时中国画匠怎样运用民族传统的画像绘色描线等的技术，来处理新输入的佛教母题，尤其重要的是因为佛教艺术为中国艺术老树上所发出的新枝。因为相信宗教可以解救苦难，所以佛教艺术曾是无数被压迫的劳苦人民和辛勤的匠人们所热烈参加的群众活动，因此它曾发展得特别蓬勃而普遍，不是宫廷艺术而是深深在人民中间的，逐渐形成一支艺术的主干。了解当它在萌芽时期和发展成长阶段对于今天的我们更是重要知识。

中国画匠怎样融会贯通各种民族杰出的各自不同的题材手法加以种种变革来发展自己，而不是亦步亦趋，一味的模仿或被任何异国情调所兼并吞没，如过去四五十年里中国工艺美术所遭受的破坏与迫害，正是我们今天应该学习而作为我们的借鉴的。

在敦煌这批极丰富且罕贵的艺术资料里，以绘画技术为对象来研究时就牵涉很多方面。首先就有题材的处理，画面的整个布局，和每个画面在色彩上的主要格调。其次如关于佛像菩萨，和飞仙的体裁服饰和画法作风。再次还有各种画中的景物衬托，如云、山、水、石、树木、花草和各种动物，尤其是人的动作，马的驰骋等表现方法。再次还有画的背景里所附带的建筑，舟车和器物。末后才是围绕着画幅或佛像背光，装饰在人物衣缘或沿着洞窟本身各部分的图案花纹的问题。但这新萌芽的图案花纹和老干的关系，同其他许多问题一样的有着重大价值。尤其是这新枝，由南北朝到隋唐，迅速的生长繁殖充满活力而流行全国，丰富了我国千余年来的工艺美术。并且它们还流传到朝鲜、日本、越南，变化发展得非常茂盛，一直影响到欧洲十八世纪早期和近代的工艺。

现在为了要认识在图案花纹方面本土的传统的根底和新进来的养料如何结合，当时匠师们如何以自己娴熟的优良的手法来处理新的方面而又将许多异国的新因素部分的吸收进来，我们就必须先能分别辨认各种单独特征的来龙去脉，发现各种系统与典型规律。有了把握分别辨认，我们才有把握发现各种不同因素综合交流的证例，找出新旧的关系。分别辨认是研究各种民族艺术作风与型式的必要步骤，别的任何架空的理论都不能解决这认识的问题。

因此我们要了解敦煌画壁中的图案花纹，我们除了需要殷周战国秦汉三国两晋一切金石漆陶器物上纹样和在中国其他地区中的南北朝隋唐遗物来同敦煌的作较比。而同时还必需探讨佛教艺术在印度时本身的特征和构成因素。如最初大月氏种族占领的贵霜朝所兴起的佛教艺术的特点，健驮罗地方艺术作风中的希腊因素与波斯影响，中印度和南方原有的表现，鞠多王朝全盛的早期和颓废繁琐的后期与末期等。更重要的是佛教传入中国沿途所经过的各地方混居复杂民族的艺术作风以及他们同西方的波斯，远方的希腊，南方的印度和我们之间的种族文化上的关系。在库车（龟兹）为中心与以哈拉和卓（高昌）吐鲁蕃为中心的许多洞窟壁画的题材色彩手法和情调的根源，和在和阗附近，及尼雅楼阑等遗址中所发现的古代艺术残迹资料，便都要是我们重要的观察对象。先做了一番所谓分别辨认的准备工作，然后观察敦煌资料中最典型的类型，寻出何者为中国原有的生命与性质，何者为西域僧侣艺匠所输入的波斯，印度，希腊殖民地东罗马，何者又是经过自己匠师将外族输入的因素加以变革来适合自己民族的情调和风格，便比较地有把握了。

在集中讨论图案之前对于敦煌绘画的其他方面，我们可以说最先引人注意的，就是有许多显著地是当时中国民族传统风格很奇异而大胆的同佛教题材结合在一起。如画的布局，北魏洞窟中横幅正类似汉石祠石刻画壁，画的处理亦很接近晋代石棺还是以二十四孝为题材的那种刻石。盛唐洞壁上净土经变的布局组织都以一座殿堂（所谓宝楼）为主要背景，佛像菩萨则列坐其间或其前，前阶台上和两旁对称的廊庑之间则安置各种舞蹈作乐或听法的菩萨，这种部署还依稀是汉石祠正中主题的布局。印度佛教画如阿姜他洞窟壁画的布局就同以上所举，敦煌的两种都不同，佛的坐处如小型建筑物的很多，也有菩萨很大的头肩由云中飘忽出现俯瞰底下尘世王子后妃作乐，所谓王子观舞等场面。佛经故事在画幅中的组织，敦煌的也同印度西域等不同。库车附近，洞中有一例将画面用不同的两三色，主要青和绿，画成许多棱形叶子，分几个排列，每个叶子中画一故事。敦煌北魏窟中的经变将不同时间的题材组织在一个横幅之中，如舍身饲虎图等。唐窟则皆以主要净土经变放在壁面当中，两旁和下段分成若干方格或长方形画框，每框一事一题。四川大足县摩崖石刻布局也是如此。又如在敦煌所画的北魏隋唐飞仙，正同云冈龙门，天龙山石刻浮雕上所见到的一样，是中国自己独创的民族型式同西域的、印度的或葱岭西边通印度的巴米安谷中的佛龛上，波斯印度希腊混合型的，都不一样，在气质上尤其不同。敦煌北魏的佛像菩萨塑像残毁或重修之后不易见到在他处石刻上所有的流畅俊美的刀刻手法，但在绘画上的局部衣纹都保持有汉晋意味，衣褶裙裾末端或折角处锐利劲瘦的笔法仍是那种洒脱豪放随笔起落而产生的风格。尤其是飞仙的姿势生动，披肩和飘带迎风飞舞，最能令人见到下笔时腕力和笔触的练达遒劲，真是气韵生动，痛快淋漓，无比可爱，无比可贵的民族作风。敦煌画壁上许多衬托的景物，如树木云山，马的动作和建筑物的描写也都富于传统精神，或从汉画脱胎而出，或同我们所仅有一些晋画（包括石棺画石）都极为神似，同时又开了后代铁线细描系统的基本作风。凡以种种显而易见的都只能说是笔者的大略印象，没有专家的分析阐明之前当然不能据此作何结论，这里只是指出敦煌早期的画壁上有一望而见到的民族作风雄厚的根底和在此上面所发展创造出来的佛教画。

但当我们转到洞窟的装饰图案花纹这一方面时，可引起显著的注意的恰恰相反。初见之时只见到新的题材手法来得异常大量，也异常突兀，花纹绘饰的色彩既殊特，手法又混淆变化，简直有点无法理喻它们的源流系统。而同时凡是我们所熟识的认为是周秦汉晋的金石的刻纹，陶漆器物上的彩饰，秦砖汉瓦等的典型图案，在这里至少初步的印象下，都像是突然隐没毫无踪影。主要的如同秦铜器上的饕餮，夔龙，盘蛇走兽，雷纹波纹，战国的铜器上，楚漆上，汉镜上，各种约略如几何形的许多花纹和兽类人物，云气浪花，斜线如意钩等，或是瓦当上，墓壁上，石阙上所见的四神：青龙，白虎，朱雀，神武等形式，在敦煌都显著地不见了！一切似乎都不再被采用，竟使我们疑问到这里的图案是否统统为异族所输入的，但当我们再冷静地一看，在绘饰方面除却塑型的莲座外，不但印度的图案没有，希腊波斯系的也不见有多少，所谓西域的如和在库车附近许多洞窟画壁所见和它们同样式的也是没有的。那么这许多璨烂动人的图案都从那里来的呢？它们是怎样产生的呢？

当我们仔细思考一下，第一个重要的原因，当然是图案同器物的体型和制造材料及功用是分不开的。第二个原因，则是它同所在地方的民族工艺的传统也是分不开的。从立体器物方面讲，敦煌洞窟原是一种建筑物。所以如果我们要了解它的装饰图案，我们必需由了解建筑装饰的立场下手。从这个出发点来检查敦煌图案的系统，我们就会很快发现一条很好的线索指出我们可以理解它们的途径。在地方民族工艺传统方面讲，敦煌是中国的地方，洞窟也部分的是中国木构，大多数的画匠又是汉族的人民。他们有着的是根深蒂固的中国传统，而且是汉全盛时代的工艺方面的培养。

因为敦煌洞窟原是一种建筑物，在传入中国及西域之前这种窟寺在印度是石造的佛教建筑物，在建筑结构细部上面的装饰所以便是以石刻为主的花纹。最早创始于印度佛教艺术的健驮罗地区的居民中是有过。在公元前，就随亚力山大大帝经由波斯而进入印度的希腊的兵卒和殖民，稍南的西海岸上，则有从小亚细亚等地，在第一世纪以后经波斯湾沿海而来的各种商贾人民，所以艺术中带着很显著的直接或间接希腊的影响，尤其是在人像雕刻和建筑细部图案方面的发展最为显著。这种印度的佛教的"石窟寺"，在传到敦煌之前先传到塔里木盆地中无数伊兰语系的西域民族的居留地，如天山南麓龟兹马耆，吐鲁蕃一带造窟都极盛行。但它们同在敦煌一样因为石质松软洞壁不宜于石刻,所以一切装饰都是用彩色绘画的。因此也以彩画代替窟内应有的结构部分和上面的雕刻装饰的。所以西域就有多种彩绘的边饰图案都是模仿建筑物上的藻井柱额石楣,椽头,叠涩等雕刻部分与其上的浮雕花纹。在敦煌这种外来的以彩绘来摹拟建筑雕刻的图案也是很显著的,最典型的就有用"凹凸画法"的椽头,万字纹,和以成列的忍冬叶为母题的建筑边饰,用在洞顶下部墙壁上部的横楣梁额等位置上,龛沿券门上和槛墙上端的横带上。

但是敦煌的石窟寺仍然为中国本土的建筑物,它不可能完全脱离中国建筑的因素。在敦煌边饰中有许多正画在洞顶藻井方格的枝条上的,和人字坡下并列的椽子上的,和其他许多长条边饰显然不是由于摹拟雕刻的花纹而来,就因为中国建筑是木构的系统,屋顶以下许多构材上面自古就常有藻饰彩画的点缀。《三辅黄图》述汉未央宫前殿,就提到"华榱璧珰",《西京杂记》则更清楚的说"椽榱皆绘龙蛇萦绕其间",又说"柱壁皆画云气,花卉,山灵,鬼怪"。所以这就使我们必需注意到敦煌边饰的两个方面,一是起源于石造建筑的雕刻部分的外来花纹主要的如忍冬叶等;一是继续自己木构上彩画的传统所谓"云气龙蛇萦绕的体系"。我们在山东武氏石祠壁上,祁祢明书像石上,孝堂山石祠壁上,磁县古坟的石门楣上都见到一种变化的云纹,这种云纹也常见于楚漆和汉代陶质加彩的器物上。在汉墓的砖柱上则确有"龙蛇萦绕"的图案。这两种图案在敦煌边饰中虽然少也都可找到原样。如朱雀形类的祥鸟也有一些例子。唐以后的卷草气势极近似云纹,卷草正如云的波动,卷头又留有云状的叶端的极多。和火焰纹混合似火而又似云的也有,都可以从中追寻那发展的来踪去迹。所谓"云气花卉山灵鬼怪"的作风则渗入壁画的上部,龛以上或洞顶斜面中,组成壁画的一部。

当雕刻型与彩绘型两种图案体系都是以粉彩颜料绘出成为边饰时区别当然很少,但有一个本来基本上不同之处经过后来的渗合相混才不显著,我们必需加以注意。就是雕刻型的图案在画法上有模仿凹凸雕刻的倾向,要做成浮雕起伏的效果,组织上多呆板的排列,而绘画型的图案则是以线纹笔意为主的绘画系统,随笔作豪放的自由处置。

我们不知道《建康实录》中所说南朝梁时的一乘寺的寺门上所画"凹凸花称张僧繇手迹者"是什么,但如所说"其花乃天竺遗法,朱及青绿所成,远望眼晕如凹凸,近视即平,世咸异之",则当时确有这种故意仿浮雕的画法且是由印度传入的。在敦煌边饰中我们所见到的画法在敷色方面确是以青绿及朱的系统所成,主要是分成深浅的处理方法。底色多深赭,花纹色则鲜艳,青、绿、黄、紫都有,每色分两道或三道逐层加深,一边加重白粉几乎成白色,并描一条白粉线,做成花或叶受光一面的效果;另一边则加深颜色再用一道灰色或暗褐色,略如受影一面的效果。目的当然是为仿雕刻所产生的凹凸。在沿用中这个方法较机械的使用久了便迷失了目的,讹误为纯粹装饰的色彩分配时大半没有了凹凸效果而产生了后代彩画所称的"退晕"法,即每色都分成平行于其轮廓的等距离线,由深到浅或由浅到深,称退晕。几个颜色的退晕交织在一个图案中,混合了对比与和谐的最微妙的图案上作用。这种彩画和写实有绝对的距离,非常妍丽而能使彩色交互之间融洽安静,没有唐突错杂之感。

以线纹为主的中国传统的虽然有色的图案仍然是老老实实着重于线条的萦绕的。如龙蛇纹或如漆器铜器上的饰纹等，但两线间可有"面"，这种"面"上还加线可受不同颜色的支配，使主要图案显露在底色以上，但图案仍以线和面相辅而成所谓纹。这个"纹"和"地"的关系便做成装饰效果。所以最有力的是线纹的组织变化，萦绕或波动。作图时也以此为重点，便养成画工眼与手对连续线纹的控制所谓一笔到底，一气呵成的成分，而喜欢萦回盘绕。中国风图案的高度成就重点也就在此。这里还牵涉到技术方面工具的因素，中国传统的笔的制法和用笔的方法，下文便还要讨论到。其次是着色的面，所以对于明暗法的凹凸没有兴趣而将它改变成退晕法的装饰效果。

很显然的这两种图案，至少在敦煌，起源虽不同，而在沿用中边饰的处理方法和柱壁上飞仙云气草叶互相影响混而为一，很快的就结合成一个统一的手法不易分出彼此，如忍冬叶的变化。上文所说我们的匠师能将新因素加以变革纳入自己系统之中这里就是一例。萦绕线条的气势再加以"退晕"着色的处理，云气山灵鬼怪龙蛇萦绕等主题上又增加了藤蔓卷草宝花枝条的丰富变化，就无比大胆而聪明的发展开来。

敦煌边饰中还有一个第三种因素，就是它受到编织物花纹影响的方面，乃至于可说是绫锦图案的应用。除用在椽楣枋等部分外更多用在区隔墙上各画幅的框格边缘上。这不是没有原因的。上文已提到过敦煌洞窟是建筑物，尽管它的来源是印度和西域，它同时还是在中国本土上的建筑物，不可能完全脱离中国建筑中许多构成因素。中国建筑装饰的传统里有同丝织物密切的关系的一面，所以敦煌洞窟的装饰图案必然地也会有绫锦花纹这一方面的表现。

更早的我们尚缺资料，只说远在秦汉，我们所知道的一些零星纪录。秦始皇的咸阳宫是"木衣绨绣，土被朱紫"，便是足够说明当时的建筑物的土壁上有画，而木构部分则披有锦绣。在汉代的许多殿内则是"以椒涂壁，被以文绣"，或是"屋不呈材，墙不露形，裹以藻绣，络以纶连"。所谓"裹"据文选李善注"裹，缠也"；"纶，纠青丝绶也"。这些"文绣"和"藻绣"起初当然是真的丝织缠着挂着的，后来便影响到以锦绣织文为图案描到壁上的木构部分，如我们在汉砖柱和汉石祠壁上横楣横带上所见。

最初壁上的藻绣同当时衣服上的丝织绫锦又有没有关系呢？有的，《汉书·贾谊传》里："美者黼绣是古天子之服，今富人大贾嘉会召客者以被墙！"又如"今庶人屋壁得为帝服"，及"富人墙屋被文绣，天子之后以缘其领，庶人孽妾缘其履"。都说出了做衣服的丝织竟滥用到墙上去。且壁上的文绣的图案也可以用到衣领和鞋的边缘上来。在敦煌画中盛唐人物的衣领袖口边饰图案的确同用在墙上画幅周围的最多是相同的。

记载资料中如唐张彦远的《历代名画记》中论，"装背裱轴"就说明六朝已有裱褙字画的办法。那么绫锦和画幅自然又有密切关系，在唐时丝织花纹又发展到壁画的框沿上自是意中事。汉武氏祠石刻画壁上横隔的壁带上用的是以斜方形为装饰的图案。汉画象砖的边缘不但用棱形方格，也多用上下锐角的波纹，都可由于丝织物的编纹而来的图样。在敦煌早期窟中椽上和藻井支条上也多用斜方格图案。这种斜方格或棱形图案亦多见于人物衣上，更无疑的是丝织物所常用的织纹。汉称锦为织文，《太平御览》曾引《西京杂记》，汉宣帝将其幼时臂上所带宝镜"以琥珀筒盛之，缄以斜文织成"。在这方面我们还有两处宋代的资料。一是宋代所编的《营造法式》一书里论"彩笔作"的一篇中称棱形图案为"方胜合罗"，方胜本为斜方形的称呼，"罗"字指明其为丝织。又一处是宋庄绰《鸡肋篇》中说"锥小儿能燃茸毛为线织方胜花"，可见斜方形花是最易编织的花纹图案。在唐大历六年关于丝织花纹的禁令上所提到的名称，如盘龙、对凤、孔雀、芝草、万字等中间也有"双胜"之名，当是重叠的菱形图案。菱形的普遍地作为丝织物图案当无疑问。敦煌中菱形花也在早期洞中用于橡和支条上更可注意它是继续原来传统如在汉砖柱砖楣上所见。

敦煌边饰除卷草外最常见的是画幅周沿的"文绣"文，而文绣文中除菱形外就是"圆窠"。这两者之外就是半个略约如棱形的花纹的对错，和半个"圆窠"花纹的对错，此外就是"一整两破"的菱形或图案。这些图案也都最常见于衣缘，证明其为文绣绫锦的正常图案。唐绫锦的名称中就有"小圆窠""窠文锦""独窠""四窠""镜花绫"等都是表示文绣中的团花纹的。而其中的"独窠"当是近代所谓大团花。内中花纹如对雁、对鹰、对麒麟、对狮子、对虎、对豹，在唐武则天时曾是表示官职荣誉的，而在唐开元十九年玄宗时又曾敕六品以下"不得着独窠绣绫，妇人服饰各依夫子"等语，如此严重当已成为阶级制度的标志了。几何纹的图案中还有一种龟甲锦文，也是唐的典型称龟背锦的，常见于人物衣袍上面。此外在唐以前北魏西魏和隋的洞窟边饰中还有多种非中国的丝织物花纹，显著的表现着萨珊波斯的来源，如新月形飞马大圆窠孔雀翎等。这些图案多用小白粉点，小圆圈或连珠圆点等点缀其间，疑为蜡染手法所产生的处理方法，但这些图案不多见于建筑物上，而是描于人像衣服上的。显为当时西域传入的波斯系之丝织物，不属于中国的锦文类内。

总之，敦煌图案花纹有主要的三种来源。一是伊兰系的石刻浮雕上的图案花纹，代表这种的是各种并列的忍冬叶纹。二是秦汉建筑物上的云气龙纹系统的图案，这种图案在敦煌多散见于壁画上或人字坡下木椽之间等。三是"文绣"锦文的系统多见于画幅周沿亦见于人物衣领上者。这三种来源基本地都是发展在建筑结构上的装饰同建筑结合在一起的。第一第二两种来源性质虽不相同但在敦煌的条件下它们都是以粉彩画装饰建筑中的虚构的结构部分，既非石造也非木构，只是画在泥壁上的长条边饰，所以很快的就彼此混合产生如云又如龙的长条草叶装饰图案。唐卷草就是最成熟的花样。以上的三种图案在敦煌的洞窟外木造建筑部分中也被应用在梁柱门楣藻井支条上。后代所常用的丰富的中国建筑彩画的主要源流都可以追溯至此。同时在敦煌之外的地区里凡是金属和木作的器物，玉作石刻的装饰也都可以应用这些为刻镂的图案。唐宋所发展的彩缯锦绣丝织上的纹样也同这里建筑上所见的彩画系统始终保持着密切关系，互相影响。唐宋绫锦无疑的也常用卷草，所谓盘条缭绫不知是否。此外今日所知织锦名称中唐宋以来只有"瑞草"一名提到草的图案，其他如"偏地杂花""重莲""红细花盘雕"等则无一指示其为卷草，而都着重于卷在它们的当中的花。在实物方面和画中人物的衣上所见到若干证例，也是以草卷花而名称，当然便随花了。在建筑上后代用菱形龟背鳞甲锦文的彩画则极普遍，宋营造法式的彩画作中就详画各种锦文的规格名称，锦文在彩画中始终占重要位置。

这一切都不足为怪，事实上佛教绘画中的一切图案都发展到整个工艺范围以内的装饰方面。或绘，或雕、镶嵌、刻镂，或织，或绣，陶瓷、五金，各依材质都可以灵活处理，普遍的应用起来，各地发掘唐墓中遗物，和日本皇室所保存的唐代器物都可供参证。当中国佛教艺术兴盛之时，造像同工艺美术也随着佛教的传播流传入朝鲜和日本。现在从朝鲜三国时期，和日本推古宁古天平、平安的遗物里都看得清清楚楚南北朝和唐的影响。日本至今对北魏型或唐代卷草都称作"唐草"，尤为有趣。

第三节　北魏的忍冬草叶纹和唐卷草纹 *原稿如此。

敦煌图案中最引人注意的是北魏洞中四瓣侧面的忍冬草叶的图案型类，和唐卷草纹的多种变化和生动，再次则为忍冬以外手法和题材上显然为各种外来新鲜因素的渗入。如白粉线和小散花的运用，题材中的飞马连珠等，末后则是绫锦纹的种类和变化。今分述如下：

北魏忍冬草叶纹

在全世界里的各种图案体系中追寻草叶纹的根源，发现古代植物花纹是极少而且极简单的。埃及的确有过花草类图案，它有过包蕊水莲和芦苇花等典型的几种，但这些传到希腊体系的图案时已演成"卵和箭镞"的图案，原样已变动得不可辨认，在小亚细亚一带这一类"卵和箭镞"和尖头小叶瓣都还保持使用，至传入印度北部的健驮罗雕刻时这两种的混合却变成了印度佛教像座或背光上最常用的莲瓣。后来随佛像传入中国便极普遍的为我们所吸引，我们的南北朝期的仰莲覆莲，莲瓣纹都有极丰富的发展，是各种像座和须弥座上最主要的图案，而且唐宋以来还应普通的应用到我们的柱础上。

第二种可以称为植物花样的只有巴比伦—亚速系统的一种"一束草叶"的图案，和极简单的圆形多瓣单朵的花。除此之外，说也奇怪，世界上早期的图案中，就没有再找到确为花或草的纹样。原始时期的民族和游牧狩猎时代产生了复杂的几何纹和虫蛇鸟兽，对于花草似乎没有兴趣。就是这"一束草"也还不是花叶，只不过是一把草叶捆在一起的样子。"一束草"图案是七个叶瓣束紧了，上端散开，底下托着的梗子有两个卷头底下分左右两股横着牵去，联上左右两旁同样的图案，做成一种横的边饰。这种边饰最初见于亚速的釉墙上面。这个式样传到小亚细亚西部，传到古希腊的伊恩尼亚，便成了后来希腊建筑雕刻上一种重要图案。上面发展出鸡爪形状的叶瓣，端尖向内，底下两个卷头扩大了成为那种典型的伊恩尼亚卷头。在希腊系中这两个卷头底下又产生出一种很写实的草叶，带着锯齿边的一类，寻常译为忍冬草的，这种草叶，愈来愈大包在卷头的梗上，梗逐渐细小变成圈状的缠绕的藤梗。这种锯齿忍冬叶和圈状梗成了雕刻上主要图案普遍盛行于希腊。最初的正面鸡爪形状叶反逐渐缩小，或成侧置的半个，成为不重要部分。另外一种保持在小亚细亚一带，亦用于希腊古代红陶器上的是以单纯黑色如绘影的办法将"一束草"倒转斜置，而以它的卷头梗绕它的外周。这也可说是最早的"卷草纹"，这图案亦见于意大利发掘的古代伊脱拉斯甘的陶棺上。这种图案梗圈以内的组织仍然是同原来简单的一束草没有两样。

锯齿边的忍冬草在伊恩尼亚卷下逐渐发展得很大也很繁复成为希腊艺术中著名的叶子。叶名为"亚甘瑟斯"，历来中国称忍冬叶想是由于日本译文。亚甘瑟斯叶子产于南欧在哥林斯亚的柱头上所用的就最为典型。每一叶分若干瓣，每一瓣再分若干锯齿；瓣和瓣之间相连不断，仅作绉纹，纹凸起若脉络。另一特征是这种叶子的脉络不是从中心一梗支分左右，而是从叶座开始略平行于中间主脉，如白菜叶的形状。

这种写实的"亚甘瑟斯"叶子发展到成熟时，典型的图案是以数个相抱的叶子做个座，从它们中间长出又向左右分开的两个圈状的梗，两梗分向左右回绕但每梗又分两支，一支向内缠卷围绕，一朵圆形花在它圈中，另一支必翻转相反的方向又自作一圈。沿梗必有侧面的亚甘瑟斯叶包裹在上面，叶端向外自由翻卷做成种种式样。这个图案在罗马全盛时代在雕刻中最普遍，始终极其变化写实的能事。它的画法规则很严格，在文艺复兴后更是被建筑重视而刻意摹仿。所以这种亚甘瑟斯或忍冬卷草是西方系统古典希罗艺术主要特征之一。凡是叶形的图案，几乎无例外的都属于这个系统。

但在敦煌北魏洞中所见是西域传入的"忍冬草叶"图案，不属于希罗系统。它们是属于西亚细亚伊兰系的。这种叶子的典型图案是简单的侧面五瓣或四瓣，正面为三瓣的叶子，形状还像最初的一束草，正像是从小亚细亚陶器上的卷草纹发展出来的。这个叶子由一束分散的草瓣发展到约略如亚甘瑟斯的写实叶子。主要是将瓣与瓣连在一起成了一整片的叶子。它不是写实的亚甘瑟斯而是一种图案中产生的幻想叶子。它上面并没有写实的凸起的筋络，也不分那繁复的锯齿，自然规则大小相间而分瓣等等。这种叶子多半附于波状长梗上左右生出，左旋右转地做成卷草纹边饰图案的。

这种叶瓣较西方的亚甘瑟斯叶为简单而不写实，但极富于装饰性。叶子分成主要的数瓣，瓣端或尖或卷按着旋转的姿势伸出或翻转。侧面放置时较为常见都是分成两三个短瓣一个长瓣，接近梗的地方常另有一瓣从对面翻出，变化也很多。如果是正面安置时，正中一瓣最长，两旁强调最下一瓣向外的卷出，整个印象还保持着"一束草"雏型时的特征，底下的两卷则变化较大，改成种种的不同的图案。这种的忍冬卷草叶纹是东罗马帝国时代拜占庭雕刻的特点。这种叶子所组织成的卷纹图案也曾受一些西罗马系的影响，所以有一些略近于亚甘瑟斯卷纹。但在大体上是固执的伊兰系的幻想的忍冬叶。罗马帝国灭亡之后，由基督教再传入欧洲时最普遍地见于中世纪早期的基督教雕刻与绘画上，更多见于地木雕板和象牙雕刻上。这就是著名的罗曼尼斯克的草纹，当时完全代替了古典的罗马写实卷草，不但盛行于西欧各处中世纪教堂中，也普遍的出现于北欧和东欧的雕刻图案上。

在敦煌早期洞窟中所见的忍冬叶有极不同的两种。一种就是这里所提到的道地的伊兰系的忍冬叶。组织成雕刻型的边饰，以粉彩用凹凸法画出的。这种画案很多是将侧面叶子两两相对，或颠倒相间排列成横条边饰，如在几个北魏洞的壁带上，墙头上和佛龛券沿上所见。这种图案显然是由西域输入的。但很多凹凸法已因色彩的分配只有装饰效果没有起伏。另一种是画在墙壁上段壁画中的。在一列画出的幕沿和垂带底下，一整组的叶子和一个飞仙约略做成一个单位，成列地横飞在空中，飘荡地驾在云上。幕和垂带，飞仙的飘带，披肩，衣裙，周边忍冬叶都像随着大风吹偏在一面。这种运用腕力自由地在壁上以伶俐洒脱的手笔画出的装饰图案，是完全属于汉代两晋画风的。这种同飞仙云气一起回荡的忍冬叶不组织成为边饰，只是单个的忍冬叶子的式样是属于上面所说的伊兰系统的图案。两两相对雕刻型的忍冬叶边饰中叶子和这一种作风和处理方法如此之不同，却同见于一个早期的洞内，说明雕刻型的保持着西域输入的原状，且装饰在石造建筑物原有这种雕刻的位置上，而绘画型的则是完全以自己民族型式的手法当作画壁来处理，老实不客气的运用所谓"柱壁皆画云气，花卉，山灵，鬼怪的"作风，将忍冬叶也附带的吸收进去。这样的忍冬叶虽来自西域，但经中国画师之手和飞仙组织在一起，叶瓣也像凭风吹动，羽化登仙，气韵生动飘洒自然完全的民族形式化了，洞壁上部所见就是一例。前边所提出当时画工是否能吸收新鲜养料，而保持原有优良体系而更加丰富起来，这种忍冬叶的汉化就给我们以最肯定的回答。

更可惊异的是这完全以汉画手法来处理的忍冬叶，和含有雕刻性质的伊兰系的忍冬叶图案，并不从此分道扬镳，各行其是。很迅速的它们又互相影响。绘画型的豪放生动的叶子竟再组织到边饰的范围内且还影响到真正石刻上的忍冬叶图案，使每个叶子的姿势脱离了原来的伊兰系的呆板而大为活泼。南北响堂山石窟寺石楣上忍冬草纹的浮雕实可算雕刻图案的杰作，尤其是浮雕极薄也是出于传统手法，刻工精美而简练，更产生特殊的效果。这种经过汉风变革过的伊兰系忍冬草纹也是当时传入朝鲜日本的最典型的图案之一，且是唐以前的一种特征。因为它同盛唐的卷草纹又极为不同。唐初所发展的草叶另属一个系统，彼此之间仅有微妙的关系，当在唐卷草一节中再详细讨论了。

北魏到隋的洞窟中有极明显的外来因素还没有经过自己体系的融化收纳的，这外来的手法特征仅有某一些是所谓健驮罗风，由于发掘资料知道佛像在西域多采用模型翻制，所以相当保有浓重的健驮罗中希腊意味，情形同画壁显著受波斯风手法的不同。在敦煌洞中塑像曾几经重装很难指出原来的特点，但在佛座上所刻莲瓣而论，健驮罗风是充足的。除此之外在画壁上多处所见的不是汉晋的手法就是浓重的波斯型的西域作风。在装饰上使我们最注意的是用白粉描线和打小点子等手法，尤其是龛壁底色是深色的。这种白粉线的应用同库车附近各窟中的画壁上的很近似，白粉很显明的是当时龟兹伊兰语系民族索格特的画工所常用的画料。在中国白粉从汉代起就曾应用于彩画的陶器上面。但汉宫典质里提到："以胡粉……* 后文已佚。

未完，底下尚未找着。* 此处系林徽因自注。

附图

林徽因手绘边饰图样

林徽因手绘边饰图样

林徽因手绘边饰图样

林徽因手绘边饰图样

林徽因手绘边饰图样

林徽因手绘边饰图样

林徽因手绘边饰图样

林徽因手绘边饰图样

倏忽人间四月天

梁从诫

本文系作者当年为准备出版林徽因的作品集而撰，发表时有附题——"回忆我的母亲林徽因"。

母亲去世已经三十二年了。现在能为她出这么一本小小的文集——她唯一的一本，使我欣慰，也使我感伤。

今天，读书界记得她的人已经不多了。老一辈谈起，总说那是三十年代一位多才多艺、美丽的女诗人。但是，对于我来说，她却是一个面容清癯、削瘦的病人，一个忘我的学者，一个用对成年人的平等友谊来代替对孩子的抚爱（有时却是脾气急躁）的母亲。

三十年代那位女诗人当然是有过的。可惜我并不认识，不记得。那个时代的母亲，我只可能在后来逐步有所了解。当年的生活和往事，她在我和姐姐梁再冰长大后曾经同我们谈起过，但也不常讲。母亲的后半生，虽然饱受病痛折磨，但在精神和事业上，她总有新的追求，极少以伤感的情绪单纯地缅怀过去。至今仍被一些文章提到的半个多世纪前的某些文坛旧事，我没有资格评论。但我有责任把母亲当年亲口讲过的，和我自己直接了解的一些情况告诉关心这段文学史的人们。或许它们会比那些传闻和臆测更有意义。

早年

我的外祖父林长民（宗孟）出身仕宦之家，几个姊妹也都能诗文，善书法。外祖父留学日本，英文也很好，在当时也是一位新派人物。但是他同外祖母的婚姻却是家庭包办的一个不幸的结合。外祖母（按：林徽因的母亲何雪媛是林长民的第二位夫人。）虽然容貌端正，却是一位没有受过教育的、不识字的旧式妇女，因为出自有钱的商人家庭，所以也不善女红和持家，因而既得不到丈夫，也得不到婆婆的欢心。婚后八年，才生下第一个孩子——一个美丽、聪颖的女儿。这个女儿虽然立即受到全家的珍爱，但外祖母的处境却并未因此改善。外祖父不久又娶了一房夫人（按：林长民的第三位夫人程桂林），外祖母从此更受冷遇，实际上过着与丈夫分居的孤单的生活。母亲从小生活在这样的家庭矛盾之中，常常使她感到困惑和悲伤。

童年的境遇对母亲后来的性格是有影响的。她爱父亲，却恨他对自己母亲的无情；她爱自己的母亲，却又恨她不争气；她以长姊真挚的感情，爱着几个异母的弟妹，然而，那个半封建家庭中扭曲了的人际关系却在精神上深深地伤害过她。可能是由于这一切，她后来的一生中很少表现出三从四德式的温顺，却不断地在追求人格上的独立和自由。

少女时期，母亲曾经和几位表姊妹一道，在上海和北京的教会女子学校中读过书，并跟着那里的外国教员学会了一口相当流利的英语。一九二〇年，当外祖父在北洋官场中受到排挤而被迫"出国考察"时，决定携带十六岁的母亲同行。关于这次欧洲之旅我所知甚少。只知道他们住在伦敦，同时曾到大陆一些国家游历。母亲还考入了一所伦敦女子学校暂读。

在去英国之前，母亲就已认识了当时刚刚进入"清华学堂"的父亲。从英国回来，他们的来往更多了。在我的祖父梁启超和外祖父看来，这门亲事是颇为相当的。但是两个年轻人此时已经受到过相当多的西方民主思想的熏陶，不是顺从于父辈的意愿，而确是凭彼此的感情而建立起亲密的友谊的。他们之间在对中国传统文化的珍爱和对造型艺术的趣味方面有着高度的一致性，但是在其他方面也有许多差异。父亲喜欢动手，擅长绘画和木工，又酷爱音乐和体育，他生性幽默，做事却喜欢按部就班，有条不紊；母亲富有文学家式的热情，灵感一来，兴之所至，常常可以不顾其他，有时不免受情绪的支配。我的祖母一开始就对这位性格独立不羁的新派的未来儿媳不大看得惯，而两位热恋中的年轻人当时也不懂得照顾和体贴已身患重病的老人的心情，双方关系曾经搞得十分紧张，从而使母亲又逐渐卷入了另一组家庭矛盾之中。这种局面更进一步强化了她内心那种潜在的反抗意识，并在后来的文学作品中有所反映。

父亲在清华学堂时代就表现出相当出众的美术才能，曾经想致力于雕塑艺术，后来决定出国学建筑。母亲则是在英国时就受到一位女同学的影响，早已向往这门当时在中国学校中还没有的专业。在这方面，她和父亲可以说早就志趣相投了。一九二三年五月，正当父亲准备赴美留学的前夕，一次车祸使他左腿骨折。这使他的出国推迟了一年，并使他的脊椎受到了影响终生的严重损伤。不久，母亲也考取了半官费留学。

一九二四年，他们一同来到美国宾夕法尼亚大学。父亲入建筑系，母亲则因该系当时不收女生而改入美术学院，但选修的都是建筑系的课程，后来被该系聘为"辅导员"。

一九二五年底，外祖父在一场军阀混战中死于非命。这使正在留学的母亲精神受到很大打击。

1927年，父亲获宾州大学建筑系硕士学历，母亲获美术学院学士学位。此后，他们曾一道在一位著名的美国建筑师的事务所里工作过一段时间。不久，父亲转入哈佛大学研究美术史。母亲则到耶鲁大学戏剧学院随贝克教授学舞台美术。据说，她是中国第一位在国外学习舞台美术的学生，可惜她后来只把这作为业余爱好，没有正式从事过舞台美术活动。母亲始终是一个戏剧爱好者。一九二四年，当印度著名诗翁泰戈尔应祖父和外祖父之邀到中国访问时，母亲就曾用英语串演过泰翁名作《齐德拉》；三十年代，她也曾写过独幕和多幕话剧。

关于父母的留学生活，我知道得很少。一九二八年三月，他们在加拿大渥太华举行了婚礼，当时我的大姑父在那里任中国总领事。母亲不愿意穿西式的白纱婚礼服，但又没有中式"礼服"可穿，她便以构思舞台服装的想象力，自己设计了一套"东方式"带头饰的结婚服装，据说曾使加拿大新闻摄影记者大感兴趣。这可以说是她后来一生所执着追求的"民族形式"的第一次幼稚的创作。婚后，他们到欧洲度蜜月，实际也是他们学习西方建筑史之后的一次见习旅行。欧洲是母亲少女时的旧游之地，婚后的重访使她感到亲切。后来曾写过一篇散文《贡纳达之夜》，以纪念她在这个西班牙小城中的感受。

一九二八年八月，祖父在国内为父亲联系好到沈阳东北大学创办建筑系，任教授兼系主任。工作要求他立即到职，同时祖父的肾病也日渐严重。为此，父母中断了欧洲之游，取道西伯利亚赶回了国内。本来，祖父也为父亲联系了在清华大学的工作，但后来却力主父亲去沈阳，他在信上说："（东北）那边建筑事业将来有大发展的机会，比温柔乡的清华园强多了。但现在总比不上在北京舒服，……我想有志气的孩子，总应该往吃苦路上走。"父亲和母亲一道在东北大学建筑系的工作进行得很顺利，可惜东北严寒的气候损害了母亲的健康。一九二九年一月，祖父在北平不幸病逝。同年八月，我姐姐 *我姐姐 指梁再冰。在沈阳出生。此后不久，母亲年轻时曾一度患过的肺病复发，不得不回到北京，在香山疗养。

北平

香山的"双清"也许是母亲诗作的发祥之地。她留下来的最早的几首诗都是那时在这里写成的。清静幽深的山林，同大自然的亲近，初次做母亲的快乐，特别是北平朋友们的真挚友情，常使母亲心里充满了宁静的欣悦和温情，也激起了她写诗的灵感。从一九三一年春天，她开始发表自己的诗作。

母亲写作新诗，开始时在一定程度上受到过徐志摩的影响和启蒙。她同徐志摩的交往，是过去文坛上许多人都知道，却又讹传很多的一段旧事。在我和姐姐长大后，母亲曾经断断续续地同我们讲过他们的往事。母亲同徐是一九二〇年在伦敦结识的。当时徐是外祖父的年轻朋友，一位二十四岁的已婚者，在美国学过两年经济之后，转到剑桥学文学；而母亲则是一个还未脱离旧式大家庭的十六岁的女中学生。据当年曾同徐志摩一道去过林寓的张奚若伯伯多年以后对我们的说法："你们的妈妈当时留着两条小辫子，差一点把我和志摩叫做叔叔！"因此，当徐志摩以西方式诗人的热情突然对母亲表示倾心的时候，母亲无论在精神上、思想上，还是生活体验上都处在与他完全不能对等的地位上，因此也就不可能产生相应的感情。母亲后来说过，那时，像她这么一个在旧伦理教育熏陶下长大的姑娘，竟会像有人传说地那样去同一个比自己大八九岁的已婚男子谈恋爱，简直是不可思议的事。母亲当然知道徐在追求自己，而且也很喜欢和敬佩这位诗人，尊重他所表露的爱情，但是正像她自己后来分析的："徐志摩当时爱的并不是真正的我，而是他用诗人的浪漫情绪想象出来的林徽音，可我其实并不是他心目中所想的那样一个人。"不久，母亲回国，他们便分手了。等到一九二二年徐回到国内时，母亲同父亲的关系已经十分亲密，后来又双双出国留学，和徐志摩更没有了直接联系。父母留学期间，徐志摩的离婚和再娶，成了当时国内文化圈子里几乎人人皆知的事。可惜他的再婚生活后来带给他的痛苦竟多于欢乐。一九二九年母亲在北平与他重新相聚时，他正处在那样的心境中，而母亲却满怀美好的憧憬，正迈向新的生活。这时的母亲当然早已不是伦敦时代那个梳小辫子的女孩，她在各方面都已成熟。徐志摩此时对母亲的感情显然也越过了浪漫的幻想，变得沉着而深化了。徐志摩是一个真挚奔放的人，他所有的老朋友都爱他，母亲当然更珍重他的感情。尽管母亲后来也说过，徐志摩的情趣中有时也露出某种俗气，她并不欣赏，但是这没有妨碍他们彼此成为知音，而且徐也一直是我父亲的挚友。母亲告诉过我们，徐志摩那首著名的小诗《偶然》是写给她的，而另一首《你去》，徐也在信中说明是为她而写的，那是他遇难前不久的事。从这前后两首有代表性的诗中，可以体会出他们感情的脉络，比之一般外面的传说，却要崇高许多。

一九三一年以后，母亲除诗以外，又陆续发表了一些小说、散文和剧本，很快就受到北方文坛的注意，并成为某些文学活动中的活跃分子。从她早期作品的风格和文笔中，可以看到徐志摩的某种影响，直到她晚年，这种影响也还依稀有着痕迹。但母亲从不屑于模仿，她自己的特色愈来愈明显。母亲文学活动的另一特点，是热心于扶植比她更年轻的新人。她参加了几个文学刊物或副刊的编辑工作，总是尽量为青年人发表作品提供机会；她还热衷于同他们交谈、鼓励他们创作。她为之铺过路的青年中，有些人后来成了著名作家。关于这些，认识她的文学前辈们大概还能记得。

母亲开始写作时，已是"新月派"活动的晚期，除了徐志摩外，她同"新月派"其他人士的交往并不深。她初期的作品发表在《新月》上的也不很多。虽然她在风格上同"新月派"有不少相同的地方，但她却从不认为自己就是"新月派"，也不喜欢人家称她为"新月派诗人"。徐志摩遇难后，她与其他人的来往更少，不久，这个文学派别也就星散了。这里，还要顺带提到所谓徐志摩遗存的"日记"问题。徐生前是否曾将日记交母亲保存，我从未听母亲讲起过（这类事在我们稍长后，母亲就从不在我们姊弟面前隐讳和保密），但我确知，抗战期间当我们全家颠沛于西南诸省时，父母仅有的几件行李中是没有这份文献的。抗战之后，我家原存放在北平、天津的文物、书信等已大部分在沦陷期间丢失，少量残存中也没有此件。新中国成立初期，母亲曾自己处理过一些旧信、旧稿，其中也肯定不含此件。因此，几位权威人士关于这份"日记"最后去向的种种说法和猜测，我不知道有什么事实根据。特别是几年前一位先生在文章中说，我母亲曾亲口告诉他，徐志摩的两本日记"一直"由她保存着，不禁使我感到惊奇。不知这个"一直"是指到什么时候？我只知道，我们从小在家里从来也没有听到过母亲提起过这位先生的名字。

文学上的这些最初的成就，其实并没有成为母亲当时生活的主旋律。对她后来一生的道路发生了重大影响的，是另一件事。一九三一年四月，父亲看到日本侵略势力在东北日趋猖狂，便愤然辞去了东北大学建筑系的职务，放弃了刚刚在沈阳安下的家，回到了北平，应聘来到朱启钤先生创办的一个私立学术机构，专门研究中国古建筑的"中国营造学社"，并担任了"法式部"主任，母亲也在"学社"中任"校理"。以此为发端，开始了他们的学术生涯。

当时，这个领域在我国学术界几乎还是一片未经开拓的荒原。国外几部关于中国建筑史的书，还是日本学者的作品，而且语焉不详，埋没多年的我国宋代建筑家李诫（明仲）的《营造法式》，虽经朱桂老热心重印，但当父母在美国收到祖父寄去的这部古书时，这两个建筑学生却对其中术语视若"天书"，几乎完全不知所云。遍布祖国各地无数的宫殿、庙宇、塔幢、园林，中国自己还不曾根据近代的科学技术观念对它们进行过研究。它们结构上的奥秘、造型和布局上的美学原则，在世界学术界面前，还是一个未解之谜。西方学者对于欧洲古建筑的透彻研究，对每一处实例的精确记录、测绘，对于父亲和母亲来说，是一种启发和激励。留学时代，父亲就曾写信给祖父，表示要写成一部"中国宫室史"，祖父鼓励他说："这诚然是一件大事。"可见，父亲进入这个领域，并不是一次偶然的选择。

母亲爱文学，但只是一种业余爱好，往往是灵感来时才欣然命笔，更不会去"为赋新词强说愁"。然而，对于古建筑，她却和父亲一样，一开始就是当作一种近乎神圣的事业来献身的。

从一九三一到三七年，母亲作为父亲的同事和学术上的密切合作者，曾多次同父亲和其他同事们一道，在河北、山西、山东、浙江等省的广大地区进行古建筑的野外调查和实测。我国许多有价值的，原貌尚存的古代建筑，往往隐没在如今已是人迹罕至的荒郊野谷之中。当年，他们到这些地方去实地考察，常常不得不借助于原始的交通工具，甚至徒步跋涉，"餐风宿雨"，"艰苦简陋的生活，与寻常都市相较，至少有两世纪的分别"。然而，这也给了他们这样的长久生活于大城市中的知识分子一种难得的机会，去观察和体验偏僻农村中劳动人民艰难的生活和淳朴的作风。这种经验曾使母亲的思想感情发生了很大的震动。

作为一个古建筑学家，母亲有她独特的作风。她把科学家的缜密、史学家的哲思、文艺家的激情融于一身。从她关于古建筑的研究文章，特别是为父亲所编《清式营造则例》撰写的"绪论"中，可以看到她在这门科学上造诣之深。她并不是那种仅会发思古之幽情，感叹于"多少楼台烟雨中"的古董爱好者；但又不是一个仅仅埋头于记录尺寸和方位的建筑技师。在她眼里，古建筑不仅是技术与美的结合，而且是历史和人情的凝聚。一处半圮的古刹，常会给她以深邃的哲理和美感的启示，使她禁不住要创造出"建筑意"这么个"狂妄的"名词来和"诗情""画意"并列。好在，那个时代他们还真不拘于任何"框框"，使她敢于用那么奔放的文学语言，乃至嬉笑怒骂的杂文笔法来写她的学术报告。母亲在测量、绘图和系统整理资料方面的基本功不如父亲，但在融汇材料方面却充满了灵感，常会从别人所不注意的地方独见精采，发表极高明的议论。那时期，父亲的论文和调查报告大多经过她的加工过色。父亲后来常常对我们说，他文章的"眼睛"大半是母亲给"点"上去的。这一点在"文化大革命"中却使父亲吃了不少苦头。因为母亲那些"神来之笔"往往正是那些戴红袖章的狂徒们所最不能容忍的段落。

　　这时期的生活经验，在母亲三十年代的文学作品中有着鲜明的反映。这些作品一方面表现出一个在优越的条件下顺利地踏入社会并开始获得成功的青年人充满希望的兴奋心情；另一方面，却又显出她对自己生活意义的怀疑和探索。但这并不似当时某些对象牙之塔厌倦了而又无所归依的"螃蟹似的"文学青年的那种贫乏的彷徨，她的探求是诚实的。正如她在一封信中所说的：在她看来，真诚，即如实地表现自己确有的思想感情，是文学作品的第一要义。她的小说《九十九度中》和散文《窗子以外》，都是这种真情的流露。在远未受到革命意识熏染之前，能够这样明确地提出知识分子与劳动人民的关系问题，渴望越出那扇阻隔于两者之间的"窗子"，对于像她这样出身和经历的人来说，是很不容易的。

　　三十年代是母亲最好的年华，也是她一生中物质生活最优裕的时期，这使得她有条件充分地表现出自己多方面的爱好和才艺。除了古建筑和文学之外，她还做过装帧设计、服装设计；同父亲一道设计了北京大学的女生宿舍，为王府井"仁立地毯公司"门市部设计过民族形式的店面（可惜他们设计的装修今天被占用着这间店面的某时装公司拆掉了。名家手笔还不如廉价的铝合金装饰板。这就是时下经理们的审美标准和文化追求！），单独设计了北京大学地质馆，据曹禺同志告诉我，母亲还到南开大学帮助他设计过话剧布景，那时他还是个年轻学生。母亲喜欢交朋友，她的热心和健谈是有名的，而又从不以才学傲视于年轻人或有意炫耀，因此，赢得许多忘年之交。母亲活泼好动，和亲戚朋友一道骑毛驴游香山、西山，或到久已冷落的古寺中野餐，都是她最快乐的时光。

母亲不爱做家务事，曾在一封信中抱怨说，这些琐事使她觉得浪费了宝贵的生命，而耽误了本应做的一点对于他人，对于读者更有价值的事情。但实际上，她仍是一位热心的主妇，一个温柔的妈妈。三十年代我家坐落在北平东城北总布胡同，是一座有方砖铺地的四合院，里面有个美丽的垂花门，一株海棠，两株马缨花。中式平房中，几件从旧货店里买来的老式家具，一两尊在野外考察中拾到的残破石雕，还有无数的书，体现了父母的艺术趣味和学术追求。当年，我的姑姑、叔叔、舅舅和姨大多数还是青年学生，他们都爱这位长嫂、长姊，每逢假日，这四合院里就充满了年轻人的高谈阔论，笑语喧声，真是热闹非常。

然而，生活也并不真的那么无忧无虑。三十年代的中国政局，特别是日本侵略的威胁，给父母的精神和生活投下了浓重的阴影。一九三一年，曾在美国学习炮兵的四叔在"一·二八"事件中于淞沪前线因病亡故；"一二·九"学生运动时，我们家成了两位姑姑和她们的同学们进城游行时的接待站和避难所，"一二·一六"那一天，姑姑的朋友被宋哲元的"大刀队"破伤，半夜里血流满面地逃到我们家里急救包扎；不久，一位姑姑上了黑名单，躲到我们家，父母连夜将她打扮成"少奶奶"模样，送上开往汉口的火车，约定平安到达即发来贺电，发生意外则来唁电。他们焦急地等了三天，终于接到一个"恭贺弄璋之喜"的电报，不禁失笑，因为当时我已经三岁了。

然而，这样的生活，不久就突然地结束了。

一九三七年六月，她和父亲再次深入五台山考察，骑着骡子在荒凉的山道上颠簸，去寻访一处曾见诸敦煌壁画，却久已湮没无闻的古庙——佛光寺。七月初，他们居然在一个偏僻的山村外面找到了它，并确证其大殿仍是建于唐代后期（公元八五七年）的原构，也就是当时所知我国尚存的最古老的木构建筑物（新中国成立后，在同一地区曾发现了另一座很小的庙宇，比佛光寺早七十多年）。这一发现在中国建筑史和他们个人的学术生活中的意义，当然是非同小可的。直到许多年以后，母亲还常向我们谈起当时他们的兴奋心情，讲他们怎样攀上大殿的天花板，在无数蝙蝠扇起的千年尘埃和无孔不入的臭虫堆中摸索着测量，母亲又怎样凭她的一双远视眼，突然发现了大梁下面一行隐隐约约的字迹，就是这些字，成了建筑年代的确凿证据。而对谦逊地隐在大殿角落中本庙施主"女弟子宁公遇"端庄美丽的塑像，母亲更怀有一种近乎崇敬的感情。她曾说，当时恨不能也为自己塑一尊像，让"女弟子林徽因"永远陪伴这位虔诚的唐朝妇女，在肃穆中再盘腿坐上他一千年！

可惜这竟是他们战前事业的最后一个高潮。七月中旬，当他们从深山中走出时，等着他们的，却是芦沟桥事变的消息！

战争对于父母来说意味着什么，他们当时也许想得不很具体，但对于需要做出的牺牲，他们是有所准备的。这点，在母亲一九三七年八月回到北平后给正在北戴河随亲戚度假的八岁的姐姐写的一封（奇迹般地保存了下来的）信里，表达得十分明确。母亲教育姐姐，要勇敢,并告诉她,爸爸妈妈"不怕打仗,更不怕日本人",因此,她也要"什么都顶有决心才好"。就这样,他们在日军占领北平前夕,抛下了那安逸的生活、舒适的四合院,带着外婆和我们姐弟,几只皮箱,两个铺盖卷,同一批北大、清华的教授们一道,毅然地奔向了那陌生的西南"大后方",开始了战时半流亡的生活。

昆明

这确是一次历尽艰辛的"逃难"。

一九三七年十一月,我们在长沙首次接受了战争的洗礼。九死一生地逃过了日寇对长沙的第一次轰炸。那情景,在萧乾先生写的《一代才女林徽因》中,曾引用母亲自己的信,做了详尽的描述。

紧接着,在我们从长沙迁往昆明途中,母亲又在湘黔交界的晃县患肺炎病倒。我至今仍依稀记得,那一晚,在雨雪交加中,父亲怎样抱着我们,搀着高烧四十度的母亲,在那只有一条满是泥泞的街道的小县城里,到处寻找客店。最后幸亏遇上一批也是过路的空军航校学员,才匀了一个房间让母亲躺下。这也是战争期间我们家同那些飞行员之间特殊的友谊的开始。旅途中的这次重病对母亲的健康造成了严重损害,埋下了几年后她肺病再次复发的祸根。

一九三八年一月份,我们终于到达了昆明。在这数千公里的逃难中,做出最大牺牲的是母亲。

三年的昆明生活,是母亲短短一生中作为健康人的最后一个时期。在这里,她开始尝到了战时大后方知识分子生活的艰辛。父亲年轻时车祸受伤的后遗症时时发作,脊椎痛得常不能坐立。母亲也不得不卷起袖子买菜、做饭、洗衣。

然而，母亲的文学、艺术家气质并没有因此而改变。昆明这高原春城绮丽的景色一下子就深深地吸引了她。记得她曾写过几首诗来吟咏那"荒唐的好风景"，一首题为《三月昆明》，可惜诗稿已经找不到了。还有两首《茶铺》和《小楼》，在《林徽因诗集》出版时尚未找到，最近却蒙邵燕祥先生从他保留的旧报上找出（披露在甘肃《女作家》一九八五年第四期上）。

大约是在一九三九年冬，由于敌机对昆明的轰炸越来越频繁，我们家从城里又迁到了市郊，先是借住在麦地村一所已没有了尼姑的尼姑庵里，院里还常有虔诚的农妇来对着已改为营造学社办公室的娘娘殿烧香还愿；后来，父亲在龙头村一块借来的地皮上请人用未烧制的土坯砖盖了三间小屋。而这竟是两位建筑师一生中为自己设计建造的唯一一所房子。

离我们家不远，在一条水渠那边，有一个烧制陶器的小村——瓦窑村。母亲经常爱到那半原始的作坊里去看老师傅做陶坯，常常一看就是几个小时。然后沿着长着高高的桉树的长堤，在黄昏中慢慢走回家。她对工艺美术历来十分倾心，我还记得她后来常常说起，那老工人的手下曾变化出过多少奇妙的造型，可惜变来变去，最后不是成为瓦盆，就是变作痰盂！（按：很可以想象林徽因惟妙惟肖描述的样子。）

前面曾提到，母亲在昆明时还有一批特别的朋友，就是在晃县与我们邂逅的那些空军航校学员，这是一批抗战前夕沿海大城市中投笔从戎的爱国青年，后来大多数家乡沦陷。在昆明时，每当休息日，他们总爱到我们家来，把母亲当作长姐，对她诉说自己的乡愁和种种苦闷。他们学成时，父亲和母亲曾被邀请做他们全期（第七期）的"名誉家长"出席毕业典礼。但是，政府却只用一些破破烂烂的老式飞机来装备自己的空军，抗战没有结束，他们十来人便全都在一次次与日寇力量悬殊的空战中牺牲了，没有一人幸存！有些死得十分壮烈。因为多数人家在敌占区，他们阵亡后，私人遗物便被寄到我们家里。每一次母亲都要哭一场。

李庄

一九四〇年冬，由于日寇对昆明的空袭日益加剧，营造学社被迫随中央研究院历史语言研究所再度西迁到四川宜宾附近的一个小江村——李庄。这里距扬子江尽处只有三十公里（宜宾以上即称金沙江），而离重庆却有三天的水路，是个名副其实的穷乡僻壤。我们住进了一处篾条抹灰的简陋农舍。艰苦的生活，旅途的劳顿和四川冬季潮湿、阴冷的气候，终于使母亲的旧病恶性发作，卧床不起。而同时父亲脊椎软组织灰质化的毛病也变得越来越严重。

李庄的生活确实是艰难的。家里唯一能给母亲养病用的"软床"是一张摇摇晃晃的帆布行军床；晚上，为了父亲写书和我们姐弟做功课，全家点两盏菜籽油灯，当时，连煤油灯都是过于"现代化"的奢侈品。记得我在这里读小学时，除了冬天外婆亲手做的一双布鞋外，平时都只能穿草鞋。偶尔有朋友从重庆或昆明带来一小罐奶粉，就算是母亲难得的高级营养品了。父亲爱吃甜食，但这里除了土制红糖之外没别的。父亲就把土糖蒸熟消毒，当成果酱抹在馒头上，戏称之为"甘蔗酱"。整个李庄没有一所医院，没有一位正式医生，没有任何药品。家里唯一的一只体温计被我失手打破，大半年母亲竟无法量体温。就是在这样的条件下，她的病情一天天沉重，却得不到像样的治疗。眼看着她消瘦下去，眼窝深陷，面色苍白，几个月的工夫，母亲就失掉了她那一向焕发美丽的面容，成了一个憔悴、苍老，不停地咳喘的病人。

同他们过去的生活相比，李庄的日子真可以说是贫病交加了。然而，就在这样的境遇之下，母亲和父亲并没有被困难所压倒，而是拼上性命，继续坚持着他们的学术事业。抗战开始以来，辗转几千公里的逃难，我们家几乎把全部"细软"都丢光了，但是，战前父亲和营造学社同人们调查古建筑的原始资料——数以千计的照片、实测草图、纪录等等，他们却紧紧地抱在胸前，一张也没有遗失。只有那些无法携带的照相底版，还有一些珍贵的文献，他们在离开北平前，曾经存进了天津一家外国银行的地下保险库，当时以为这是最安全的。不料一九三九年天津大水时，地下室被淹，所存资料几乎全部被毁。这个消息是两年后才传到李庄的。姐姐告诉我，当父亲母亲听到这个不幸的消息时都哭了。就在这几间四面透风的农舍里，父亲同几位共患难的同事，请来当地的木匠，做了几张半原始的白木头绘画桌，摊开了他们的资料，决心着手全面系统地总结整理他们战前的调查成果，开始撰写《中国建筑史》。同时，为了实现他和母亲多年的宿愿，又决定用英文撰写并绘制一部《图像中国建筑史》，以便向西方世界科学地介绍中国古代建筑的奥秘和成就。他和母亲一面讨论，一面用一台古老的、噼啪震响的打字机打出草稿；又和他亲密的助手莫宗江一道，绘制了大量英汉对照注释的精美插图。当时，父亲的颈椎灰质化病常常折磨得他抬不起头来，他就在画板上放一个小花瓶撑住下巴，以便继续工作。而母亲只要稍为好过一点就半坐在床上，翻阅"二十四史"和各种资料典籍，为书稿做种种补充、修改，润色文字。今天，还可以从当年那些用土纸写成的原稿上，看到母亲病中的斑斑字迹。一九四二年冬，父亲和母亲的美国老友，当时的美国驻华大使特别助理费正清（John Fairbank）教授来到李庄看望他们，被他们在如此艰苦的环境中仍坚持学术工作的坚毅精神所深深感动。四十年后，他在"自传"中还专门为此写了一段深情的话（见萧乾先生的文章）。

虽然如此，李庄的四年，大概仍是母亲情绪上最抑郁的时期。战争和疾病无情地击倒了她，而这里又是那样一个偏僻、单调的角落。老朋友们天各一方，难得有一两封书信往还。可以想象，她的心境有时是多么悲凉。但病中的母亲这时更勤奋于学习。她在病榻上读了大量的书。我和姐姐至今还能举出不少当时她读过的书名，这是因为当时她常常读书有感却找不到人交谈，只好对着两只小牛弹她的琴。这时期，她读了许多俄罗斯作家的作品，我记得她非常喜欢屠格涅夫的《猎人日记》，而且要求我也当成功课去读它（那时我只有十二岁），还要我们一句句地去体味屠格涅夫对自然景色的描写；米开朗琪罗传，因为是英文的，我们实在没法子读，她就读一章，给我们讲一章，特别详细地为我们描述了米开朗琪罗为圣彼得教堂穹顶作画时的艰辛。讲的时候很动感情，可能因为米开朗琪罗那种对艺术的执着追求特别引起了她的共鸣。她偶尔也还写诗，但流露的大多是惆怅。在她兴致好的时候，间或喜欢让姐姐和我坐在床前，轻轻地为我们朗读她旧日的诗、文，她的诗本来讲求韵律，比较"上口"，由她自己读出，那声音真是如歌。她也常常读古诗词，并讲给我们听，印象最深的，是她在教我读到杜甫和陆游的"剑外忽传收蓟北"，"家祭无忘告乃翁"，以及"遥怜小儿女，未解忆长安"等名句时那种悲愤、忧愁的神情。母亲非常擅长朗诵。我记得，还在昆明时期，我大概只是小学二年级，她教我《唐雎不辱使命》，自己读给我和姐姐听。一篇古文，被她读得绘声绘色：唐雎的英雄胆气，秦王前踞而后恭的窘态，听来简直似一场电影。五十年过去了，我仍觉得声声在耳，历历在目。在李庄时，她从中研院历史语言研究所借到过几张劳伦斯·奥列弗的莎剧台词唱片，非常喜欢，常常模仿这位英国名演员的语调，大声地"耳语"："to be or not to be, that is the question！"于是父亲、姐姐和我就热烈鼓掌……她这位母亲,几乎从未给我们讲过什么小白兔、大灰狼之类的故事,除了给我们买了大量的书要我们自己去读之外,就是以她自己的作品和对文学的理解来代替稚气的童话,像对成年人一样地来陶冶我们幼小的心灵。

一九四一年,她非常疼爱的三弟,当时刚从航校毕业不久的空军上尉飞行员林恒,在一次对日机的仓促应战中,牺牲在成都上空。噩耗传到她病榻上的时候,母亲几乎痛不欲生。此后不到两年,昆明那批空军朋友中的最后一名幸存者,也是母亲最喜欢的一个,又在衡阳战役中被击落后失踪了。他们的死在母亲精神上的反响,已不限于对亡故亲人和挚友的怀念感伤。她的悼亡诗《哭三弟恒》可以说不是只给三舅一个人,而是献给抗战前期她所认识的所有那些以身殉国的飞行员朋友的。从中可以看出当时她对民族命运的忧思和对统治当局的责难。

战时"大后方"艰苦、暗淡的生活,腐蚀了许多青年人的意志,使他们动摇,彷徨,想放弃学术事业,有人不想再当穷知识分子,而想走升官发财之路。这一切使母亲写出了她唯一的一首政治诗《刺耳的悲歌》。她在诗中以悲怆的笔调抨击了那些看见别人做了官、发了国难财而眼红的青年人,也抨击了政府骗取青年的爱国热情,征召他们去参加目的可疑的什么"青年军"(抗战后国民党利用"青年军"镇压学生运动、打内战,证明了母亲这个"不问政治"的人政治上的敏感性)。极为可惜的是,那诗稿如今竟已不存!

从母亲一九四四年留下的几首短诗中可以看出,她在李庄的最后两年中心情是多么恶劣、消沉。但这并不仅仅是自身病痛所致,更多的,也许还是出于"长安不见"的忧愁。她这时爱读杜、陆后期的诗词,不是偶然的。在她和父亲身上,常表现出中国汉族读书人的那种传统的"气节"心理。一九四六年,抗战已经胜利,有一次我同母亲谈起四四年日军攻占贵州独山，直逼重庆的危局。我曾问母亲，如果当时日本人真的打进四川，你们打算怎么办？她若有所思地说："中国念书人总还有一条后路嘛，我们家门口不就是扬子江吗？"我急了，又问："我一个人在重庆上学，那你们就不管我啦？"病中的母亲深情地握着我的手，彷佛道歉似地小声地说："真要到了那一步，恐怕就顾不上你了！"听到这个回答，我的眼泪不禁夺眶而出。这不仅是因为感到自己受了"委屈"，更多地，我确是被母亲以最平淡的口吻所表现出来的那种凛然之气震动了。我第一次忽然觉得她好像不再是"妈妈"，而变成了一个"别人"。

抗战胜利那年的冬天，母亲离开了李庄，先在重庆暂住，但她总在想念昆明，特别是那里的老朋友们。四六年春，她终于如愿以偿，带病乘飞机再访昆明，住在圆通山后一座花园里。同老朋友金岳霖、张奚若、钱端升等人的重聚，使她得到了几年来最大的快乐，可惜高原缺氧的昆明对她的肺病却很不利。她在这里，也写了几首小诗。

"一二·一"运动后的昆明，使母亲在政治上有了新的认识。那年三月，我这个初中二年级学生在重庆被哄去参加了反苏游行。母亲知道后，从昆明来信把我狠狠地骂了一顿。说我是上当受骗，当时我还不大服气。这是我们在政治上的第一次交锋。同年八月，我们全家离开了重庆，乘西南联合大学的包机，飞向北平。

九年的战时流亡生活，终于结束了！

重回北平

母亲爱北平。她最美好的青春年华都是在这里度过的。她早年的诗歌、文学作品和学术文章，无一不同北平的血肉相关。九年的颠沛生活，吞噬了她的青春和健康。如今，她回来了，像个残废人似的贪婪地要重访每一处故地,渴望再次串起记忆里那断了线的珍珠。然而,日寇多年的蹂躏,北平也残破、苍老了,虽然古老的城墙下仍是那护城河,蓝天上依旧有白鸽掠过,但母亲知道,生活之水不会倒流,十年前的北平同十年前的自己一样,已经一去不复返了。

胜利后在北平,母亲的生活有了新的内容。父亲应聘筹建清华大学建筑系,但不久他即到美国去讲学。开办新系的许多工作暂时都落到了母亲这个没有任何名义的病人身上。她几乎就在病床上,为创立建筑系做了大量组织工作,同青年教师们建立了亲密的同事情谊,热心地在学术思想上同他们进行了许多毫无保留的探讨和交流。同时,她也交结了复原后清华、北大的许多文学、外语方面的中青年教师,经常兴致勃勃地同他们在广阔的学术领域中进行讨论。从汉武帝到杨小楼,从曼斯斐尔到澳尔夫,她都有浓厚的兴趣和自己的见解。

但是,这几年里,疾病仍在无情地侵蚀着她的生命,肉体正在一步步地辜负着她的精神。她不得不过一种双重的生活:白天,她会见同事、朋友和学生(按:林洙就是在这段时间内,作为梁林夫妇多年学生助手程应铨的未婚妻,走入他们的世界的),谈工作、谈建筑、谈文学……,有时兴高采烈,滔滔不绝,以至自己和别人都忘记了她是个重病人;可是,到了夜里,却又往往整晚不停地咳喘,在床上辗转呻吟,半夜里一次次地吃药、喝水、咯痰……。夜深人静,当她这样孤身承受病痛的折磨时,再也没有人能帮助她。她是那样地孤单和无望,有着难以诉说的凄苦。往往越是这样,她白天就越显得兴奋,似乎是想攫取某种精神上的补偿。四七年前后的几首病中小诗,对这种难堪的心境作了描述。尽管那调子低沉阴郁得叫人不忍卒读,却把"悲"的美学内涵表达得尽情、贴切。

一九四七年冬,结核菌侵入了她的一个肾,必须动大手术切除。母亲带着渺茫的希望入了医院。手术虽然成功了,但她的整个健康状况却又恶化了一大步，因为体质太弱，伤口几个月才勉强愈合。

四八年的北平，在残破和冷落中期待着。有人来劝父亲和母亲"南迁"，出国，却得不到他们的响应。抗战后期，一位老友全家去了美国，这时有人曾说"某公是不会回来的了"。母亲却正色厉声地说："某公一定回来！"这不仅反映了她对朋友的了解，也反映了她自己的心声。那位教授果然在新中国成立前不久举家回到了清华园。

一九四八年十二月十三日晚上，清华园北面彻夜响起怆炮声。母亲和父亲当时还不知道，这炮击正在预告着包括他们自己在内的中国人民的生活即将掀开新的一页。

解放军包围北平近两个月，守军龟缩在城内，清华园门口张贴了解放军四野十三兵团政治部的布告，要求全体军民对这座最高学府严加保护，不得入内骚扰。同时，从北面开来的民工却源源经过清华校园，把云梯、杉槁等攻城器材往城郊方向运去。看来，一场攻坚战落在北平城头已难以避免。忧心忡忡的父亲每天站在门口往南眺望，谛听着远处隐隐的炮声，常常自言自语地说："这下子完了，全都要完了！"他担心的，不止是城里亲友和数十万百姓的安危，而且还有他和母亲的第二生命——这整座珍贵的古城。中国历史上哪里有那样的军队，打仗还惦记着保护文物古迹？

然而，他们没有想到，当时中国真还有一支这样的军队！就在四八年年底，几位头戴大皮帽子的解放军干部坐着吉普来到我们家，向父亲请教一旦被迫攻城时，哪些文物必须设法保护，要父亲把城里最重要的文物古迹一一标在他们带来的军用地图上，……。父亲和母亲激动了。"这样的党、这样的军队，值得信赖，值得拥护！"从这件事里，他们朴素地得出了这样一个结论。直到他们各自生命结束，对此始终深信不疑。

解放

解放了。

母亲的病没有起色，但她的精神状态和生活方式，却发生了重大的变化。新中国成立初期，姐姐参军南下，我进入大学，都不在家。对于母亲那几年的日常生活和工作，我没有细致的了解。只记得她和父亲突然忙了起来，家里常常来一些新的客人，兴奋地同他们讨论着、筹划着……。过去，他们的活动大半限于营造学社和清华建筑系，限于学术圈子，而现在，新政权突然给了他们机会，来参与具有重大社会、政治意义的实际建设工作，特别是请他们参加并指导北京全市的规划工作。这是新中国成立前做梦也想不到的事。作为建筑师，他们猛然感到实现宏伟抱负，把才能献给祖国、献给人民的时代奇迹般地到来了。对这一切，母亲同父亲一样，兴奋极了。她以主人翁式的激情，恨不能把过去在建筑、文物、美术、教育等等许多领域中积累的知识和多少年的抱负、理想，在一个早晨统统加以实现。只有四十六岁的母亲，病情再重也压不住她那突然迸发出来的工作热情。

母亲有过强烈的解放感。因为新社会确实解放了她，给了她一个前所未有的、新的、崇高的社会地位。在旧时代，她虽然也在大学教过书，写过诗，发表过学术文章，也颇有一点名气，但始终只不过是"梁思成太太"，而没有完全独立的社会身份。现在，她被正式聘为清华大学建筑系的一级教授、北京市都市计划委员会委员、人民英雄纪念碑建筑委员会委员，她还当选为北京市第一届人民代表大会代表、全国文代会代表……。她真正是以林徽因自己的身份来担任社会职务，来为人民服务了。这不能不使她对新的政权、新的社会产生感激之情。"士为知己者用"，她当然要鞠躬尽瘁。

那几年，母亲做的事情很多，我并不全都清楚，但有几件我是多少记得的。

一九五〇年，以父亲为首的一个清华建筑系教师小组，参加了国徽图案的设计工作，母亲是其中一个活跃的成员。为自己的国家设计国徽，这也许是一个美术家所能遇到的最激动人心的课题。在中国历史上，这也可能是一次空前绝后的机会。她和父亲当时都决心使我们的国徽具有最鲜明的民族特征，不仅要表现革命的内容，还要体现出我们这文明古国悠久的文化传统。他们曾担心：有人会主张像某些东欧"兄弟国家"那样，来一个苏联"老大哥"国徽的"中国版"。在最初的构思中，他们曾设想过以环形的璧，这种中国古老的形式作为基本图案，以象征团结、丰裕与和平。现在的这个图案，是后来经过多次演变、修改之后才成型的。一九五〇年六月全国政协讨论国徽图案的大会，母亲曾以设计小组代表的身份列席，亲眼看到全体委员是怎样在毛主席的提议下，起立通过了国徽图案的。为了这个设计，母亲做了很大贡献，在设计过程中，许多新的构思都是她首先提出并勾画成草图的，她也曾多次亲自带着图版，扶病乘车到中南海，向政府领导人汇报，讲解，听取他们的意见……正因为这样，她才会在毛主席宣布国徽图案已经通过时激动地落了泪。

新中国成立初期她所热心从事的另一件工作，是倡导某些北京传统手工艺品的设计改革。当时有人来向她呼吁，要挽救当时已濒于停顿、失传的北京景泰蓝、烧磁等手工业。她对这件事给了极大的关注，曾和几位年轻的工艺美术工作者一道，亲自到工场、作坊中去了解景泰蓝等的制作工艺，观看老工人的实际操作。然后她又根据这些工艺特点亲自设计了一批新的构图简洁、色调明快的民族形式图案，还亲自到作坊里去指导工人烧制样品。在这个过程中，她还为工艺美院带出了两名研究生。可惜的是，她的试验在当时的景泰蓝等行业中未能推开，她的设计被采纳的不多，市面上的景泰蓝仍维持着原来那种陈旧的图案。

城墙与屋顶

她的主张不邀时赏的，并不仅是这一件。

现在，当我每天早上夹在车和人的洪流中，急着要从阻塞的大街上挤一条路赶去上班的时候，常常不由得回想起五十年代初期，母亲和父亲一道，为了保存古城北京的原貌，为了建设一个他们理想中的现代化的首都而进行的那一场徒劳的斗争。

他们在美国留学的时代，城市规划在资本主义世界还是一种难以实现的理想。他们曾经看到，在私有制度之下，所谓城市规划，最后只能屈从于房地产资本家的意志，建筑师们科学的见解、美妙的构思，最后都湮没在现代都市千奇百怪、杂乱无章的建筑物之中。因此，当新中国成立初期，他们参加了为北京市做远景规划的工作时，心情是极为兴奋的。他们曾经认为，只有在社会主义制度下，当城市的一切土地都是公有的，一切建筑活动都要服从统一的计划时，真正科学、合理的城市规划才有可能实现。

对于北京的规划，他们的基本观点是：第一，北京是一座有着八百多年历史，而近五百年来其原貌基本保存完好的文化古城，这在全世界也是绝无仅有的。北京的原貌本身就是历代劳动人民留给我们的无价珍宝。而它又是一座"活的"城市，现代人仍然生活于其中，仍在使用和发展着它，但现代人只负有维护古都原貌，使之传诸久远的义务，而没有"除旧布新"，为了眼前的方便而使珍贵古迹易容湮灭的权利。第二，他们认为，原北京城的整个布局，是作为封建帝都，为满足当时那样的需要而安排的，它当然不能满足一个现代国家首都在功能上的要求。而如果只着眼于对旧城的改建,也难以成功。他们根据国外许多历史名城被毁的教训,预见到如果对北京城"就地改造",把大量现代高层建筑硬塞进这古城的框框,勉强使它适应现代首都的需要,结果一定是两败俱伤:现代需要既不能充分满足,古城也将面目全非,弄得不伦不类,其弊端不胜枚举。然而,这些意见却遭到了来自上面的批驳。于是,他们只好眼睁睁地看着北京城一步步地重蹈国外那些古城的命运。那些"妨碍"着现代建设的古老建筑物,一座座被铲除了,一处处富有民族特色的优美的王府和充满北京风味的四合院被拆平了,而一幢幢现代建筑,又"中心开花"地在古城中冒了出来。继金水桥前三座门、正阳门牌楼、东西四牌楼、北海"金鳌玉蝀"桥等等被拆除之后,推土机又兵临"城"下,五百年古城墙,包括那被多少诗人画家看作北京象征的角楼和城门,全被判了极刑。母亲几乎急疯了。她到处大声疾呼、苦苦哀求,甚至到了声泪俱下的程度。她和父亲深知,这城墙一旦被毁,就永远不能恢复,于是再三恳请下命令的人高抬贵手,刀下留城,从长计议。然而,得到的回答却是:城墙是封建帝王镇压人民对抗农民起义的象征,是"套在社会主义首都脖子上"的一条"锁链",一定要推倒!又有人动员三轮车(如此落后的交通工具!)工人在人民代表大会上"控诉"城门、牌楼等等如何阻碍交通、酿成车祸,说什么"城墙欠下了血债"!于是母亲和父亲又提出了修建"城上公园"、多开城门的设想,建议在环城近四十公里的宽阔城墙上面种花植草,放置凉棚长椅,利用城门楼开办展览厅、阅览室、冷饮店,为市区居民开辟一个文化休息的好去处,变"废"为利。(按:现在学院路上建立在元大都城墙上的土城公园即此例。)然而,据理的争辩也罢,激烈的抗议也罢,苦苦的哀求也罢,统统无济于事。母亲曾在绝望中问道:为什么经历了几百年沧桑,解放前夕还能从炮口下抢救出来的稀世古城,在新中国的和平建设中反而要被毁弃呢？为什么我们在博物馆的玻璃橱里那么精心地保存起几块出土的残砖碎瓦，同时却又要亲手去把保存完好的世界唯一的这处雄伟古建筑拆得片瓦不留呢？

说起母亲和父亲对待古建筑的立场，我便不能不提到对于"大屋顶"的批判问题，这个批判运动虽然是在母亲去世之后，针对父亲的建筑思想开展的，但这种建筑思想历来是他们所共有的，而且那批判的端倪也早已见于解放之初。这表面上虽是由经济问题引出来的，但实质上却是新中国的新建筑要不要继承民族传统，创造出现代的民族形式的问题。对于这个重大课题，母亲和父亲出于他们自幼就怀有的深厚的爱国主义感情，早在留学时期便已开始探索。他们始终认为，现代建筑的材料与结构原则，完全有可能与中国古代建筑的传统结构有机地结合起来，从而创出一种新的，富有中国气派的民族风格。他们经过反复思考，明确否定了几十年来风行于世界各地的"玻璃盒子"式，或所谓"国际式"的建筑，认为它们抹杀了一切民族特征，把所有的城市变得千城一面；他们也反对复古主义，反对造"假古董"。早在三十年代初，母亲在为《清式营造则例》所写的"绪论"中就已经告诫建筑家们"虽须要明了过去的传统规矩，却不要盲从则例，束缚自己的创造力"。但是在民生凋敝的旧中国，他们一直缺乏实践机会。这方面的摸索，直到新中国成立后才有可能开始。母亲确曾说过，屋顶是中国建筑最具特色的部分，但他们并没有把民族形式简单地归结为"大屋顶"。五十年代前期各地出现的建"大屋顶"之风，是对民族形式的一种简单的模式化理解，或者说是一种误解或曲解，决不符合父亲和母亲的真正主张。而且当时那种一哄而起，到处盖房子都要搞个大屋顶的做法，正是四十多年来我们在各个领域都屡见不鲜的一哄而起和攀比作风的早期表现，是不能完全由父亲和母亲这样的学者来负责的。五十年代前期，在追求所谓"民族形式"的浪潮中出现的不少建筑，的确不仅在经济上，而且在建筑艺术上都很难说是成功的，然而当时那些不由分说的批判，确实曾深深地伤害了他们从爱国主义立场出发的，科学上和艺术上的探索精神，把他们终身遵循的学术信念和审美原则一下子说得一钱不值，大谬不然，这不能不使他们（母亲去世后，主要是父亲）感到极大的惶惑。继对电影《武训传》的批判之后，对"大屋顶"的批判，在以简单粗暴方式对待学术思想问题方面，也在知识界中开了一个极坏的先例。母亲去世很早，没有来得及看到在批判"大屋顶"的同时北京冒出来的那一批俄罗斯式的"尖屋顶"，更没有看到后来会有这么多他们所最恼火的"国际式"高层玻璃盒子，有些上面还顶着个会转圈的"罐头盒屋顶"，以"锷未残"之势，刺破着碧空下古城原有的和谐的建筑天际线；也没有看到在被拆毁的古城墙遗址边上，又长出了那么一排排玻璃与水泥构筑的灰黯的"新式城墙"，否则，她定会觉得自己作为建筑家而未能尽到对历史的责任，那种痛苦我是完全可以想象的。

尽瘁

在新中国成立初期那些年紧张的实际工作中，母亲也没有放松过在古建筑方面的学术研究。其中最重要的一项，就是她和父亲以及莫宗江教授一道，在初步学习了马克思主义的理论之后，将他们多年来对中国建筑发展史的基本观点，做了一次全面的检讨，并在此基础上写出了《中国建筑发展的历史阶段》这篇长文（载一九五四年第二期《建筑学报》），第一次尝试着以历史唯物主义作为指导思想，重新回顾从远古直到现代中国建筑发展的整个历程，开始为他们的研究工作探求一个更加科学的理论基础。

在那几年里，母亲还为建筑系研究生开过住宅设计和建筑史方面的专题讲座。每当学生来访,就在床褥之间,"以振奋的心情尽情地为学生讲解,古往今来,对比中外,谑语雄谈,敏思遐想,使初学者思想顿感开扩。学生走后,常气力不支,卧床喘息而不能吐一言"(吴良镛、刘小石:《梁思成文集·序》)。这里我想特别指出,母亲在建筑和美术方面治学态度是十分严谨的,对工作的要求也十分细致严格,而绝没有那种大而化之的"顾问"作风。这里,我手头有两页她的残留信稿,可以作为这方面的一个例证。为了不使我的这份记述成为空洞的评议,这里也只好用一点篇幅来引录信的原文,也可以算是她这部文集的一个"补遗"吧。一九五三年前后,由北京文物整理委员会编,人民美术出版社出版的《中国建筑彩画图案》,请她审稿并作"序",她对其中彩图的效果很不满意,写信提出了批评,其最后几段如下:

……

(四)青绿的变调和各彩色在应用上改动的结果,在全梁彩色组合上,把主要的对比搅乱了。例如将那天你社留给我的那张印好的彩画样子和清宫中太和门中梁上彩画(庚子年日军侵入北京时由东京帝国大学建筑专家所测绘的一图)正是同一规格,详细核对,比着一起看时,就很明显。原来的构图是以较黯青绿为两端箍头藻头的主调来衬托第一条梁中段,以朱为地,以彩色"吉祥草"为纹样的枋心,和第二条梁靠近枋心的左右梁,红地吉祥草的两段藻头。两层梁架上就只点出三块红色的主题,当中再隔开一道长而细的红色垫板,全梁青绿和朱的对比就清清楚楚明明白白,一点也不乱。

……

从花纹比例上看,纹样细致如丝织品上纹路,产生细密如锦的感觉，非常安静；不像这次所印的那样粗圆，大线路被金和白搅得热闹嘈杂异常的效果。绿线两色调和相处，它们都是中国的矿质颜料的色调，不黯也不跳，白色略带蜜黄，不太宽也不突出。在另外一张彩画上看到箍头两旁所用的（图样）纹样和刘同志等所画的效果上也大不相同，它们是细密的如少数民族的边锦织纹。大约是在比例上被艺人们放大了，所以效果那样不同。总而言之，我曾留下的那一张的确是"走了样的"，和玺椀花结带与太和门中梁上一样格式的彩画图案。因为上述各种的差异结果变成五彩缤纷，宾主不分，有人说是"八仙过海，各显其能"，聒噪喧腾，一片热闹而不知所云。从艺术效果上说确是失败的"走样"的例子。

从这段信中，不仅可以看出她对自己的专业的钻研是怎样地深入细致，而且还可以看到，她在用语言准确而生动地表述形象和色彩方面，有着多么独到的功夫（这本大型专业参考工具书后于一九五五年出版）。

母亲在生命的最后时刻所参与的另一项重要工作，是人民英雄纪念碑的设计和建造。这里，她和父亲一道，也曾为坚持民族形式问题做过一番艰苦的斗争，当时他们最担心的，是天安门前建筑群的和谐，会被某种从苏联"老大哥"那里抄művkerült来的青铜骑士之类的雕像破坏掉。母亲在"碑建会"里，不是动口不动手的顾问，而是实干者。五三年三月她在给父亲的信中写道：

"我的工作现时限制在碑建会设计小组的问题，有时是把几个有限的人力拉在一起组织一下，分配一下工作，技术方面讨论如云纹，如碑的顶部；有时是讨论应如何集体向上级反映一些具体意见，作一两种重要建议。今天就是刚开了一次会，有阮邱莫吴梁连我六人，前天已开过一次，拟了一信稿呈郑副主任和薛秘书长的，今天阮将所拟稿带来又修正了一次。今晚抄出大家签名明天可发出（主要①要求立即通知施工组停扎钢筋，美工合组事难定了，尚未开始，所以②也趁此时再要求增加技术人员加强设计实力，③反映我们对去掉大台认为对设计有利，可能将塑型改善，而减掉复杂性质的陈列室和厕所设备等等，使碑的思想性明确单纯许多）。……"除了组织工作，母亲自己又亲自为碑座和碑身设计了全套饰纹，特别是底座上的一系列花圈。为了这个设计，她曾对世界各地区、各时代的花草图案进行过反复对照、研究，对笔下的每一朵花，每一片叶，都描画过几十次、上百次。我还记得那两年里，我每次回家都可以看到她床边的几乎每一个纸片上，都有她灵感突来时所匆匆勾下的某个图形，就像音乐家们匆匆记下的几个音符、一句旋律。

然而，对于母亲来说，这竟是一支未能完成的乐曲。

从五四年入秋以后，她的病情开始急剧恶化，完全不能工作了。每天都在床上艰难地咳着，喘着，常常整夜地不能入睡。她的眼睛虽仍然那样深邃，但眼窝却深深地陷了下去，全身瘦得叫人害怕，脸上见不到一点血色。

大约在五五年初，父亲得了重病入院，紧接着母亲也住进了他隔壁的病房。父亲病势稍有好转后，每天都到母亲房中陪伴她，但母亲衰弱得已难于讲话。三月三十一日深夜，母亲忽然用微弱的声音对护士说，她要见一见父亲。护士回答：夜深了，有话明天再谈吧。然而，年仅五十一岁的母亲已经没有力气等待了，就在第二天黎明到来之前，悄然地离开了人间。那最后的几句话，竟没有机会说出。

北京市人民政府把母亲安葬在八宝山革命烈士公墓，纪念碑建筑委员会决定，把她亲手设计的一方汉白玉花圈刻样移做她的墓碑，墓体则由父亲亲自设计，以最朴实、简洁的造型，体现了他们一生追求的民族形式。

十年浩劫中，清华红卫兵也没有放过她。"建筑师林徽因之墓"几个字被他们砸掉了，至今没有恢复。*林徽因墓今已修复。作为她的后代，我们想，也许就让它作为一座无名者的墓留在那里更好？

母亲的一生中，有过一些神采飞扬的时刻，但总的说来，艰辛却多于顺利。她那过人的才华施展的机会十分短暂，从而使她的成就与能力似不相称。那原因自然不在于她自己。

在现代中国的文化界里，母亲也许可以算得上是一位多少带有一些"文艺复兴色彩"的人，即把多方面的知识与才能——文艺的和科学的、人文学科和工程技术的、东方和西方的、古代和现代的——汇集于一身，并且不限于通常人们所说的"修养"，而是在许多领域都能达到一般专业者难以企及的高度。同时，所有这些在她那里都已自然地融会贯通，被她娴熟自如地运用于解决各式各样的问题，得心应手而绝无矫揉的痕迹。不少了解她的同行们，不论是建筑界、美术界还是文学界的，包括一些外国朋友，在这一点上对她都是钦佩不已的。

谈起外国朋友，那么还应当提到，母亲在英文方面的修养也是她多才多艺的一个突出表现。美国学者费正清夫妇一九七九年来访时曾对我说："你妈妈的英文，常常使我们这些以英语为母语的人都感到羡慕。"父亲所写的英文本《图像中国建筑史》的"前言"部分，就大半出自亲的手笔。我记得五十年代初她还试图用英文为汉武帝写一个传，而且已经开了头，但后来大概是一个未能完成的项目。

总之，母亲这样一个人的出现，也可以算是现代中国文化界的一种现象。一九五八年一些人在批判"大屋顶"时，曾经挖苦地说："梁思成学贯中西，博古通今……古文好，洋文也好，又古又洋，所谓修养,既能争论魏风唐昧,又会鉴赏抽象立体……"这些话,当然也适用于"批判"母亲,如果不嫌其太"轻"了一点的话。二十世纪前期,在中西文明的冲突和交汇中,在中国确实产生了相当一批在不同领域中"学贯中西、博古通今",多少称得上是"文艺复兴式"的人物。他们是中国文化在特定历史条件下的产物。他们的成就,不仅光大了中国的传统文明,也无愧于当时的世界水平。这种人物的出现,难道不是值得我们中国人骄傲的事吗?在我们中华文明重建的时候,难道不是只嫌这样的知识分子太少又太少了吗?对他们的"批判",本身就表示着文化的倒退。那结果,只能换来几代人的闭塞与无知。

新中国成立后,母亲只生活了短短六年时间,但她的思想感情确实发生了巨大的变化。这是因为,当时的新政权曾以自己的精神和事业,强烈地吸引了她,教育了她。以她那样的出身和经历,那样的生活和思想方式,而能在短短几年里就如此无保留地把自己的全部信任、智慧和精力都奉献给了这新的国家、新的社会,甘愿为之鞠躬尽瘁,又是那样恳切地决心改造自己旧的世界观,这确是一件发人深省的事。许多人曾对我说过:你母亲幸亏去世得早,如果她再多活两年,"反右"那一关她肯定躲不过去。是的,早逝竟成了她的一种幸福。对于她这样一个历来处世真诚不欺,执着于自己信念的人,如果也要去体验一下父亲在后来的十几年中所经历过的一切,那将会是一种什么局面,我简直不敢想象。"文革"期间,父亲是在极度的痛苦和困惑中,顶着全国典型"反动学术权威"的大帽子死去的。我只能感谢命运的仁慈,没有让那样的侮辱和蹂躏也落到我亲爱的母亲身上!

一九五五年,在母亲的追悼会上,她的两个几十年的挚友——哲学教授金岳霖和邓以蛰联名给她写了一副挽联:

一身诗意千寻瀑,
万古人间四月天。

父亲曾告诉我,《你是人间的四月天》这首诗是母亲在我出生后的喜悦中为我而作的,但母亲自己从未对我说起过这件事。无论怎样,今天,我要把这"一句爱的赞颂"重新奉献给她自己。愿她倏然一生的追求和成就,能够通过这本文集,化作中国读书人的共同财富,如四月春风,常驻人间!

一九八五年四月北京第一稿
一九八六年四月北京第二稿
一九九一年四月北京再改

跋

方 晶

二〇一四年是诗人、建筑学家林徽因先生诞辰一百一十周年。一些单位、团体和个人纷纷借此机会以各种方式纪念这位才女。虽然在文学、建筑等领域多有建树,但她曾长期被世间遗忘;直到二十世纪八十年代中期,人民文学出版社才出版了第一本林徽因的作品集——《林徽因诗集》。自此,与她相关的图书逐渐面世,她又回到了热爱她的读者中间,她的才华和美丽又被众人所关注。

我的丈夫梁从诫一直深深怀念他的母亲林徽因。我们的国家结束了多年动荡之后,终于迎来了改革开放的春天。人们有了回忆、反思的可能。也就是在此时,从诫开始回顾母亲对他一生的关爱和影响。百忙之中,他深情写下了三篇从不同角度回忆、介绍林徽因的文章。在几乎全力投入环境保护事业的一九九九年,他又挤出时间,整理出版了两卷本《林徽因文集》,初步实现了长期埋藏在心底的夙愿。

从诫一定会感到欣慰的是,在他的母亲诞辰一百一十周年之际,我们决定对他所编的《林徽因文集》进行修订、增补。这也是他生前期盼已久但却未能完成的事情。

此次新版文集更名为《林徽因集》。严格说来,这部文集的面世是多方努力的结果;但它在编辑原则和体例上,依然遵循从诫的原意,书中使用的主要资料是从诫生前编理好的,一些新增篇目也是从诫生前曾经拟定的;因此,我们仍说这部文集是梁从诫所编。

较之从诫所编旧版《林徽因文集》,新版《林徽因集》主要有以下特点:一、增收了近年来发现的林徽因文学、建筑、美术方面的文字、作品。二、增收了部分书信,书信原文系英文的,均排入英文原文,与译文对照;有些书信,为便于阅读,附录了对方来函。三、增收了大量林徽因生平照片,林徽因文学、建筑、美术手稿和书信手稿原件照片。四、将旧版文集的"文学卷"分为"诗歌、散文卷"和"小说、戏剧、翻译、书信卷";将旧版文集的"建筑卷"分为"建筑、美术卷","建筑、美术卷"又分上下两册,故整部文集为三卷四册。

《林徽因集》所收作品,产生于作者所生活的年代,其中部分字、词、标点的写法和文句的表达有别于今天的惯例。为了尊重历史,除明显错讹之处外,一仍其旧,未做改动;更正字用"[ ]"标示,补充字用"〈 〉"标志。林徽因原稿或载有林徽因作品的报刊中无法识别的字词,则以"□"代之。

作为从诫的妻子,我努力按照我所知道的他的原意对林徽因的作品进行再次梳理,我与王一珂先生密切合作,力求把新版林集做好。可以说,新版《林徽因集》较之旧版文集更加丰厚、严谨、完善,也是目前行世的最完备的本子。我的工作是为了完成从诫的心愿,为了告慰从诫和他母亲的在天之灵,也是为了那么多热爱和怀念着他们的读者。

此书的整理和编辑得到了多方支持和帮助。林洙为"建筑、美术卷"提供了大量图片资料，提出了宝贵建议；梁再冰订正了文集图片的注释；吴荔明提供了部分照片；于葵提供了部分照片以及林徽因书信部分的英文原稿，并对其进行了整理核对；沈龙珠、沈虎雏先生提供了林徽因与沈从文的照片及书信原稿；崔勇先生提供了林徽因勘察天坛的照片；陈学勇先生提供了林长民和林徽因的部分资料，并对书信部分所附林长民致林徽因的一批函件进行了细致的校勘注释，我们从他所编的《林徽因文存》中汲取了可资借鉴的宝贵经验；中国社会科学院近代史所提供了林徽因与胡适的照片及书信手稿；中国现代文学馆提供了林徽因的部分书信手稿；清华大学建筑学院和人民美术出版社对新版《林徽因集》的整理提供了帮助。王一珂先生的工作贯穿始终，事无巨细，他和他的同事们为此书的出版付出了艰辛的努力。在此，谨表诚挚的谢意。

二○一四年六月

增订说明

《林徽因集（增订本）》刊载了一批过去从未结集的林徽因作品与影像，更有部分书信、照片首次公开，它们按类分别收入在"诗歌、散文""小说、戏剧、翻译、书信"和"建筑、美术"卷中。此次增订，同时调整了部分作品的排序，纠正了旧版若干讹误。整部林集，汇合了以梁从诫先生为代表的梁思成、林徽因家属以及许多专家、学者和相关单位的集体力量与智慧。

《林徽因集（增订本）》的出版是对林徽因先生的纪念，也是对中国大百科全书出版社的前辈编辑、学者梁从诫先生的纪念。在此特别鸣谢林洙、梁再冰、吴荔明、杨友麒、于葵、常沙娜、陈宇、陈学勇、沈龙珠、沈虎雏、刘畅、王南、崔勇及中国社会科学院近代史所、中国文化遗产研究院、中国现代文学馆、清华大学建筑学院、首都图书馆、上海艺术品博物馆、人民美术出版社等个人和单位。

中国大百科全书出版社
二〇二二年六月